Guía de curiosidades de la Alhambra

CAROLINA MOLINA

Guía de curiosidades de la Alhambra

ALMUZARA

Primera edición: mayo de 2025

Editorial Almuzara • Colección Arte y Patrimonio
Editora: María Borrás
Maquetación: Rosa García Perea

www.editorialalmuzara.com
pedidos@almuzaralibros.com - info@almuzaralibros.com

Editorial Almuzara
Parque Logístico de Córdoba. Ctra. Palma del Río, km 4
C/8, Nave L2, n.º 3. 14005 - Córdoba

Imprime: Liberdúplex
ISBN: 978-84-10528-39-0
Depósito legal: CO-939-2025
Hecho e impreso en España - *Made and printed in Spain*

ÍNDICE

«El río que fue el reclamo de los románticos europeos y esos rincones cromáticos que alabaron Gautier y Dumas han desaparecido —se lamentaría Mínguez de estar vivo…—. Ahora tenemos una vía larga y recta, limpia y seca, con altos edificios y diseñada al estilo de París… Pero ¿qué Dumas nos visitará ahora si lo que se ve aquí es más francés que el Bulevar Haussmann? ¿Qué tiene ahora Granada de romántica o de propia? ¿La Alhambra? Quite allá, señor Cid, que todavía está por ver que no la quieran modernizar poniéndole un funicular de esos que son la delicia de los jóvenes mustios agotados de soportar el peso de su brillantina.

—Pero eso ¿a usted qué más le da? —me gustaba imaginar que preguntaría Morell solo para sacarlo de quicio.

—¿Qué qué me da?... Pues me da mucho, demontre. A la Alhambra hay que ganársela andando, si acaso con algún receso en medio de la empinada subida. Pero andando. Quien no sea capaz de ascenderla no se la merece. Que se vayan a ver La Cibeles, que esa es llana. Y ya le digo yo que nos ponen el dichoso funicular con tal de no agotarse los señoritos con acomodo reciente en La Gran Vía. ¿Qué no? ¡Al tiempo!».

El último romántico. Carolina Molina

INTRODUCCIÓN

Guía de curiosidades de la Alhambra surgió de pronto, de forma impulsiva, habiéndose gestado, sin embargo, durante más de treinta años.

Se ha dicho tanto de la ciudad palatina de la Alhambra y de su influencia en el mundo que parecía que todo estaba dicho, pero nada más lejos de la realidad. El monumento más visitado de España sigue ofreciendo material para los escritores e investigadores convertido en una inagotable fuente que mana sin cesar. Con todo, seguimos buscando la manera de comunicarnos con la Alhambra y de entender su lenguaje, y el principal camino es que los visitantes, la gente que viene a verla, pueda comprender qué es y lo que significa sin tener que acceder a los textos académicos, documentos muy valiosos pero que van destinados a un grupo selecto.

Es necesario divulgar la Alhambra, alejarnos de sus tecnicismos para que el público la disfrute. Con esta guía me he propuesto resumir lo más interesante del *universo Alhambra*, ofrecer las pequeñas curiosidades que la hacen grande, acercarla al turista, al viajero que quizás nunca más vuelva por Granada, pero también al propio granadino que ha nacido viendo su imagen y sabe que tras sus muros existen muchos misterios.

CONOCER LA ALHAMBRA

Antes de atravesar la puerta de los palacios nazaríes, quizás mientras esperamos la fila con nuestra codiciada entrada en nuestro poder, es conveniente acercarnos espiritualmente al universo que conoceremos. No solo veremos paredes, arquitectura u objetos físicos, también deberemos entenderlos y dejarnos llevar por todo lo que inspiran sus paredes, comenzar a aprender su lenguaje, porque todo lo que dentro de estos palacios veamos tiene un simbolismo, un sentido y una razón.

El palacio de la Alhambra no es solo un monumento construido para ser habitado, se construyó también usando una simbología que debía expresar el poder de quienes en ella residieron. Por eso, sus espacios se van yuxtaponiendo, porque los reyes que la construyeron deseaban dejar su recuerdo imborrable añadiendo salas que variaban de altura según el nivel del suelo, pero que eran continuistas con el relato arquitectónico y visual. Encontraréis patios rectangulares con pórticos sobre columnas en los lados menores y alcobas en sus extremos, y quizás, incluso, se conservará un huerto cercano. Se trata, entonces, de una construcción levantada para vivir, pero una vida de poderoso que desea dejarlo patente.

En al-Ándalus la vida se disfrutaba, se comprendía como parte de un todo, de ahí que la religión esté siempre presente, se exprese en el arte, en la poesía, en la ciencia matemática, procurando exaltar la belleza y el goce. Todo eso lo vamos a ver en la Alhambra. Si supiéramos leer sus inscripciones, iríamos leyendo poesía al tiempo que nuestros pies caminan sobre un solado de mármol; oiríamos el rumor del agua convertida en música y, al mirar a través de sus ventanas o balcones, veríamos el esplendoroso exterior, la ciudad de Granada a sus pies, como si la Alhambra nos dijera que es toda suya y la posee. Al entrar en cada estancia, mirad al fondo y perseguid el equilibrio de las formas, los objetos matemáticamente pensados por colores y tamaños, azulejos enredados creando imágenes preciosas y, al llegar a los patios, con sus estanques centrales, disfrutad del espejo de sus aguas que reflejan la arquitectura de su entorno, duplicándola y creando un juego visual casi cinematográfico.

La Alhambra se disfruta a través de todos los sentidos, así que respirad hondo y entrad en ella, porque no está hecha de piedra, ni de ladrillo, ni de yeso. Está hecha de sueños.

¿POR QUÉ EXISTE LA ALHAMBRA?

Al-Ándalus nos dejó una gran herencia patrimonial, monumentos excepcionales que hoy son referencia artística. La Alhambra es uno de ellos, fruto de un largo proceso histórico, de siglos de encuentros y desencuentros de diferentes culturas.

Como ya es conocido, los musulmanes llegan desde la península arábiga a nuestra península en el año 711 y desde entonces se expanden hasta prácticamente el sur de Francia, enfrentándose al reino visigodo, al que van conquistando poco a poco.

Hasta 1492, fecha en que los Reyes Católicos conquistan el reino de Granada, al-Ándalus sobrevive a momentos de esplendor y crisis. Desde la brillantez de la Córdoba omeya hasta la fragmentación de pequeños reinos en taifas, pasando por la influencia de nuevas costumbres que llegan del norte de África con los almorávides y almohades, al-Ándalus va sufriendo un larguísimo proceso de luchas internas, adaptaciones y pactos que terminaron en la cultura de la que hoy somos herederos.

Hablar de al-Ándalus es hablar de religión, de política, pero también de ciencia, arte, poesía, agricultura... y de muchas cosas más que en su conjunto responden a un legado material e inmaterial que nos ha hecho como somos ahora. Somos herederos de al-Ándalus, de eso no hay duda. Nos damos cuenta cuando hablamos, cuando nos saludamos, en nuestra forma de comer y de entender la vida. Y la Alhambra es, quizás, la última expresión de ese legado, convertido en símbolo de lo que fuimos y de lo que somos. Aunque algunos lo nieguen, nos representa a todos. En esta guía veremos por qué.

Y ANTES DE LA ALHAMBRA, ¿QUÉ?

Antonio Malpica, catedrático de Historia Medieval de la Universidad de Granada (UGR), con su gran conocimiento sobre el monumento, plantea algunas cuestionares en su libro *La Alhambra, ciudad palatina nazarí.* Construida sobre una colina y sobre un suelo «no demasiado propicio para el desarrollo agrícola, la colina solo podía ser un punto fortificado, sobre todo después de haberse levantado la ciudad de Granada en la elevación de enfrente» (se refiere al núcleo urbano en lo alto del Albaicín). «Se hizo allí, seguramente, porque había un asentamiento anterior, desde luego ya plenamente conformado en época ibérica y que debió de continuar en tiempos posteriores, sin que se hayan hecho demasiadas precisiones al respecto. Se puede pensar que en el período andalusí anterior al siglo XI, Granada no era propiamente una *madina* o ciudad, sino más bien una fortificación». En un capítulo de su libro hace un recorrido por las piezas arqueológicas obtenidas dentro de la Alhambra datadas en fechas anteriores a su construcción; se ha encontrado alguna *tegula* romana o un pequeño pedestal hoy conservado en el Museo Arqueológico Provincial de Granada.

En la Torre de Comares también se encontró una inscripción de la que no se tiene más que referencia escrita. Todos estos hallazgos deberían estar originalmente en el Albaicín, cuando era sede del entorno iliberritano; que se hallaran dentro del recinto de la Alhambra responde más a algo fortuito. Pero lo que nos queda claro es que la ciudad alhambreña no se levantaría sobre la Sabika de forma accidental; todas las culturas se aprovechan de las anteriores estratégicamente, así que la colina donde ahora está la Alhambra no debía estar vacía.

LA ALHAMBRA: ¿LA ROJA O LA BLANCA?

Existen conceptos que asociamos directamente con la Alhambra desde mucho antes de que las redes sociales se encargaran de repetirlos sin haberlos comprobado con antelación. Por eso resulta muy inquietante que en los últimos tiempos se recalque de forma insistente que la Alhambra, llamada *la roja,* ahora resulta que podría haber sido *blanca.*

Tradicionalmente se ha denominado a la Alhambra *la roja*; unos dicen que por su tierra rojiza, otros, por los reflejos que producían sus antorchas nocturnas sobre sus paredes. También podría haber adoptado el apodo de su fundador, Muhammad I, llamado *Alhamar, el rojo,* cuya barba era pelirroja. Las últimas teorías al respecto se orientan hacia la posibilidad de que los muros de la Alhambra no fueran rojos sino blancos, tan encalados como el Generalife.

Para aclarar este punto acudo a quien debe saber más a este respecto, Jesús Bermúdez, después de cuarenta años como conservador del Patrimonio Histórico y Arqueológico trabajando para la Alhambra y el Generalife, y le pregunto: «¿La Alhambra es llamada *la roja* por sus paredes rojizas?

¿Por el nombre que le legó su primer constructor, Alhamar, apodado *el rojo*? ¿O definitivamente la Alhambra es *blanca*?».

«En mi opinión —responde Jesús Bermúdez—, el hecho de que existan varias interpretaciones respecto al nombre "al-Hamra`" y su significado no debe sorprender. La cultura del islam, y especialmente la medieval, se caracteriza por la "plurisignificación" de muchos de sus conceptos: cuantos más usos tenga un objeto, cuantos más sentidos ofrezca una palabra, más útil será; claro está, siempre que estos tengan una razonable, y razonada, explicación. En este sentido, la referencia a las antorchas nocturnas que recoges me parece más bien literaria, consecuencia de una observación impresionista y romántica, al margen de citas concretas y bien documentadas; respecto a la visión "encalada" que últimamente ha circulado por ciertas redes sociales (¡qué peligro!) presentando la Alhambra como una enorme tarta de merengue no puede menos que rechazarse categóricamente: como puede comprobarse fácilmente, por ejemplo, la estructura arquitectónica del Partal (primeros años del siglo XIV) estaba decorada con simulación de ladrillos, pintados en rojo con finas llagas blancas, de los que destacaba una gran banda epigráfica con texto coránico envolviendo por completo todo el exterior; es más, la reciente intervención en el Oratorio del Partal (segundo cuarto del siglo XIV), que mereció el Premio Europa Nostra 2019, permitió comprobar bajo su fábrica un despiece simulado de sillares en el exterior de la muralla, igualmente pintados en rojo con juntas perfiladas en blanco. Es una característica conocida en la primera arquitectura nazarí, como heredera de la tradición almohade. Esto no significa que toda la Alhambra tuviera ese acabado formal en absoluto: grandes torres, amplios tramos de muralla, entre otros, fueron construidos con la habitual técnica de "cajones de tapial" mezclando cal, áridos y tierra del lugar, esta última a veces procedente de vetas que poseen un componente de óxido ferruginoso, que, al aflorar al exterior, le darían un aspecto rojizo, entre el "calicostrado" de la cal. Respetando cualquier opinión, siempre que esté oportunamente justificada, creo que la historiografía alhambreña "jugó" con la dualidad que ofrecía el término "rojo" por su apariencia material y por el nombre del fundador».

A este respecto cabe reseñar que Robert Pocklington, en su artículo *La etimología del término «Granada»* y apoyándose en la opinión de Leopoldo Torres Balbás, dice que «la Alhambra no recibió este nombre por su color, sino porque se construyó en un paraje llamado al-Hamra», anterior a la construcción de la propia Alhambra. De todo ello podemos deducir que hablamos de dos cosas bien distintas: el topónimo por el que se conoce la colina y que ha dado el nombre al entorno palaciego y, por otro, el color real de los muros de la Alhambra, que por lo que parece debió de ser de otro tono muy distinto al que hoy vemos, no tan terroso, con matices blanquecinos y que con el tiempo, como ocurre con todo antiguo monumento al recibir la agresión externa de la naturaleza, fue mudando su color.

Descubrir que la Alhambra no fue ni roja ni blanca (tal y como se afirma últimamente en algunos medios) tampoco nos debe decepcionar. Lo que ahora queda es el resultado de siglos de resiliencia, de adaptación al medio, al clima y a la malvada mano humana, que nos ha dejado una Alhambra mimetizada con su colina y cambiante con el reflejo del sol. Según cambia el día, la Alhambra es diferente. Quizás ya sea momento de buscar *su propio color*, el color *Alhambra.*

LA ALHAMBRA MUSULMANA, JUDÍA Y CRISTIANA

La religión oficial en al-Ándalus era el islam, pero en él se permitía la práctica de otras religiones, como el cristianismo y el judaísmo, lo que permitió que la convivencia fuera de cierta estabilidad, con sus consecuentes tira y afloja habituales en cualquier relación vecinal. La tolerancia que planteaba el islamismo proliferó la interrelación de las diferentes comunidades religiosas, se intercambiaron costumbres, hábitos, que fueron asumiendo la población de forma natural. Alguno de los reyes cristianos vestía a la manera árabe, reconociendo la comodidad de sus trajes amplios, se sentaban en almohadones y elogiaban sus comidas.

La Alhambra es un ejemplo de esa conexión entre culturas musulmana, judía y cristiana, el arte tiene la capacidad de trascender a la intolerancia y asumir como propios los mejores valores de cada civilización.

LA ALHAMBRA VISTA POR EL *STREET VIEW* NAZARÍ

La Alhambra no es un monumento, es una ciudad palaciega. Eso ya lo sabemos, imaginemos cómo sería viéndola desde el *street view* de nuestros ordenadores actuales.

Vemos un contorno monumental rodeado de murallas con cerca de treinta torres, atravesadas por cuatro puertas principales: la de las Armas, la del Arrabal, la de los Siete Suelos, y la de la Justicia.

Dentro del recinto, como era habitual, se encontraba una calle de ronda, espacios que circundan la ciudadela y le otorgan vías de escape y comunicación directa a zonas exteriores. Tenía su foso defensivo, como era de esperar. Interiormente también se protegía por la amplia alcazaba, recinto militar en donde residía la guardia de élite con sus familias, razón por la cual necesitaban casas, aljibes y un *hammam.*

La ciudad donde residían los reyes, los sultanes, eran los palacios nazaríes. En este entorno palaciego existían zonas de carácter político-administrativo donde el sultán recibía a sus ministros, a los representantes políticos y en donde se realizaban fiestas. También había otras zonas de carácter privado, para su familia y uso personal, que invitaban a los placeres cotidianos, de ahí que también encontremos *hammams*, baños, patios recoletos con fuentes y aljibes o pequeñas mezquitas.

En el exterior, era necesario mantener las costumbres sociales y religiosas, existía una calle central, la calle Real, con su mezquita mayor, sus baños, sus tiendas y casas privadas.

A este respecto, la Alhambra también contaba con un cementerio, la Rawda o cementerio de los sultanes, y con una acequia, la Acequia Real, que abastecía de agua a la comunidad.

En todo este entramado los ciudadanos se relacionaban, conversaban, disfrutaban de sus fiestas religiosas, tal cual lo pudieran estar haciendo en la actualidad.

LEYENDA DE LA TORRE DE LAS CABEZAS

(Recogida por Francisco de Paula Villa-Real. 1888)

La Torre de las Cabezas de la Alhambra, situada entre la Puerta de los Siete Suelos y la Puerta de la Justicia, tiene una leyenda muy poco conocida, según la recoge el escritor Francisco de Paula Villa-Real.

En una aldea de Egipto vivían, allá por el año 1497, Jusef Ben Tarif con su esposa Sara y el hijo de ambos, Jusef. El gobernador de la provincia, Eben Galib, enamorado perdidamente de Sara, la presionaba para ser correspondido, incluso urdió un plan para hacerla su esclava. Sobrepasada por las circunstancias, la joven Sara se suicidó, y su esposo Jusef Ben Tarif intentó vengar su muerte, un esfuerzo infructuoso porque murió a manos del gobernador.

El pequeño Jusef quedó huérfano y creció con el deseo de vengar la muerte de sus padres. Muchos años pasaron y cuando tuvo edad para cumplir su objetivo, buscó a un mago para que le ayudara a encontrar al cruel gobernador de Egipto, del que nadie sabía su paradero. El mago entregó a Jusef un puñal hechizado, fabricado de las espinas de un pez mágico pescado en las profundas aguas del Nilo. «Eben Galib se encuentra en Granada —le dijo al joven Jusef—. Toma este puñal y dirígete a la torre de la Alhambra en donde vive, no estés más de seis días. Habrás de matarlo antes de las doce de la noche».

Jusef se dirigió a Granada y allí el destino se interpuso muy rápidamente, pues al poco de encontrar el paradero de Eben Galib conoció a la amada de este, María de Padilla, cuya hermana, Elvira, simpatizó con él. Sería ella la que le ayudara a llevar a efecto su venganza.

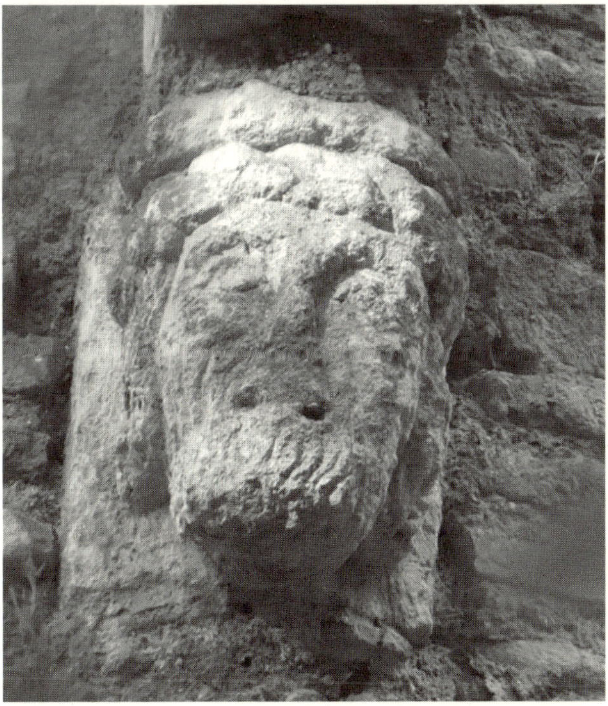

Detalle de la Torre de las Cabezas. Foto de la autora.

La primera noche que consiguió entrar en la torre no llegó a tiempo, se cumplió la media noche sin que encontrara el momento de realizar su plan. La segunda noche, unos guardias le dieron el alto en la calle viéndolo espiar la casa de Eben Galib. La tercera noche, elaboró un plan junto a Elvira de Padilla, con el fin de entrar en la casa horas antes de finalizar el día, pero ambos se confesaron su amor y se olvidaron de la hora. Las dos noches siguientes tampoco le ofrecieron a Jusef la posibilidad de acercarse al asesino de sus padres, hasta que en la última y sexta noche, sabiendo que era ahora o nunca, entró en la torre sin cautela, con la daga en la mano y con la seguridad de que esa vez sería la definitiva.

Al violar el dormitorio de Eben Galib se encontró con un espacio terrorífico, decorado de trofeos pertenecientes a sus muchas víctimas. De las paredes colgaban los retratos de sus padres, a los que recordaba de manera morbosa vanagloriándose de su victoria y, bajo ellos, los cráneos de ambos.

Enfebrecido por el descubrimiento, Jusef hundió el mágico puñal en el pecho de Eben Galib, que dormitaba placenteramente en su lecho. En ese instante, los dos cráneos de sus padres se descolgaron de la pared, y en su lugar aparecieron las dos figuras que aparecen en el exterior de la torre. Desde entonces se llama la Torre de las Cabezas.

(Para saber más sobre esta torre se aconseja consultar el apartado *Las mazmorras y los túneles misteriosos de la Alhambra*).

EL REINO DE GRANADA NO ES GRANADA

Algunos de los actuales granadinos siguen reclamando para sí este término territorial apoyándose en que Granada fue un reino y que además ocupaba más de la actual provincia de Granada. La división provincial que tuvo lugar en el s. XIX por Javier de Burgos determinó, a golpe de regla, que todo lo inferior a Despeñaperros fuera una única entidad andaluza sin considerar sus diferencias sociales y culturales. En el Tratado de Jaén de 1246 se firmó no solo el vasallaje a Castilla, sino el reconocimiento de un territorio: el del reino nazarí, lo que Bárbara Boloix Gallardo ha dado en llamar «el acta de nacimiento del emirato granadino». A este respecto es importante localizar este reino nazarí, que para nada representa a la actual provincia de Granada. «Las actuales provincias de Granada, Málaga y Almería, junto con la zona meridional de la de Jaén y parte de la de Cádiz. Delimitaba, pues, este reino una doble frontera: marítima (que transcurría fundamentalmente por la costa mediterránea y escasa parte de la atlántica) y terrestre, siendo las localidades de Algeciras (Cádiz) y Águilas (Murcia) los vértices de ambas», según la arabista y doctora en Historia de al-Ándalus, Boloix Gallardo.

SULTANATO, NO CALIFATO

Califato, emirato, sultanato... pero ¿qué era el reino de Granada? ¿Y cómo se denominaban a sus reyes? Varias nomenclaturas han llegado hasta nosotros a través de las fuentes documentales. Una de ellas ha sido la de *emirato*, es decir, territorio dirigido por un emir en representación de un califa. Como califato ya existía cuando se formó el reino de Granada y no podía haber más de uno, en este caso el Abbasí, era necesario buscar otras denominaciones. La de emirato no estaba mal, pero parece que prevaleció la de sultanato, territorio ganado por las armas y que no exigía vínculo de herencia. Así pues, el reino de Granada fue un sultanato en donde reinó un sultán. Los reyes nazaríes fueron sultanes.

LOS SULTANES DE LA ALHAMBRA

La colina de la Alhambra, la Sabika, va a cambiar irremediablemente con la llegada de un hombre en 1238. Se trata de Muhammad I, conocido por el apodo Ibn al-Ahmar (que significa *descendiente del bermejo*), nacido en la localidad jienense de Arjona y que ha sido objeto de atención por parte de historiadores y poetas, a la par. Lo han mitificado tanto que lo han convertido en un héroe de la historia del reino de Granada, desde el mismo momento en que el visir y poeta Ibn Al-Jatib lo asociara por nacimiento con la famosa batalla de Alarcos en la que los musulmanes tuvieron una importante victoria.

Lo cierto es que llegó a la colina y tuvo claro que era un lugar estratégico y con grandes posibilidades de habitabilidad. Puso los cimientos de un castillo abasteciéndola de agua con un azud y una acequia. Su idea era la de una continuidad, y fortificó la colina para defenderla.

Su nieto, Muhammad III, continuaría la construcción de la Alhambra dotándola de una mezquita real y de baños. Levantó puertas de importancia, como la del Vino, que separaba la zona residencial de la alcazaba e incluso se le atribuye la construcción del Palacio del Partal.

Pero el máximo esplendor alhambreño se consigue con las actuaciones de los sultanes Yusuf I y Muhammad V, que dotan al recinto de sus más señeros palacios. De época de Yusuf son las dos imponentes puertas (de la Justicia y de los Siete Suelos), además de comenzar el Palacio de Comares, que continuará su hijo Muhammad V, quien dejará su impronta en la construcción del Palacio de los Leones.

Y LLEGAN LOS CATÓLICOS, NI CONTIGO NI SIN TI

Desde el mismo momento en que Isabel y Fernando ocupan la Alhambra hay un claro intento de acomodarla a las necesidades cristianas, lo cual es muy lógico, porque una nueva era se abre en la historia de este reino cuyas costumbres irán adaptándose poco a poco a sus nuevos inquilinos.

Lo que es necesario entender es que los actuales vencedores emprendieron esos cambios con espíritu respetuoso y una clara sensibilidad artística. No solo admiraron la magnificencia de la Alhambra como construcción, también la entendieron como expresión de poder, pues quien la viviera, la poseía y, por lo tanto, la dominaba.

Como ya se ve más adelante, tanto Carlos V como Carlos III, e incluso la propia Isabel II, ya avanzando hacia el s. XIX, comprendieron, en la medida de lo posible, que la Alhambra no debía desaparecer, que no debía ser demolida, como sucedió con otros muchos palacios, lo que no impidió que la ignoraran y provocaran su ruina, como también queda dicho. Los monarcas cristianos tuvieron con la Alhambra una relación de amor que a veces se acercó a la toxicidad.

¿DE VERDAD MONTÓ TANTO ISABEL COMO FERNANDO?

A los que nos educaron en colegios anteriores a la democracia española e incluso algún tiempo después, todavía con coletazos de un régimen enteramente paternalista y apoyado en símbolos de autoridad, recordamos la insistencia en hacernos creer que Isabel I de Castilla fue la reina gobernadora por excelencia, con poder absoluto, muy por encima de su esposo, el rey Fernando II de Aragón. Hasta nuestra actualidad, Isabel ha sido considerada la excepción a la regla y su lema, «tanto monta, monta tanto», ejemplo de feminismo historicista.

Lo que hemos aprendido leyendo en estos últimos años y enfrentándonos a las maliciosas *few news* es que la historia ha de reinterpretarse constantemente. Este revisionismo nos aporta ahora, si lo hacemos desde el punto de vista de las mujeres, una nueva historia, más rica y completa.

La profesora Elena Díez Jorge en su libro *Mujeres y arquitectura* nos ofrece una nueva visión del *tanto monta, monta tanto.* No me resisto a poner en sus propias palabras este concepto novedoso que dejará a algunos tan desorientados como decepcionados: «Tradicionalmente se representaba a los reyes, así como a nobles y a otras personalidades masculinas, con atributos militares —armaduras, espada como atributo militar y en su unión también con la justicia—, identificándose el poder político con el militar. Y en esta línea se representó a Fernando II de Aragón. Sin embargo, a la hora de representar a Isabel I de Castilla, y a pesar de ser reina, no fue identificada con el poder militar. De esta manera no se rompía con otra tradición iconográfica desde la Antigüedad en la que las armas se asociaban con los hombres, pero se evitaba con las mujeres, salvo casos excepcionales como el de las Amazonas o el de Diana cazadora. La perspectiva de género estaba por encima de cualquier otra distinción social, aunque se tratase de la reina. La reina podrá llevar la corona, el solio y el cetro, pero no la espada, porque ante todo era mujer.

»Un ejemplo lo tenemos en las esculturas de los Reyes Católicos del siglo XVI de Diego Siloe para el retablo de la Capilla Real de Granada: el rey Fernando aparece con armadura y la reina Isabel con sencillo hábito, libro y rosario. Del mismo modo, los sepulcros de la Capilla Real representan al rey Fernando, al igual que a Felipe el Hermoso, con la armadura completa, mientras que la reina Isabel aparece sencillamente ataviada, y su hija, la reina Juana, está elegantemente vestida; además, en uno de los ángulos del sepulcro de la reina Isabel aparece esculpida la alusión al pecado original, con la expulsión del paraíso de Eva y Adán, mientras que en el del rey Fernando se simboliza la resurrección y redención por medio del pelícano y el fénix».

Díez Jorge añade, además, otro dato, el de la posición de varón y hembra en la arquitectura. La derecha, considerada tradicionalmente como *lo bueno*, se ofrece al varón, mientras que la izquierda, lugar siempre secundario o incluso siniestro, a la mujer. En otros casos, donde la derecha y la izquierda no son tan evidentes, es necesario acudir a la posición más destacada, que siempre es para el hombre. ¿Ejemplos? Muchos: el propio sepulcro de los Reyes Católicos, el de la reina Juana y Felipe el Hermoso, «el escudo con los Reyes Católicos del XVI bordado en hilos de oro del Ayuntamiento de Granada, o el escudo también de los Reyes Católicos de la pared derecha del corredor alto del patio de la Chancillería de Granada; en ambos casos aparece en el trono regio derecho el rey Fernando mientras que en el izquierdo está la reina Isabel».

Sirvan estas claves para desentrañar la falacia de igualdad de sexo entre los Reyes Católicos. Como en toda relación de poder, no fue oro todo lo que relució.

¿A QUIÉN TEMEN LOS CATÓLICOS DENTRO DE LA ALHAMBRA?

Conquistada Granada y aposentados los Reyes Católicos en la Alhambra parece que nada deben de temer ya. Sin embargo, si nos acercamos a las puertas de la muralla de la Alhambra vemos unos baluartes redondos de origen cristiano, según parece, datados hacia el s. XV, que tienen la misión de proteger el entorno. ¿Qué temían los cristianos si ya habían ganado la guerra contra al- Ándalus? El historiador Antonio Malpica parece respondernos esta duda en su libro ya citado *La Alhambra, ciudad palatina nazarí*: «¿Contra quiénes se levantaban estas defensas? La respuesta no puede ser nada más que contra la población musulmana mudéjar, que tras la rebelión de finales del s. XV pasó a ser cristiana, pero morisca. La Alhambra quedó configurada como una gran fortaleza frente a la ciudad de Granada, de donde no habían salido sus pobladores de acuerdo con las capitulaciones que se firmaron. También servía de último reducto en caso de problemas en la Vega que rodeaba a la capital, con una población casi exclusivamente musulmana, luego conversa». Parece ser que la decisión de cambiar la entrada original de la Puerta de las Armas podría datar de entonces, por ser una entrada peor defendida. Con el tiempo la entrada principal sería, como ocurre ahora, la Puerta de la Justicia.

Estas transformaciones defensivas de la Alhambra ofrecen curiosidad al viajero, por eso decido salir del libro y acudir directamente a su autor, Antonio Malpica, especializado en la arqueología medieval y el estudio de la organización del espacio. Le pregunto sobre esos baluartes cristianos que ahora vemos en el exterior del recinto y que nos impiden ver puertas tan monumentales como la de los Siete Suelos. ¿Qué cambios sufrió el entorno con la llegada de los cristianos? En palabras del profesor, «hay un cambio en las defensas con la creación de baluartes para la artillería que ya se empleó en la guerra de Granada bajo el control de Francisco Ramírez de Madrid, al que se le dieron grandes propiedades en la costa, en concreto en Salobreña, y que fue el esposo de Beatriz Galindo, maestra de Latín de Isabel la Católica. Creo que la Latina fue una persona muy interesante, como nadie se ha parado a reflexionar en la formación de Isabel la Católica, una mujer muy preparada, como ella hizo con sus hijas, para la época. Por otra parte, todas las puertas de la Alhambra estaban protegidas por baluartes. El cambio se hizo desde la ciudad de Granada a la Alhambra, como se aprecia fácilmente al transferir el paso a Siete Suelos, ya desde la época de Muhammad V. Me parece importante asimismo destacar que interiormente hubo un cambio significativo en la zona de palacios y el Mexuar, el centro de Gobierno». Interiormente las transformaciones también se pueden apreciar en el Mexuar, con la construcción de una capilla, o los cambios que experimentó el cementerio o Rawda a la salida de los sultanes nazaríes.

Para un experto como Malpica, la Alhambra se explica también por su dimensión y espacio: «Creo que la Alhambra es una ciudad completa, con espacios de viviendas, huertas de cultivo para abastecerse y vender mercancías a los comerciantes italianos, verdaderos controladores de la economía del reino. Ese aspecto material es fundamental y permite tener una visión global que no se suele dar. Ahora bien, los espacios del poder, por obra de los historiadores del arte, han fragmentado en partes inconexas el conjunto».

Interesante apreciación sobre cómo los historiadores de la Alhambra pueden llegar a influir, decisivamente, en la imagen que de ella se proyecta.

LA LEYENDA DEL CIPRÉS DE LA SULTANA

El Generalife despertó pasión entre algunos de los viajeros que pasaron por Granada; de hecho, en el s. XIX, Hans Christian Andersen fue uno de los más apasionados en contar sus impresiones entre el frescor y el verdor de sus veredas: «Detrás de todo, al fondo de la avenida de añosos cipreses y parras como árboles, hay una risueña y blanquísima villa. Es el Generalife, el palacio de los reyes moros, la residencia favorita de los sultanes. Aún florecían los jardines en arriates, las flores exhalaban embriagadora fragancia y en los surtidores saltaban los chorros del agua». La mansión era por entonces de propiedad particular y recalcaba que «solo hay que llamar a la puerta para que te abran».

Aunque muy remodelado y con un carácter romántico que debió tener en su origen, el Patio del Ciprés de la Sultana es hoy uno de los más excepcionales, por su estanque, sus cuadros de vegetación y por los surtidores que juegan con el agua ofreciendo juegos visuales que producen música.

En una esquina del patio se encuentra un ciprés seco, momificado, pero aún en pie. Es el triste recuerdo de una leyenda que Ginés Pérez de Hita dejó plasmada en *Historia de las Guerras Civiles de Granada*. Según nos cuenta este novelista del Siglo de Oro, los zegríes y abencerrajes, siempre a la gresca, realizaban traiciones continuamente para conseguir los favores del rey Boabdil. Ocurrió, entonces, que los zegríes resolvieron intrigar contra la reina, Morayma, propagando la falacia de que estaba en amores con un caballero abencerraje.

Aprovechando una de las muchas fiestas que ofrecía Boabdil en la Alhambra, un zegrí se acercó al rey y le dijo:

«—Sabrás, poderoso rey, que todos los caballeros abencerrajes están conjurados contra ti para matarte por quitarte el reino. Y este atrevimiento ha salido *dellos*, porque mi señora la reina tiene amores con el abencerraje llamado Albinhamad, que es uno de los más ricos y poderosos caballeros de Granada. Qué quieres, oh rey de Granada, que te diga, sino que cada abencerraje es un rey, es un señor, es un príncipe. No hay en Granada suerte de gente que no lo adore; más preferidos son que vuestra Majestad».

Aquella confesión encolerizó a Boabdil, que se sintió traicionado doblemente.

«Al cabo de un rato —siguió diciéndole el insidioso zegrí—, vimos salir a la reina sola por allá debajo, junto de la fuente de los Laureles, y poco a poco se fue a donde estaban las damas muy disimuladamente. De allí a una gran pieza vimos salir a Albinhamad muy despacio, disimulado, dando vueltas por la huerta, cogiendo rosas blancas y rojas, y *dellas* hizo una guirnalda y se la puso en la cabeza».

Tantos detalles de los encuentros que los supuestos enamorados consumaban en un patio del Generalife dispararon los celos de Boabdil.

«—Ah, traidor, cómo me has engañado —repetía para sí pensando en el amante de su esposa Morayma—. No más traidores; vive Alá que han de morir los abencerrajes y la reina ha de morir en fuego. Préndase la reina luego, que yo haré tal castigo que sea sonado por el mundo».

El zegrí, muy cauto, aconsejó al rey:

«—Eso no, que no lo acertarás; porque si a la reina se prende, todo es perdido y pones tu vida y reino en condición de perderse».

Entonces Boabdil, recapacitando, resolvió hacer otra cosa muy distinta, si bien, serviría de escarmiento a todos los abencerrajes que se opusieran a él.

Sabremos el desenlace de esta leyenda muy pronto. Mientras tanto se puede visitar el famoso ciprés de la sultana, donde decían que se citaba con su amante abencerraje. El árbol vivió hasta los años ochenta del siglo XX. Demasiados años soportando sobre sus raíces la infidelidad nunca comprobada de una reina de la Alhambra.

LA LEYENDA DE LOS ABENCERRAJES

Enterado el rey Boabdil de la infidelidad de su esposa, Morayma, urdió un plan para acabar con Albinhamad (también conocido como Aben Hamet) y su grupo de seguidores.

Pidió a uno de sus esclavos que avisara al abencerraje con el pretexto de hablarle de sus nuevas decisiones políticas que incumbían por entero a su noble familia. Albinhamad no lo dudó, acudió al encuentro con el rey, sintiéndose afortunado por recibir tal merced y, al llegar al lugar donde se le citó, una pequeña sala colindante al Patio de los Leones, encontró solo al sultán. Este le dio las gracias por su fidelidad, y al momento comenzó a alabar su inteligencia, sus dotes de mando y su bizarría.

Le pidió el sultán su espada y todas sus armas camufladas bajo sus ropas, con el fin de poder admirarlas. Albinhamad, sin nada que temer, se las cedió y Boabdil las colocó muy lejos para que no pudiera tener acceso a ellas. Solo entonces le habló muy iracundo sobre los rumores de su infidelidad y la traición de Estado que aquella suponía.

El abencerraje intentó defenderse con argumentos propios de su elocuencia, pero Boabdil le dio el alto, y en ese instante, de detrás de una de las cortinas, salió su verdugo que con la rapidez de un águila sacó la cimitarra y allí mismo le decapitó. Cayó su cabeza rebotando sobre el aljibe que en el mismo centro de la sala había, dejado su sangre derramada por el suelo.

Fueron invitados a acudir a la sala, con lisonjas y engaños, treinta de los más leales abencerrajes, todos ellos de la familia de Albinhamad, y según atravesaban la puerta de la sala, el verdugo del rey hacía volar su cimitarra y les degollaba uno a uno.

El patio quedó alfombrado de sangre, que vio aterrada Morayma cuando la trajeron entre dos guardias de palacio. Sus pies se tiñeron de rojo mientras hablaba a su rey y negaba el adulterio.

Sus palabras fueron tan certeras y sus argumentos tan sinceros que el rey Boabdil entendió que había sido engañado. Miró a su esposa y dijo:

—¡Mirad, traidores! Mirad los pies de la reina y los míos, todos manchados de sangre. ¿Es Morayma más culpable que yo de esta locura?

Se acercó Boabdil al traidor zegrí, delator de los amores de Morayma y el caballero abencerraje, lo abofeteó y ordenó que lo encerraran.

Muchos problemas le sobrevinieron a Boabdil tras aquel suceso, porque los abencerrajes, que eran muchos y muy valientes, desearon vengarse. En recuerdo de aquello, la sangre de los allí degollados sigue brillando bajo el agua del aljibe de la Sala de los Abencerrajes.

¿DÓNDE ESTÁ LA SANGRE DE LOS ABENCERRAJES?

La Sala de los Abencerrajes, muy similar en estructura y cúpula a la de las Dos Hermanas, tiene en su centro un aljibe dodecagonal que le ha dado nombre. Si nos acercamos, vemos en él unas siniestras manchas rojas: los restos de sangre de los abencerrajes allí degollados. Eso es, al menos, lo que dice la leyenda. La realidad es muy distinta, las manchas rojas son el producto del óxido, pero así y todo, quien entra en la sala sabiendo que es una leyenda no puede evitar buscar las pruebas del crimen. También fue tentado Théophile Gautier en 1840, que en su *Viaje a España* manifiesta que «desgraciadamente los eruditos pretenden que los abencerrajes y los zegríes no han existido nunca. Me atengo completamente a este respecto a las romanzas, a las tradiciones populares y a la novela de Chateaubriand, y creo firmemente que las huellas color púrpura son de sangre y no de herrumbre».

EL ESPLENDOR DE LA ALHAMBRA

La situación política del s. XIV propició el esplendor arquitectónico de Granada. Las luchas entre al-Ándalus y Castilla tuvieron un receso, debido, fundamentalmente, a las crisis dinásticas que se sucedían entre los castellanos. Esto permitió que los sultanes granadinos, Yusuf I y Muhammad

V (padre e hijo), pudieran concentrarse en construir un entorno útil y bello para sus conciudadanos.

El joven Yusuf, que llegó al trono siendo casi un adolescente, apreciaba las artes, la poesía y la ciencia, por lo que se dejó aconsejar por sus visires. Ibn al-Yayyab e Ibn al-Jatib fueron apoyos importantes, tanto como le ocurrió a Muhammad V con Ibn Zamrak. Aunque estos nombres nos parezcan insustanciales para el recorrido de la Alhambra, no lo son en absoluto, porque como poetas y ministros, ejercieron su presencia en el monumento; de hecho, en sus propias paredes podríamos leer sus poemas impresos, de saber árabe.

Fuera de la Alhambra, Yusuf ordenó levantar puertas y edificios de gran importancia para la vida de los granadinos: el Palacio de Bibataubín, la puerta de Bib-Rambla (de la que hablaré más adelante), la muralla del Albaicín o la madraza (la Universidad). Dentro del recinto alhambreño levanta la imponente Puerta de la Justicia, las torres de Machuca y del Cadí y la qubba del palacio de Comares, otro de los referentes del recinto palaciego.

Yusuf murió en unas condiciones muy ingratas, fue asesinado en 1354 por uno de sus esclavos, cuando rezaba en la mezquita. Tenía solo 36 años.

Muhammad V, su hijo, heredó el trono y su sensibilidad artística. Aconsejado por sus visires, Ibn al-Jatib y posteriormente Ibn Zamrak, consiguió mantener un buen equilibrio político con grandes momentos de paz que le permitieron continuar el proceso constructivo de la Alhambra. Terminó el Palacio de Comares, además de la Sala de la Barca, del Cuarto Dorado y la sala del Mexuar. Sin embargo, se le conoce, por encima de todo ello, por ser el sultán que erigió el Patio de los Leones, así como el recoleto jardín de Lindaraja.

Fuera de la Alhambra también dejó una próspera construcción. Mandó edificar el Maristán, el hospital, así como la alhóndiga nueva o Corral del Carbón, nombre por el que se le conoce en la actualidad.

Murió en 1391, dejando un listón muy alto para los sucesivos sultanes que no supieron llegar a la altura edilicia de sus antepasados.

EL DESDICHADO BOABDIL

En medio de los constructores sultanes nazaríes y de los Reyes Católicos nos falta un personaje que ha marcado la leyenda granadina de la Alhambra. Si decimos Muhammad XII, nadie sabrá a quién los referimos, pero si decimos Boabdil… ay, Boabdil, todos acudiremos a la rémora de llamarle *el desdichado,* porque lloró como mujer lo que no pudo defender como hombre, una de las reiteradas mentiras de la historia que luego explicaré con sumo gusto.

En la larga guerra de Granada, que abarca desde 1482 hasta 1492, son tres los hombres que se ven involucrados en el reino nazarí: Muley Hacén, El Zagal y Boabdil. Muley Hacén era padre de Boabdil y hermano de El Zagal, lo que provocó guerras internas de familia muy crueles, al tiempo que mantenían la defensa de sus territorios frente a los cristianos.

Muley Hacén (Abu ul-Hasan Ali), derivación de *mi señor Hasan*, sube al trono tras derrocar a su padre. Lo hace con ayuda de los temibles abencerrajes, que también ayudarán a poner más tarde en el trono a su hijo Boabdil.

Muley Hacén tiene una vida ampliamente novelesca, no solo por ser un gran contendiente contra Fernando e Isabel, que con su casamiento se convierten en un enemigo clave, sino también por sus amores con una cristiana cautiva, Isabel de Solís, que cambiará su nombre por Zoraya.

El pueblo granadino no admite la mano dura de Muley Hacén ni sus excentricidades, lo que llevará a Boabdil a entrar en escena. Este joven, llamado así por derivación de Abu Abd Allah, abrirá dos frentes para combatir: por un lado, contra su padre y contra su tío, El Zagal (ambos en continua contienda por el poder) y otro, contra los cristianos.

En 1483, Boabdil fue apresado en Lucena por los Reyes Católicos, sin que desde entonces llegara a recuperarse emocional ni físicamente. En el Museo del Ejército de Toledo se conservan sus babuchas, sus polainas, su marlota y su preciosa espada jineta. Rendido, aceptó vasallaje a los cristianos, quienes le ofrecían defenderlo de su violenta familia. Esto provocó que su propio pueblo lo considerara un traidor. Poco tiempo después, Boabdil salía de Granada habiendo cedido la Alhambra sin que hubiera derramamiento de sangre.

Murió en Fez, sin que se pongan de acuerdo, alrededor de 1533. La historia lo trató mal, pero hoy la Alhambra sigue en pie. De haber habido guerra, quizás ahora sería tan solo una ciudad en ruinas.

BOABDIL NUNCA LLORÓ COMO MUJER LO QUE NO PUDO DEFENDER COMO HOMBRE

La literatura ha interactuado muchas veces con la historia, la ha apoyado con sus descripciones y crónicas, y la ha convertido en algo cercano, fuera de un relato de fechas inconexas que han torturado a más de un estudiante. Sin embargo, es justo decir que también, en según qué casos, ha contribuido a fomentar grandes falacias, las *fake news* del pasado. Las mentiras históricas siempre van asociadas a otro hecho, el de la repetición. Nadie se para a confirmar su veracidad, así que se «copian y pegan», como diríamos ahora; se reiteran una y otra vez hasta convertirse en una cuasirrealidad que nadie estaría dispuesto a desmentir.

¿Cuántas veces han oído eso de «no llores como mujer lo que no pudiste defender como hombre»? Esta frase, atribuida a la madre de Boabdil, Aixa, dicha con muy mala sombra a su hijo cuando abandonaban Granada en 1492, es un ejemplo de ello.

Si Boabdil resucitara, podría usar esta frase como reclamo para su propio *me too*. Pocas veces se ha desprestigiado tanto a un personaje histórico aludiendo a su condición sexual, y que además, las palabras estuvieran en boca de su propia madre, una mujer, añade más sarna al asunto.

No sabemos si Boabdil lloró, posiblemente lloraron el hijo y la madre desde el Suspiro del Moro, al ver que tenían que abandonar la Alhambra y ceder su reino a los cristianos, pero lo que sí sabemos es que dicha frase fue una invención del padre Echevarría, autor de uno de los libros más célebres del s. XVIII, *Paseos por Granada y sus contornos:* «Se llama Suspiro del Moro, porque según refiere Mármol, al pasar por este sitio el Rey Chico se paró y volvió a mirar los alcázares que perdía no cesando de suspirar y decir *Alabaquibar,* qué es lo mismo que Poderoso Señor, mas su madre viéndole de esta suerte, *dixo*: bien haces hijo en llorar como *mugger* lo que no *fuistes* para defender como hombre».

Echevarría hace referencia a Luis de Mármol Carvajal, militar y cronista del s. XVI, que nos dejó interesantes obras, como *Historia de la rebelión y castigo de los moriscos del reino de Granada,* donde dice: «… y que en llegando a un viso que está cerca del lugar del Padul, que es de donde últimamente se descubre la ciudad, volvió a mirarla y, poniendo los ojos en aquellos ricos alcázares que dejaba perdidos, comenzó a suspirar reciamente y dijo, Alabaquibar, que es como si dijésemos *Dominus Deus Sabaoth*, poderoso Señor, Dios de las batallas; y que viéndole su madre suspirar y llorar, le dijo: "Bien haces, hijo, en llorar como mujer lo que no fuiste para defender como hombre"».

Es decir, que el padre Echevarría hace un *copia y pega* de las palabras de Mármol que, por capricho de la literatura, pasaron desapercibidas hasta que el religioso en el s. XVIII las hace famosas.

En cualquier caso, sin buscar la evidencia de las razones en que se apoyaron para repetirlas, conviene tener en cuenta en la actualidad la falsedad de esta frase, desmentirla si viene al caso como una invención pseudorromántica y no hacer más *copia y pega*.

LAS PUERTAS NO SON PUERTAS, SON BLOQUES

Ya se ha dicho que el recinto amurallado de la Alhambra cuenta con cuatro puertas exteriores: la Puerta del Arrabal (que es la más antigua y comunica con el Generalife); la Puerta de las Armas, que era el acceso habitual de los habitantes de la ciudadela para conectar con la alcazaba; la Puerta de los Siete Suelos (de la que hablaré en otro apartado), y la siempre impresionante Puerta de la Justicia.

Antes de hablar de esta última, la más conocida y representada de toda la Alhambra, es conveniente saber que las puertas árabes no son puertas corrientes, se construyeron como sistema muy ingenioso de defensa, de ahí que sean un bloque, un cuadrado que hay que atravesar y cuyo suelo está generalmente en desnivel para impedir la entrada en caso de asalto.

Las puertas-bloque tienen un acceso en recodo con el propósito de interrumpir el paso no deseado, es decir, tienen dos caras, la fachada de entrada y la fachada de salida. En medio de estas dos fachadas puede haber un espacio con cielo abierto (buhedera) y desde el que se hostigaba al enemigo. En este espacio intermedio hacían guardia los soldados.

LA LEYENDA DE LA TORRE DE LAS INFANTAS O DE LAS TRES BELLAS PRINCESAS

(Recogida por Washington Irving)

El sultán de la Alhambra tuvo noticias de la existencia de una mujer castellana muy bella perteneciente a su serrallo. Cuidaba de ella la esclava Kadiga, también procedente de tierra castellana, que veía cómo el rey comenzó a ofrecer a su ama tanta atención que la hizo su favorita. De esa unión nacieron tres niñas, de un mismo parto, a las que pusieron por nombre Zaida, Zoraida y Zorahaida. La madre no sobrevivió al alumbramiento y las tres niñas quedaron al cuidado de la esclava Kadiga, que veló por ellas con mucho celo, tanto que las tres hermosas princesas apenas podían tener contacto con el resto del mundo, se pasaban el día mirando entre las almenas del castillo de Salobreña, donde residían.

Se distraían viendo pasar las embarcaciones, y un día repararon en la llegada de unos cautivos castellanos, muy bien ataviados y apuestos, que habían sido presos en las cercanas costas.

Siguieron muy atentas las tres princesas las circunstancias que rodearon las vidas cautivas de los tres castellanos, tanto que hasta la intachable Kadiga se saltó algunas de sus reglas solo por conseguir información relacionada con los muchachos.

Con el tiempo, dejaron salir de las mazmorras a los cristianos cautivos y les permitieron moverse bajo supervisión, dado que estaban tramitando su rescate, que sería muy pronto. En esas estaban los tres hombres cuando advirtieron la presencia de las tres princesas y muy pronto hubo entendimiento, todo bajo el secretismo corriente dentro del palacio.

Meses pasaron así hasta que llegó la noticia de la liberación de los tres cristianos, que ofrecieron a las tres jóvenes princesas huir con ellos. Mucho alboroto causó este ofrecimiento entre las jóvenes, a pesar de que era sincero y con objeto de casamiento. Lo hablaron entre ellas, y finalmente confesaron su decisión a Kadiga, a quien solicitaron ayuda.

La esclava, a fin de cuentas, castellana también, pensó en las tierras que dejó con gran nostalgia, por lo que decidió ayudarlas. Urdió un plan para que su padre, el rey, no pudiera enterarse y lo puso en práctica.

Ya estaban las tres princesas preparadas para huir del castillo. La primera, Zaida, que saltó por una ventana; la segunda, Zoraida, que le siguió, pero al llegarle el turno a Zorahaida, el miedo le impidió seguir adelante. Las dos hermanas marcharon con sus futuros esposos y junto a la esclava Kadiga, que ahora volvía a ser libre en los territorios castellanos.

Cuando el rey tuvo conocimiento de la huida de sus dos hijas sintió tanta ira que no encontró consuelo en la compañía de Zorahaida, más bien al contrario, centró en ella todo su rencor, ordenó que fuera encerrada en una de las torres de la Alhambra como castigo, en la que permanecería de por vida.

LOS PERCHEROS ANDALUSÍES

Imaginamos que los soldados que hacían guardia debían aburrirse mucho. Por fortuna no tenían que estar siempre de pie, dentro de la Puerta de la Justicia, pues en los accesos interiores de los palacios nazaríes se encuentran bancos de piedra o poyetes en donde podían descansar.

En las paredes interiores de las puertas, como es el caso de la Puerta de la Justicia, entrada principal de la Alhambra en la actualidad, podemos encontrar algo sorprendente: los percheros que usaban los soldados de la guardia para reposar sus lanzas o picas.

CUANDO LA MANO TOME LA LLAVE, LA ALHAMBRA SUCUMBIRÁ

Muchas son las leyendas que recorren los pasillos de los palacios alhambreños, y han sido tan repetidas que terminarán por creerse verídicas. Una de las más populares es la que inspira la entrada a la Puerta de la Justicia. De los dos arcos que presenta, en el exterior, de herradura ligeramente apuntada, podemos ver una mano. En el arco inmediatamente interior, descubrimos una llave. ¿Qué significado tienen?

La mano es un talismán muy usado en la cultura islámica, sus dedos pueden simbolizar los cincos preceptos musulmanes o representar la llamada mano de Fátima, pero también puede ser un talismán sin más simbología que otorgar la buena suerte a quien entre en tan respetado entorno. Llave y mano parecen conectarse, o quizás no, porque separadas están, cada una en su respectivo arco. La leyenda dice que cuando la mano pueda tomar la llave, la Alhambra desaparecerá.

LA PUERTA DE LA JUSTICIA, TAN MORA COMO CRISTIANA

Los Reyes Católicos fueron muy respetuosos con los símbolos islámicos. La historia habla de la intransigencia de Isabel frente a judíos y musulmanes sin interpretar del todo las claves que nos ofrecen los documentos. Si bien lo dejaron dicho más de una vez, en la Alhambra queda claro el deseo patente de respetar una cultura contra la que guerrearon y, por encima de todo, admiraron. Podrían haber demolido la Puerta de la Justicia, la más imponente (tal y como quiso hacer el ejército napoleónico a la salida de la Alhambra tras su breve invasión), pero no lo hicieron. Dejaron los símbolos musulmanes: la mano, la llave y lo más importante, la placa fundacional del monumento que recordaba que Yusuf I la había construido en 1348, y sobre ella pusieron una hornacina y una virgen.

La virgen original, llamada Santa María de la Alhambra, obra del escultor Roberto Alemán (s. XV), se encuentra actualmente en el Museo de Bellas Artes de Granada.

Según palabras de Reynaldo Fernández, que fue director del conjunto alhambreño, en «la Puerta de la Justicia se resume la historia de la Alhambra, muestra el poder de la dinastía nazarí, pero también otros aspectos de multiculturalidad, ya que conviven símbolos islámicos con otros de época cristiana».

ENCIMA DE LA PUERTA DE LA JUSTICIA HABÍA UNA BIBLIOTECA

El aprovechamiento del interior de los monumentos árabes era algo común en una Granada en donde el espacio, precisamente, no sobraba. Encima de los puentes que surcaban el río Darro construían almácigas los que podían permitírselo, lugares donde se almacenaba el grano. En la Puerta de Bib-Rambla, situada en una de las esquinas de la plaza del mismo nombre, vivía un particular que se apropió de la puerta al tener como propiedad la casa colindante. La Puerta del Vino de la Alhambra alojó durante mucho tiempo las habitaciones del restaurador del recinto, y en esta, la de la Justicia, también encontramos espacios muy bien aprovechados. El marqués Jorge Loring y su esposa Amalia Heredia alquilaron este lugar, el de la Puerta de la Justicia, como residencia. Allí pasaban largas temporadas por motivo de negocios, y con ellos llevaban sus muchos libros, una biblioteca personal que fueron engordando con volúmenes, muchos de ellos relacionados con temas alhambreños. Ya en 1881, el propio marqués manifiesta su deseo de que en la Puerta de la Justicia se estableciera una biblioteca de consulta para cualquier viajero que visitara la Alhambra. No será hasta 1909 cuando pasado el tiempo, el entonces poseedor del fondo bibliográfico, el conde de Romanones, cediera todos los volúmenes al recinto, iniciándose los primeros pasos para crear la Biblioteca de la Alhambra, con obras en la actualidad de gran valor histórico y literario.

NO TOQUES EL CERROJO DE LA PUERTA DE LA JUSTICIA

Poco hay en la Alhambra que no se haya reconstruido, pues el desinterés de muchos Gobiernos, la falta de dinero y el desconocimiento de cómo abordarlo (todo ello se analizará en este libro) ha llevado a una Alhambra herida que ha tenido que pasar por el quirófano reiteradas veces. Así las cosas, existen objetos y materiales aún originales que dan más valor, si cabe, al monumento. José Manuel Gómez-Moreno Calera, profesor de la Universidad de Granada durante muchos años y que desciende de una admirada dinastía en la ciudad a la que más tarde aludiré, comenta en relación a la Puerta de la Justicia que «admirable es la disposición rehundida del arco de acceso, que obliga a la presencia del pozo o buhedera para acosar al posible invasor; su perfecto blindaje, con un cerrojo que es todavía el original; su pasillo de cuatro codos y cubierto cada tramo por diferentes bóvedas; su notable altura; en fin, obra que manifiesta el momento álgido del arte nazarí». Está claro que muchas otras piezas todavía son de origen, como algunos alicatados de acceso al Mirador de Lindaraja o los que quedan custodiados en el Museo de la Alhambra, como las puertas de la Sala de las Dos Hermanas. Sin embargo, todos pasamos por delante de estos cerrojos tan a la vista y nadie les presta atención. Su sistema de cierre es, por sí mismo, de lo más curioso, así puede observarse en este plano que puede consultarse en los Recursos de Investigación de la Alhambra en la página del Patronato:

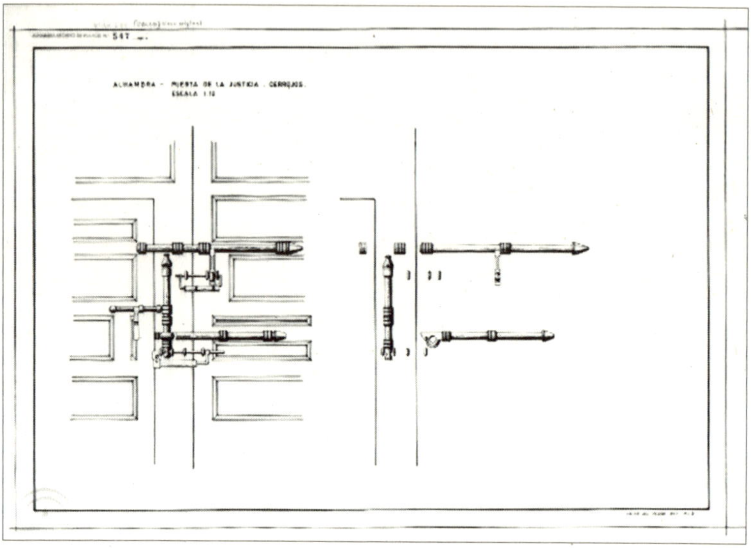

Autor: Manuel López Reche

En cualquier caso, no está de más decir que, aunque sea original, sería de agradecer mirarlo sin estar tentados a tocarlo.

LA LEYENDA DEL ASTRÓLOGO ÁRABE

(Recogida por Washington Irving)

Existió un rey en Granada llamado Aben Habuz que, tras una larga vida dedicada al saqueo y el pillaje, se encontraba débil y achacoso, con deseos de encontrar la paz dentro y fuera de su territorio. Tal cosa parecía imposible, porque sus muchos enemigos lo acosaban y siempre tenía que estar vigilante a un ataque exterior.

Por esos días llegó a la corte un viejo astrólogo que le ofreció sus servicios. Muchos fueron los consejos que le ofreció al rey. Uno de los más sorprendentes fue una veleta que, puesta sobre una alta torre, era capaz de señalar por dónde vendría el enemigo. Aquello fue del gusto del rey, que hizo que la pusieran en la torre más alta del más alto palacio de la colina del Albayzin. Allí quedó la figura de un jinete de bronce con una lanza al ristre, que indicaría la dirección por donde llegaría el peligro.

Estuvieron vigilando la veleta unos días hasta que esta señaló hacia Sierra Elvira. Hasta allí acudió el ejército de Aben Habuz presuroso, decidido a combatir al enemigo, que en pocos minutos fue vencido en emboscada.

Tanta alegría le produjo la victoria al rey que ofreció al astrólogo un deseo, y este le pidió un palacio que cuando estuviera terminado fuera el más fastuoso existente en todos los territorios de Granada.

Muchas veces más indicó la veleta el lugar por donde iban a ser atacados, y otras tantas veces encontró el ejército de Aben Habuz la victoria. Tantas como deseos cumplidos tuvo el astrólogo, que no paraba de pedir más y más.

Así las cosas, llegó el día en que la veleta señaló y el ejército acudió sin encontrar más que a una joven, dormida al lado de una fuente, y que apresaron para entregar al rey.

Quedó muy consternado Aben Habuz, pues no parecía peligrosa, ni siquiera enemiga, por muy cristiana que fuera.

—Tened cuidado, mi señor —dijo el astrólogo—. Que hechicera es seguro.

—¡Tonterías! —protestó el rey— Tú serás inventor, pero no conoces la naturaleza del ser humano. Sus ojos son sinceros y su voz como la de un pájaro, no podría hacerme mal alguno.

—Entonces, permíteme que me la lleve al palacio que estoy construyendo, mi rey. Que soy viejo y quisiera distraerme con su canto.

—Muchas cosas te he dado, pero esta no. La tengo reservada para mí.

La primera negativa que recibió de Aben Habuz le supo al astrólogo muy amarga. Nada dijo, pero el sabio, que era rencoroso, comenzó a confabular su venganza.

Granada continuaba en paz, y el rey decidió dedicarse a la bella cristiana a la que agasajaba de mil maneras, con oro y sedas del Zacatín. Ninguno de sus regalos sedujo a la muchacha, que no dio muestra alguna de amor. Consternado, Aben Habuz acudió de nuevo al astrólogo.

—Amigo mío, necesito tu ayuda. Le ofrezco mil regalos cada día y ella responde con desgana. ¿Qué puedo ofrecerle que sea mejor que el oro y las sedas?

El astuto astrólogo contestó:

—Ofrécele un palacio encantado y no podrá rechazarlo. No hay nadie que rechace vivir en el paraíso.

—Hazme un palacio como el que dices, mejor que el que levantaste para ti, y te daré lo que quieras.

—Solo aceptaré la carga que lleve la primera bestia que traspase su puerta. Nada más, mi señor.

Tanta humildad agradó al monarca, que exigió al astrólogo que construyera el palacio encantado lo antes posible. A él se dedicó día y noche, hasta que construyó la puerta que lo abriría. «Sobre la clave del portal esculpió el astrólogo, con su propia mano, una llave y en la otra clave del arco exterior del vestíbulo, que era más alto que el del portal, grabó una mano gigantesca».

Llegó el día en que el rey y la joven esclava comenzarían su nueva vida dentro del palacio. El rey montaba a su corcel y la doncella lo hacía sobre un palafrén. El sabio astrólogo, por el contrario, era el único que se apoyaba en su báculo mientras se aproximaba a la gran puerta del palacio.

Por detrás, una recua de bestias cargaban baúles llenos de tesoros, y el rey se preguntaría cuál se ellos elegiría para sí el leal astrólogo.

—Mirad, mi señor. Mano y llave son los amuletos que protegerán la entrada de este paraíso. Hasta que la mano baje y coja la llave, no habrá poder mortal ni mágico que pueda destruir esta bella morada.

Tan absorto quedó Aben Habuz que no reparó en que el palafrén de la doncella avanzó hasta entrar en el palacio.

—He aquí la recompensa que me prometisteis —dijo el astrólogo— la primera bestia con su carga.

El rey, creyendo que bromeaba, reía, pero al momento se dio cuenta del engaño.

—¿Qué artimaña es esta? ¿Te burlas? Te daré todos mis tesoros, serás el hombre más rico de Granada.

—Para qué quiero las riquezas si tengo mucho más. La doncella me pertenece por derecho, así lo prometiste.

Antes de que el rey sacara su espada, el viejo astrólogo tomó su báculo y, dando un golpe en el suelo, salió corriendo hacia la puerta para traspasarla. Un gran humo se levantó hasta que el palacio quedó cubierto por un halo misterioso, y posteriormente se esfumó dejando un gran vacío.

Sobre esa colina, dice la leyenda, se construyó la Alhambra y en recuerdo del astrólogo árabe elevaron la ciudad palatina en cuya entrada fue preciso tallar la mano y la llave para recordar el encantamiento al que está sometida.

LAS MACABRAS MACABRILLAS

Atravesando la Puerta de la Justicia y encaminándonos por el Camino de Ronda al recinto de la Alhambra, observamos en el muro izquierdo restos de piedra tallada, con adornos geométricos y epigráficos. Son las llamadas *macabrillas* o *bordillos funerarios*, piedras labradas que se ponían en las tumbas musulmanas, bien a los pies o a la cabecera. Los cementerios se situaban a extramuros, cerca de una entrada principal, de ahí que el más popular de la Granada nazarí fuera el de Puerta de Elvira. También existían cementerios para los reyes, panteones, como el de la rauda, dentro de la Alhambra.

La reutilización de materiales de construcción ha sido una práctica habitual a lo largo de la historia. Con la conversión forzosa de los musulmanes en el s. XVI, los cementerios quedaron a expensas del expolio y sus piedras talladas se convirtieron en material reutilizable. Toda Granada está plagada de macabrillas que el viajero puede jugar a encontrar dentro del recinto de la Alhambra, en donde hay, al menos, una veintena de macabrillas localizadas. En la ciudad se reparten por sus diferentes barrios, en las iglesias del Albaicín o alrededor del Monasterio de San Jerónimo.

Macabrilla viene de una derivación del nombre *maqbara* o *macaber*, que es como se denominan los cementerios musulmanes. Hay quien dice que la palabra *macabro* deriva de este término, aunque la Real Academia Española no está muy de acuerdo.

LOS TURISTAS SE SIENTAN SOBRE UN GRAN ALJIBE

El recinto de la Alhambra es un conjunto de edificios construidos en diferentes momentos y con finalidades muy diversas. Los turistas que por ellos deambulan desconocen su historia y es frecuente ver usándolos como apoyo, buscando el anhelante descanso para emprender la ruta. La Plaza de los Aljibes es uno de esos lugares que emplazan a una parada técnica, bien para hidratar la garganta en el kiosco o acudir a los consejos de una guía de viajes. Justo en el centro de dicha plaza se encuentra una elevación construida de ladrillo que oculta uno de los aljibes más grandes construidos en época cristiana. Si pudiéramos asomarnos a su interior apreciaríamos su profundidad, pero puede que solo nos interese usarlo de asiento, es mucho más práctico, aunque menos fascinante para quien pretenda conocer los misterios de la Alhambra. Por cierto, si se nos ocurre acercarnos al kiosco central, encontraremos, bajo platos y vasos, el brocal de acceso al aljibe, el único que existe.

EL ALJIBE DEL CONDE DE TENDILLA

Con la llegada de los Reyes Católicos a la Alhambra fue preciso acometer ciertas obras de necesidad para su uso doméstico y defensivo. Las dos cosas iban unidas por necesidad, ya que si se fortalecían los muros del recinto, con especial interés en los de la alcazaba (recordemos que aún conquistada Granada todavía existían los coletazos de guerra contra los moriscos), también se necesitaba agua potable para la subsistencia y, en este particular, se exigía la construcción de un aljibe lo más grande posible que abasteciera de agua a la ciudadela en caso de un indeseado hostigamiento.

Sería un hombre de confianza de los Reyes Católicos, Íñigo López de Mendoza, el que acometiera tal obra de ingeniería, de hecho, puede considerarse a este hombre como un gran inspirador de los nuevos cambios que sufrió la Alhambra. Baste decir que Íñigo López de Mendoza, II conde de Tendilla y I marqués de Mondéjar, fue el primer alcaide de la Alhambra y capitán general del reino de Granada, por lo tanto, un peso pesado en la política de su tiempo.

La construcción del aljibe exigió primero cambios en el exterior del recinto. Las obras no debieron ser fáciles, porque entre la Plaza de los Aljibes y los palacios nazaríes actuales existía un barranco de gran consideración que se aprecia en alguno de los grabados de la época. La obra de allanamiento del terreno supuso un importante trabajo de nivelado y desescombro.

La obra costó un buen dineral; según el viajero Jerónimo Münzer que la vio terminada en 1494, una «obra tan estupenda, que no se da más», según sus palabras. La documentación recuperada habla de una suma que ascendía al millón y medio de maravedís, pero tal desembolso lo compensó la magnitud del ingenio.

El interior del aljibe, realizado en dos naves, es considerable, tiene una longitud de 34 metros, 6 de ancho y 8 de alto, y una capacidad de 1632 metros cúbicos de agua que lo convierten en el más grande de Granada. Pensemos que el de la mezquita mayor de la ciudad, actualmente aún visible junto a la catedral en la calle Oficios, tiene una capacidad de 157 metros cúbicos, y el del Aljibe del Rey, 300, nada comparables con el aljibe del gran Tendilla y sobre el que ahora se sientan los turistas.

Dos curiosidades más. Hacia el mes de enero, una persona se encargaba de limpiarlo vaciando previamente el recinto de agua con cubos ayudado de cuerdas y garruchas, con el fin de limpiar las impurezas internas. La normativa era muy estricta con el robo de agua del aljibe, que era penado con multas de hasta 100 maravedíes.

Los reyes cristianos debieron estar muy orgullosos de este ingenio hidráulico, que comparaban con la construcción de una catedral, dejándolo patente en una placa que hoy podemos ver colocada al salir de la Puerta de la Justicia en dirección al interior del recinto de la Alhambra y en la que se asegura que el conde de Tendilla, por mandamiento de sus «altezas (los Reyes Católicos) hizo *hazer* este aljibe».

LA PLAZA DE LOS ALJIBES DE LA ALHAMBRA, LAS REDES SOCIALES DEL SIGLO XIX

Ya lo dijo Washington Irving refiriéndose a la Plaza de los Aljibes, que toma el nombre del gran pozo cristiano antes referido: «... Existe una especie de tertulia perpetua, que se prolonga todo el santo día, formada por los inválidos, las viejas y otros curiosos desocupados de la fortaleza, que se sientan en los bancos de piedra bajo un toldo extendido sobre el pozo para resguardar del sol al encargado. Allí se pierde el tiempo charlando de los sucesos de la fortaleza, se pregunta a todo aguador que llega las noticias de la ciudad y se hacen largos comentarios sobre cuanto se ve y oye. No hay hora del día en que no se anden por allí comadres y criadas holgazanas en interminable cuchicheo, con el cántaro en la cabeza o en la mano, deseosas de oír el último chisme de aquella buena gente».

Las fuentes y aljibes, de los que había muchos en Granada, eran lugares de encuentro muy prácticos. En este caso, el gran aljibe de la Alhambra en el que se suministraba el preciado líquido elemento, funcionaba como una red social propagando o haciendo llegar las noticias desde el recinto alhambreño a la medina y de la medina a la Alhambra. Los aguadores, tirando de sus mulas que cargaban sus pesados cilindros, asumían con alegría sus honoríficos cargos de reporteros manteniendo en contacto a los habitantes de uno y otro lado de la colina.

LOS AGUADORES Y SUS GALAPAGUILLOS

Decía Richard Ford en sus *Cosas de España* que visitó nuestro país en 1830, que los españoles somos grandes bebedores, pero no especialmente de vino, sino de agua, ya que «por una especie de hábito hidrópico, se bebe como peces durante todo el año». Era corriente ver a los aguadores caminando por la calle con sus cilindros al hombro o sobre burros, voceando su mercancía «*acabaíca* de sacar del aljibe de la Alhambra», pongamos por caso, que era el más célebre pozo y del que decía el barón Charles Davillier, treinta años más tarde, que tenía la más rica agua para beber.

Los aguadores pululaban por el entorno alhambreño «con pintoresco traje, esperando su turno, unos transportaban agua en asnos que llevan a cada lado de su albada una enorme jarra, protegida de espesa capa de hojas, lo que les hace parecer de lejos un matorral ambulante. Otros, más modestos, se contentan con transportar el agua en una especie de tonel cilíndrico provisto de una capa de corcho destinada a conservar el frío y terminado en uno de los extremos por un largo tubo de hojalata que sirve para verter el líquido.

Dos o tres vasos y un pequeño frasco de aguardiente anisado, del que echan unas gotas en el agua para blanquearla, son sus únicos bártulos y los llevan en bandolera por medio de una correa». Quizás nos parezca ahora un método poco higiénico, si tenemos en cuenta que se compartía el vaso una y otra vez, pero los aguadores contaban con un método muy natural para limpiar el interior de sus cilindros y era el de introducir pequeños galápagos, muy célebres en el río Cubillas. Los animalejos comían los gusarapos del agua y la purificaban. Al menos, era lo que se decía. Los galapaguillos del río Cubillas también trabajaban dentro de algunos de los muchos aljibes diseminados por la ciudad. La limpieza de los mismos era cometido de los cañeros, que introducían su brazo hasta el codo para limpiar los conductos, razón por la cual siempre llevaban arremangadas las camisas. El escritor Ángel Ganivet, muy crítico con la modernidad que se exigía en Granada de proporcionar agua potable en las casas, defendía mantener a los aguadores que iban a ser eliminados, alegando a su favor que eran «un producto nacional».

LA ALHAMBRA NOS HABLA

¿Cuántos edificios conocen que puedan hablar? No, no me refiero a los edificios inteligentes que con sus instalaciones domóticas nos permitan activar movimientos de luces con el poder de nuestra voz. Me refiero a que cuántos monumentos conocidos pueden contarnos historias a través de sus paredes, expresar alabanzas o compartir sus sentimientos. La Alhambra es una de esas construcciones. Si fuéramos capaces de leer en su idioma, estaríamos interpretando nueve mil inscripciones, que son las que hay, según el arabista Juan Castilla Brazales.

Esos bellos trazados que surcan las paredes del palacio pueden parecernos dibujos, pero en realidad son palabras expresadas en dos tipos diferentes de escritura: la *cúfica* y la *cursiva.* Existe, no obstantes, una tercera que sería una mezcla de ambas.

La primera de ellas, la cúfica, hace mención a la ciudad en donde nació, Kufa, es la más elegante, con rasgos muy bellos y quizás por eso es la dedicada a los versos del Corán. La segunda, la cursiva, tiene rasgos más claros, sueltos, y más parecidos a la escritura manuscrita. Es la que se dedica, generalmente, a la poesía.

Cualquiera de estos tipos de letra, cúfico, cursivo o mixto, pueden dar forma a inscripciones de contenidos diferentes. La leyenda más reproducida en la Alhambra es que «no hay más vencedor que Allah»; otras son populares por estar en lugares estratégicos, como en la Fuente de los Leones, en cuyo borde se dice: «… Líquida plata entre joyas fluyente, con la belleza de estas, blanca y transparente, tan semejante lo que fluye es a lo inerte, que no sabemos cuál de ambos discurre… ». Otras inscripciones son aforismos o máximas: «Quien emplea buenas palabras merece respeto». También existen las inscripciones fundaciones (como la que aparece en la Puerta de la Justicia) o las funerarias, esculpidas en lápidas sepulcrales (algunas conservadas en el Museo de la Alhambra)

Edmundo de Amicis, que visitó España en 1872, intrigado por las inscripciones de los muros confesó: «Me acerqué a una pared, fijé los ojos en la extremidad de un arabesco y probé si lograría seguir sus vueltas y revueltas en las paredes. Es imposible, los ojos se pierden, la imaginación se turba, y todos los arabescos parecen moverse y confundirse desde el pavimento a la bóveda para arrancarlos el hilo de su red inextricable».

Los tres poetas más conocidos de la Alhambra fueron sus tres visires: Ibn al-Yayyab, Ibn al-Jatib e Ibn Zamrak. Se dice de este último que fue el más dotado para la poesía; a él le debemos los poemas de lugares tan emblemáticos como los de la fachada del Palacio de Comares, el Patio de los Arrayanes, la Fuente de los Leones, la Sala de Dos Hermanas o la Fuente de Lindaraja.

LA ALHAMBRA NOS DIBUJA: LOS CALIGRAMAS

Se ha dejado claro que las paredes de la Alhambra tienen mucho más que yeso y cemento, que sus muros sirven para sostener, aunque también comunican con quienes los contemplan. Este inmenso libro abierto, que es la Alhambra, no solo juega con la palabra escrita tal y como podríamos entenderla, también la usa como medio gráfico, es decir, que utiliza técnicas como los caligramas.

Pero ¿qué son los caligramas? Para ello acudo al magnífico artículo del arabista y profesor de la UGR, José Miguel Puerta Vílchez, *Caligramas arquitectónicos e imágenes poéticas de la Alhambra* que comienza con este párrafo tan inspirador: «Entre las características más peculiares de los palacios de la Alhambra se encuentra, sin duda, la especial, intensa y profunda relación que en ellos se establece entre palabra y arquitectura, hasta el punto de que bien podemos calificarla de *arquitextura…* », lo que nos obliga a explicar finalmente el concepto de *caligrama*, que no es otra cosa que un poema, una expresión escrita usada de tal forma que incorpora un dibujo. Cualquier lema, como el ya conocido de «solo Dios es vencedor» puede tomar aspecto de símbolo, le pueden aparecer árboles o figuras vegetales, siendo a nuestros ojos un entramado de líneas, trazos que tienen más sentido estético que poético, al no saber la caligrafía árabe. Según Puerta Vílchez, este tipo de caligramas tienen un origen antiguo, aunque desconocido, y en la Alhambra se pueden encontrar por cualquier parte. «Es evidente que los calígrafos que trabajaron al servicio de los monarcas nazaríes fueron quienes más atención prestaron a estos diseños, diseminándolos por la mayor parte de las superficies decorativas y hasta determinándolas por completo. En Granada, se encuentran en los muros de la práctica totalidad de palacios nazaríes cuya decoración nos es conocida, desde los construidos por Muhammad II (1272-1302) a finales del siglo XIII y principios del XIV

(Cuarto Real de Santo Domingo, Generalife), hasta los del siglo XV, casos de la Torre de las Infantas de Muhammad VII (1392-1408) y Daralhorra (en el Albaicín, segunda mitad del siglo XV), pasando por las obras de Muhammad III (Partal, Generalife y Baño "del Polinario", junto a la Mezquita Mayor de la Alhambra), Ismail I (Generalife, Alcázar Genil), Yusuf I (Torre de la Cautiva y de Abul I-Hayyay, Oratorio del Partal, Baño Real, Salón de Comares, Bahw al-Naser o Torre de Machuca...) y Muhammad V (Mexuar, Oratorio del Mexuar, Cuarto Dorado, Fachada de Comares, Patio de Arrayanes, Sala de la Barca, el Jardín Feliz —o Palacio de los Leones—, Parador de San Francisco...)».

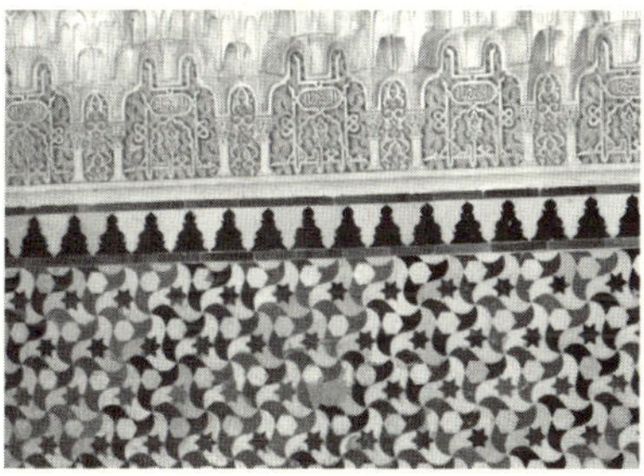
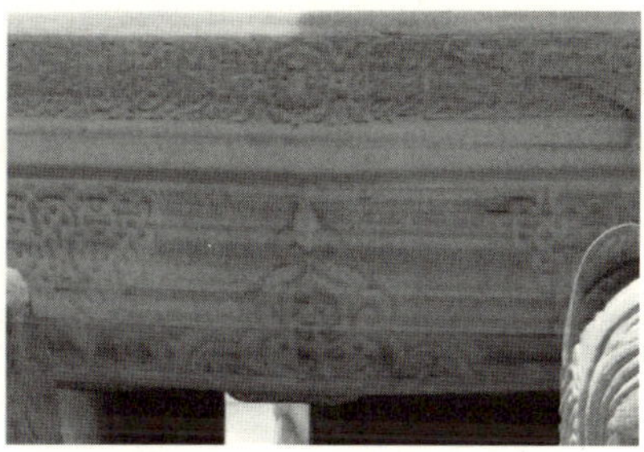

Caligramas del Patio de los Leones y de la propia fuente. Fotos de la autora.

¿UNA BARCA EN LA ALHAMBRA?

La primera sala que encontramos antes de entrar en el Palacio de Comares es la denominada Sala de la Barca. Toma ese nombre del concepto de barca invertida que tiene su techumbre, aunque actualmente también se piensa que puede ser una derivación de la palabra *baraka* (*al-baraka*), que significa *la bendición*.

Su techo es de una belleza y perfección increíbles, sin embargo, hay que aclarar que lo que vemos no es original, es una reproducción de la que hubo y se consumió en el incendio de 1890, que tiene apartado en este libro.

Fue uno de los más cruentos incendios que soportó la Alhambra, llevándose por delante espacios señeros del edificio.

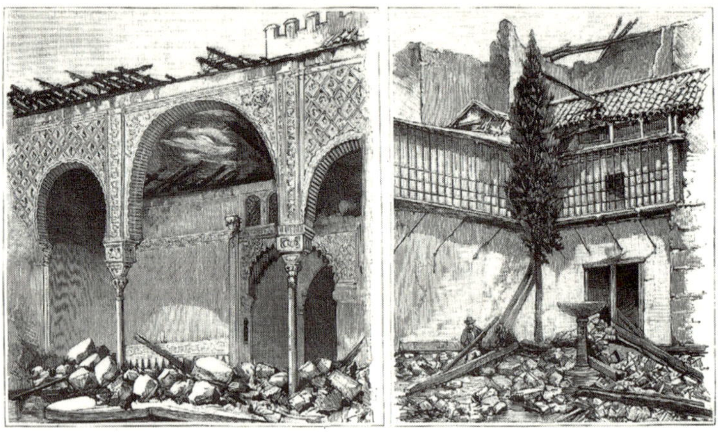

GRANADA.—EFECTOS DEL INCENDIO EN LA ALHAMBRA.—ARCADA PRINCIPAL DE LA GALERÍA DE ENTRADA AL SALÓN DE EMBAJADORES Y PATIO LLAMADO DE DOÑA JUANA LA LOCA, DESPUÉS DEL SINIESTRO DE 15 DEL ACTUAL.—(De croquis del natural, por D. M. Medina.)

Extracto de *La Ilustración española y americana* (22/09/1890), BNE, Hemeroteca digital.

LETRINAS EN LA ALHAMBRA

Estos bellos palacios se hicieron para vivir, así que la ausencia de mobiliario y adornos, salvo por la aparición de alguna solitaria jamuga, hace pensar en que los nazaríes debían ser muy austeros. Pues no, nada más lejos de la realidad. No solo gustaban de una decoración profusa y en armonía, sino que sus costumbres higiénicas sorprenden por su modernidad.

Dentro del lado izquierdo de la Sala de la Barca existe una puerta cerrada que da a un antiguo retrete que conserva en su interior un zócalo de colores terrosos. Si deseamos saber algo más sobre cómo eran los aseos nazaríes y cómo era su funcionamiento, solo tenemos que acudir a Leopoldo Torres Balbás, arquitecto restaurador del monumento, al que en los sucesivo nombraremos más de una vez. En su artículo *Letrinas y bacines,* dejó dicho que «las abundantes letrinas de la Alhambra, repartidas por todos los lugares y situadas discretamente, en lugares poco visibles, tienen, como las descritas, acceso por pasadizos en recodo, sencillo, doble, y aun triple, en ocasiones, y ventilación alta por estrechas ventanas derramadas hacia el interior. Entre los retretes conservados —bastantes habrán desaparecido —figuran: uno con ingreso desde el primer patio de la Casa Real, a poniente, del que no se conservan más que los cimientos; otro, inmediato a la Sala de la Barca; uno más en la nave oriental del patio de Comares. En el baño, junto a la Sala de las Camas; hay también, como en todos, públicos y privados, una letrina, y dos inmediatas en la nave norte del Patio de los Leones, una de ellas con entrada por el pasadizo existente entre el patio y la Sala de Dos Hermanas (...). Sus aguas sucias caían a atarjeas situadas bajo ellos, que antes recogían las de las fuentes cumplida su misión de brotar de los surtidores de las pilas. Todas las alcantarillas iban a verter a la escarpada vertiente del Darro, muy por bajo de las estancias de vivienda».

Torres Balbás observó que estas letrinas no eran exclusivas de los palacios, sino que también se usaban en casas particulares. En la plaza de armas de la Alcazaba, cada casa tenía su retrete, incluso el más humilde negocio. Algo sorprendente si recordamos que la mayoría de las casas de principio del siglo XX, en ciudades grandes como Madrid, se debía compartir el retrete con los demás vecinos en las corralas.

Como curiosidad, Torres Balbás también encontró orinales, es decir, bacines. Uno de ellos dentro del exconvento de

San Francisco (hoy parador) «un bacín cilíndrico roto, de 34 centímetros de diámetro exterior, de barro rojizo, vidriado por dentro con tono melado claro y decoración muy borrosa por fuera, de colores verde y pardo sobre fondo blanco».

EL PATIO DE LOS LEONES, EL JARDÍN FELIZ

A este patio se le ha dado muchos nombres, algunos relacionados con un posible jardín que pudo haber en su lugar antes de construirlo, pero hasta nosotros ha llegado asociado con la fuente que tiene en su centro y que lo ha catapultado como una excepción dentro de la Alhambra, dado que los demás patios tienen columnas, pero este es un patio de crucero, atravesado en cruz por dos acequias que lo dividen en cuatro partes.

Que los musulmanes lo llamaran el *Jardín Feliz* aclara muchas cosas de las impresiones que produce.

Constituye un caso único en la arquitectura residencial nazarí. Su construcción viene acompañada de otro de los muchos misterios de la Alhambra, no se sabe exactamente a qué fue destinado. Dio orden de construirlo Muhammad V, tras finalizar el Palacio de Comares, por lo que tradicionalmente se han enfrentado ambos: el Palacio de Comares tendría una actividad más pública y el de los Leones, más privada. Lo cierto es que ahora se piensa que el Patio de los Leones fue erigido más como decisión personal de Muhammad V, estaría creando su propio espacio dentro de la Alhambra y no tendría un carácter femenino, como se ha dicho, ni de posible biblioteca, como han dicho otros.

Por el momento solo podemos hablar de sus características objetivas, que Muhammad V lo mandó construir tras recuperar su trono en 1362 con la ayuda de su aliado Pedro I de Castilla y que se orientó de levante a poniente, en contra de los demás palacios que tienen su lado mayor en dirección de norte-sur.

Tiene una superficie de 1900 metros cuadrados y está rodeado 124 columnas de mármol de Macael.

Las cuatro partes del suelo que dividen las acequias pueden significar los cuatro ríos del paraíso, y las columnas, algunas unidas en dos, en tres o en grupos de cuatro, también responderían a una intencionalidad concreta, al menos de tipo matemático. A los lados menores del patio se levantan dos templetes. La mano cristiana se nota en el del lado oeste, donde el visitante puede jugar a buscar el águila bicéfala de Carlos V.

¿QUIÉN CONSTRUYÓ LA FUENTE DE LOS LEONES?

El origen de la fuente es todo un misterio. El último rey Zirí, Abd Allah, en sus memorias del s. XI, hace referencia a un palacio de origen judío en Granada en donde pudo estar una fuente con leones. El propio poeta Salomón ibn Gabirol dejó escrito en uno de sus poemas: «Hay un copioso estanque que semeja /al mar de Salomón, /pero que no descansa sobre toros; /tal es el ademán de los leones, /que están sobre el brocal, cual si estuvieran /rugiendo los cachorros con la presa; /y como manantiales derraman sus entrañas /vertiendo por las bocas caudales como ríos». El palacio parece ser el que tuvo el visir judío Ibn Nagrela en el actual emplazamiento de la alcazaba de la Alhambra.

El misterio que envuelve a la fuente y su construcción también ha estimulado la imaginación de algunos investigadores. Se ha dicho de ella, por ser dodecagonal y sostenerla doce leones, que era reloj de sol, que hacía referencia a las doce tribus de Israel o a los doce signos del zodiaco.

Para matizar todas estas fabulaciones me dirijo al profesor de investigación de la Escuela de Estudios Árabes, Antonio Orihuela, buscando la verdad sobre la Fuente de los Leones y su construcción. Lo que me cuenta proporciona nuevas perspectivas: «Por ahora, la arqueología no ha podido constatar que los judíos de la península ibérica durante la Edad Media desarrollasen unas tipologías de casas y palacios diferentes de las existentes en sus entornos cristianos o islámicos, según los diversos lugares en los que convivieron con mayorías de dichas religiones. En el caso del palacio del visir judío Ibn Nagrela, no se conoce el menor resto arqueológico y es muy dudoso que se ubicase en donde ahora está la Alcazaba de la Alhambra, pues en el siglo XI no había suministro de agua en ese lugar.

»La fuente del Palacio de los Leones es obra del sultán Muhammad V, contemporánea del edificio y tuvo que ser colocada allí antes de terminar los muros del mismo, pues la taza no cabe por ninguno de sus accesos. En la actualidad se está terminando de redactar una tesis doctoral sobre la misma por el arquitecto granadino Gonzalo Sánchez Candenas en la UPM. En ella se justifica que el sorprendente emplazamiento del aljibe que hay bajo el Patio del Harén de dicho palacio, sobre la rasante del mismo en lugar de estar enterrado, se debe a la necesidad de dotar de presión al agua para llegar hasta la segunda taza de la Fuente de los Leones y al surtidor con forma de águila dorada con las alas desplegadas que la coronaba. Esta última aparece descrita en un texto de poesía neolatina escrito por Pietro Lazzaroni en el año 1497, publicado por Bernhard Schirg en la revista *Muqarnas* en 2017. Los mecanismos instalados en fuentes de jardines islámicos para sorprender a los visitantes fueron recogidos en tratados de ingeniería, como el del andalusí Ibn Jalaf al-Muradi, cerca del año 1000, o el de al-Yazarí, originario de Anatolia suroriental, del año 1206».

Orihuela también me aclara la razón de que la fuente no se encuentre en la actualidad pegada a los leones, detalle en el que se suelen fijar los turistas que acuden al palacio.

«Desde mediados el siglo XIX hubo una corriente de opinión, promovida por el entonces responsable de la conservación de la Alhambra, Rafael Contreras, quien consideraba que solo la taza baja era original y que apoyaría originalmente sobre los lomos de los leones, para favorecer un hipotético uso como fuente de abluciones. Sin embargo, el ilustre arquitecto conservador de la misma entre 1923 y 1936, Leopoldo Torres Balbás, no la modificó. Pero, entre 1945-1966 se produjo un proceso de retirada del surtidor (instalado entre 1835-1837 en el lugar donde estuvo el águila), de la taza alta y de los balaustres que elevaban la taza principal sobre los lomos de los leones. El surtidor decimonónico se exhibe desde 2007 en el Museo de la Alhambra, pero la taza alta, casi seguramente parte integrante de la fuente inicial nazarí, ha tenido peor suerte, pues se encuentra desde 1945 desterrada, y sin ninguna protección, en el Jardín de los Adarves. Hoy día este proceso de desmontaje de la fuente, sin ninguna justificación documental ni teórica, es criticado por investigadores como José Tito, Carlos Sánchez y Javier Piñar, entre otros».

Nuevamente tenemos que acogernos a la realidad, y es que, fuera lo que fuese, la fuente es un prodigio de ingeniería, a pesar de que sus felinos no parecen muy bien perfilados y no responden a la maestría del resto de la Alhambra. En el borde de la taza se encuentra inscrito un precioso poema del visir Ibn Zamrak que hace alusión al sultán que tiene el poder sobre el agua cuyos leones guardan. «En apariencia agua y mármol parecen confundirse, sin que sepamos cuál de ellos se desliza», nos dice la fuente. Una perfecta simbiosis entre agua y piedra, cuya maldición es la de tenerse que entender entre sí en los siglos venideros.

¿EXISTEN OTRAS FUENTES DE LOS LEONES EN OTRAS PARTES DEL MUNDO?

Nuevamente Antonio Orihuela me saca de dudas: «No se conocen otras fuentes medievales similares en el mundo islámico porque todos los palacios de esa época han sido destruidos. Sin embargo, sí aparecen en imágenes de esa etapa. Entre ellas, las más inmediatas son las dos fuentes de dos tazas, coronadas por sendos surtidores en forma de perro, pintadas en la bóveda del techo de la alcoba norte de la Sala de los Reyes, en el mismo Palacio de los Leones».

DEJAD QUIETA A LA FUENTE DE LOS LEONES

La fuente pasó por continuas alteraciones que parecían no tener otro motivo que molestar a sus leones pétreos. Los alarifes que en la Alhambra la pusieron tenían un concepto visual y simbólico muy diferente al de los cristianos que la disfrutaron siglos después. El arte islámico dota a sus monumentos de virtudes poéticas, otorga al agua —que es generadora de vida— la capacidad de expresarse. El agua que salía de las bocas felinas era serena y caía siempre con la misma cadencia sobre la taza de una altura mediana, razón por la cual la teoría de que pudiera ser fuente de abluciones en su origen se justificaría. Pero llegan los cristianos que solo comprenden el agua como pura ostentación y piensan que la fuente, demasiado baja, debería tener más protagonismo. Sucesivamente le fueron añadiendo surtidores y una segunda taza, que alzó en altura a la fuente para darle relevancia, pero que dejó a los leones desprendidos y fuera de su conjunto. El agua se elevaba con un chorro muy vistoso que fue del gusto del público, hasta que en 1966 se retornara a su estado original. Todavía hay quien, comparando las dos fuentes por grabados y fotografías, niega que sea la misma Fuente de los Leones y culpan a los osados arquitectos de habernos robado y puesto en su lugar otra nueva y demasiado sosa. Pobres felinos, no les bastaba con que los turistas les arrancaran sus partes más sensibles que ahora les niegan la mayor.

LAS TACAS DE LA ALHAMBRA

Es hora de desvelar el misterio de esos huecos o nichos bellísimos que encontramos en las entradas de las salas de los palacios alhambreños. Los turistas los fotografían sin saber muy bien qué significan. Se trata de las tacas, que tenían varias funciones. Una era la de decorar con su equilibrio y belleza; otra, la de convertirse en soporte u hornacina de vasijas con agua, bien para usarse para higiene de manos o para beber. El nombre *taca* proviene de la palabra árabe *taqa,* que en nuestro idioma ha derivado al término *taquilla,* es decir, ventana por la que puede expedirse algún documento o venderse entradas. Cuando vayan al cine recuerden haber estado en la Alhambra.

EN LA ALHAMBRA SE SUSURRA

Ya he dicho que en las paredes de la Alhambra se puede leer, pues ahora digo más, también se puede hacer algo más sorprendente: susurrar.

En 1526, Andrés Navagero explica algo muy curioso en relación a la Fuente de los Leones: «Los leones sostienen el mar de la fuente y están hechos de modo que cuando no arrojan agua, si se habla en la boca de uno de ellos por muy quedo que sea, lo oyen los que pongan el oído en la boca de cualquiera de los otros».

Esto nos recuerda a la Sala de los Secretos de la Alhambra, espacio muy poco conocido y menos divulgado, en donde, además de admirar la arquitectura de sus bóvedas baídas, podemos acercarnos a uno de sus extremos y hablar en susurro a otra persona situada en el extremo opuesto. Se trata de un extraño caso de acústica al que puede jugar el visitante.

Fue construida por Muhammad V. También se le ha dado el nombre de Galerías de los Susurros. A la sala se accede desde el Jardín de Lindaraja, y está situada justo debajo de la Sala de las Dos Hermanas.

EL AGUA DE LA ALHAMBRA TIENE VIDA PROPIA

En al-Ándalus el agua es vida, es el recordatorio de que en otro tiempo fuimos de tierras secas, desérticas, y ahora buscamos un oasis, un paraíso en la Tierra. El agua corre, como el tiempo, se modula alcanzando formas y colores convirtiéndose en un elemento más de la arquitectura alhambreña.

Encontramos el agua dentro y fuera del recinto, en los *hammans* o baños, aljibes, pilares y fuentes de diversas formas que ocupaban muy distintos lugares.

Decía Théophile Gautier en 1840 que en Granada «el ruido del agua que susurra se mezcla al ronroneo enronquecido de cien mil cigarras o grillos cuya música no cesa un instante y que necesariamente os hace pensar, a pesar del frescor del lugar, en las ideas meridionales y tórridas. El agua mana por todas partes, bajo el tronco de los árboles, a través de las rendijas de los viejos muros. Cuando más calor hace, más abundantes son los manantiales, pues es la nieve quien los alimenta».

Los constructores de la Alhambra jugaron con la piedra, con el yeso y con el agua para crear imágenes estáticas y en movimiento, dominaron tanto la técnica que eran capaces de hacer creer a nuestros ojos que el agua se paraba, se congelaba como una imagen. El poema que reza en la propia Fuente de los Leones nos advierte de que «no podrás distinguir si es el agua la que permanece inmóvil o si es el mármol el que fluye».

La piedra parece licuarse en la Escalera del Agua, a la que hay que atravesar para acceder a los Jardines del Generalife. Decía a este respecto Andrea Navagero en 1526 que «en la parte más elevada de estos sitios, y en un jardín, hay una ancha escalera por la que se sube a una explanada, en donde sale de un peñasco que hay en ella toda el agua que corre por el palacio y está aquí encerrada con llaves, y de tal modo que se deja correr cuando se quiere, cómo y en la cantidad que se quiere. La escalera está labrada por tal arte que los peldaños están ahuecados para poder recibir el agua, y los pasamanos tienen las piedras de la cimera talladas, formando una canal que corre de alto a abajo; y como en lo alto están separadas las llaves de cada una de estas partes, cuando se quiere, se abre la del agua que corre por los pasamanos, y otras veces la que corresponde al agua que se derrama por los peldaños de la escalera, pudiéndose también abrir todas a la par, aumentándose el caudal, de suerte que inunda toda la escalera y se mojan los que por ella suben, haciéndose de este modo varios juegos y burlas».

Los viajeros del s. XIX aprovecharon muy bien las bondades naturales de la Alhambra, el rumor del agua obsesionaba a los románticos. El propio Gautier estableció su «cuartel general» en el Patio de los Leones, donde durmió con su acompañante sobre dos colchones, que recogían durante el día enrollándolos y guardándolos en un rincón del patio: «Nos acostábamos unas veces en la Sala de las Dos Hermanas y otras en la de los Abencerrajes, y yo no dejaba de experimentar una cierta aprensión cuando, extendido sobre mi manto, miraba caer, por las aberturas de la bóveda, en el agua del estanque y, sobre el pavimento reluciente, los rayos blancos de la luna completamente extrañados de cruzarse con la llama amarilla y temblorosa de una lámpara».

Uno de los más afortunados fue Washington Irving al poder alojarse durante unos meses dentro de la propia Alhambra. Coincidió con los meses de verano y pudo aliviarse el calor bañándose en los aljibes centrales de los patios y reposando dentro de los baños: «En este fresco y elegante, aunque ruinoso retiro, que ofrece el frescor y aislamiento de una gruta, pasaba yo las horas sofocantes del día cuando avanzaba el verano, saliendo al ponerse el sol y bañándome, o mejor, nadando por la noche en el gran estanque del patio central. De esta forma disminuía, en cierto modo, el enervante y lánguido influjo del clima».

Pero ninguna experiencia con agua debió ser tan anecdótica como la vivida por Gautier mientras dormía en el citado Patio de los Leones: «Una mañana, era un domingo, hacia las cuatro o las cinco, mientras estábamos durmiendo sobre nuestros colchones, nos sentimos inundados de una lluvia fina y penetrante. Habían abierto las llaves de los surtidores más pronto que de costumbre, en honor a un príncipe de Sajonia Coburgo que venía a visitar la Alhambra». Sería la venganza de la fuente hacia aquellos viajeros tan elegantes, pero, también, tan indiscretos, a los que no les importaba enfriar su botella de vino en las aguas mansas que sostenían los leones.

LOS DOS PALACIOS DE LA ALHAMBRA Y ALGUNO MÁS

Dice el investigador de la Escuela de Estudios Árabes, Antonio Orihuela Uzal, que sabe mucho de esto, que dentro de la ciudad de la Alhambra «hasta nuestros días han llegado dos palacios conservados en toda su altura, otros dos preservados parcialmente y tres más como restos arqueológicos consolidados. Además, hay dos calahorras o palacios en miniatura escondidos dentro de torres de apariencia militar». Sin embargo, los dos palacios más conocidos siguen siendo el de Comares y el de los Leones. Ambos tienen apartado propio en esta guía, por lo que ahora me referiré a esos de los que casi nadie habla.

Existen dos palacios conservados parcialmente edificados por el sultán Muhammad III en el Partal, que en árabe significa *el pórtico*. Este es un espacio abierto asociado a una gran alberca de 340 metros cuadrados de superficie y que nos recuerda, en parte, al Patio de Comares por su disposición de arcadas, cinco en concreto, que invitan a atravesarlas y acceder a una torre a la que se le ha dado el nombre de las Damas. Como se ha dicho, se le atribuye al periodo de Muhammad III, lo que indicaría que es el palacio más antiguo de la Alhambra.

Con todo, Antonio Orihuela me añade algo muy interesante a su anterior artículo, lo que demuestra que las investigaciones sobre la Alhambra nunca cesan: «En el año 2011 publiqué un artículo en el que comparaba el Palacio del Partal Alto o Palacio Mayor (al-dar al-kubrà) con el Alcázar Menor de Murcia (actual Monasterio de Santa Clara), construido muy pocos años antes por Ibn-Hud al-Mutawakkil (r. 1228-1238). En él se indicaba que, aunque había sido atribuido a Muhammad II (r. 1273-1302), seguramente fue la residencia oficial del sultán durante el mandato de los primeros sultanes nazaríes hasta el cambio de línea dinástica, que se produjo con Ismail I (r. 1314-1325). Este construiría un nuevo palacio adosado a la muralla norte, el Palacio de Comares, ampliado por su hijo menor Yusuf I (r. 1333-1354). Posteriormente, en 2023, José Tito Rojo en su discurso de ingreso en la Academia de Bellas Artes de Granada ha completado dicha hipótesis, incidiendo en que probablemente constituiría ya la residencia oficial de Muhammad I (r. 1238-1273) y ha propuesto que el Partal Bajo sería simplemente un pabellón que formaría parte de los jardines de ese primer palacio de la dinastía nazarí».

LAS DOS CURIOSIDADES DEL PALACIO DEL PARTAL

El Partal y su Torre de las Damas tienen en su historia varias curiosidades dignas de saber. Hasta 1891 fueron propiedad particular. En uno de los dibujos que realizó John Frederick Lewis en su estancia en Granada se observa cómo el palacio se adaptó para vivienda.

El restaurador Leopoldo Torres Balbás lo transformó en el palacio que es hoy en día, dando un ejemplo de cuasiperfección restauradora.

A causa de ser propiedad privada, el techo interior de madera que había en la torre fue desmontado antes de que el propietario vendiera a Granada el palacio. Desconocemos el periplo que tuvo y dónde fue a parar, pero hoy podemos verlo en el Museum für Islamische Kunst del Staatliche Museen Preussischer Kulturbesitz de Berlín, tal y como anuncia la página del Patronato de la Alhambra y el Generalife. Una desgraciada consecuencia del expolio que sufrieron nuestros monumentos en el s. XIX.

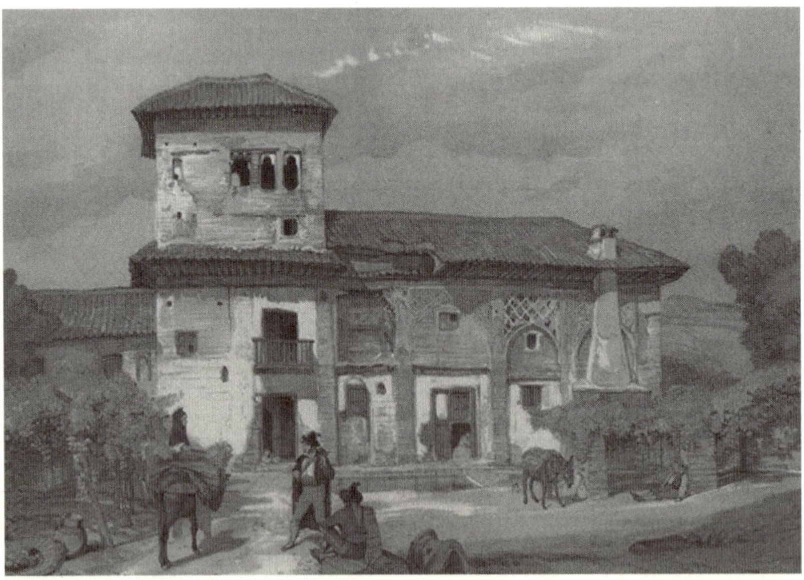

¿MUJERES PINTADAS EN EL PARTAL? ¡IMPOSIBLE!

Por desgracia se desconoce muy poco de la vida de las mujeres en la Alhambra, tanto en época musulmana como cristiana. Pero las últimas investigaciones llevadas a cabo por la profesora de Estudios Árabes e Islámicos de la Universidad de Granada (UGR), Bárbara Boloix-Gallardo en su artículo *Las mujeres y la Alhambra. Presencia femenina en espacios políticos, arquitectónicos, pictóricos y simbólicos,* puede desvelar algo más de este secretismo alhambreño.

La ciudad palaciega cambió a lo largo de los siglos de acuerdo a las necesidades de sus gobernantes; su entorno fue ampliándose y modificándose, y a estas nuevas construcciones las mujeres se tendrían que adaptar. En época de Muhammad I les tocaría vivir en el espacio «más sobrio y primitivo, es decir, la zona castrense de la alcazaba». Con Muhammad II, que comenzó a construir el Generalife, su esposa, hermana y cuatro hijas, probablemente, disfrutarían de nuevas zonas, más abiertas y frescas. Con Muhammad III vivirían en el Partal, produciéndose, bajo el reinado de Yusuf I y Muhammad V, el aumento de la comunidad femenina debido a los casamientos y a la llegada de concubinas y esposas, que darían lugar a más nacimientos. De hecho, dice Boloix-Gallardo, que «es en tiempos de los emires Ismail I y Yusuf I cuando más concubinas se registran en el árbol genealógico nazarí (tres y dos, respectivamente, junto a esposas legítimas), lo que debió implicar una mayor necesidad espacial en la Alhambra para poder acoger a más miembros de la familia».

Aunque no se sabe a ciencia cierta dónde residía el serrallo o harem, Ibn al-Jatib dejó dicho que en la parte superior del Palacio de los Abencerrajes se situaba *la morada de las mujeres,* lo que explicaría que la tradición hable de que el Palacio de los Leones y su parte superior tendrían un uso doméstico. Las salas llamadas del Harem, situadas en esta zona, tendrían una salida privada, para evitar relacionarse o interrumpir los asuntos palaciegos.

La documentación no aclara mucho más, pero unas pinturas misteriosas encontradas en 1908 en el interior de una casita adosada a la galería del Palacio del Partal pueden arrojar un poco de luz. Se trata de un conjunto de jinetes, soldados y sirvientes junto al sultán y su séquito. En estos murales aparecen, sorprendentemente, mujeres, una vestida con almalafa (un tipo de túnica hasta los pies), quizás una cautiva. En otro apartado se encuentra una joven durmiendo cerca de unas jaimas, tal vez perteneciente a la comitiva real, además de otra mujer transportada por un camello en palanquín. «Sin embargo, donde más se concentra al parecer la presencia femenina es en la parte derecha del testero oeste de dicha sala, en la que un grupo de mujeres (posiblemente del harén nazarí) están representadas en el interior de las estancias de una vivienda, que podría ser la propia Alhambra o alguna mansión real nazarí, por la rica decoración recreada. La escena femenina se desarrolla en tres secuencias delimitadas por "arquitos sobre columnas con cortinas colgantes", pudiendo verse en la sala central a seis mujeres tocando instrumentos de música» en concreto, un laúd, una pandereta con sonajas y otros difíciles de visualizar. «Al parecer, se trata de esclavas cantoras y de tañedoras de instrumentos, mujeres versadas en artes profanas, es decir, la poesía, su recitación y declamación; la música, el canto, la instrumentación, la danza y los juegos, junto a la gramática, su prosodia y la caligrafía», asegura Boloix-Gallardo.

Nuevamente nos encontramos con una excepcionalidad alhambreña, un documento novedoso que proporciona las bases para un nuevo análisis del mundo femenino en la ciudad palatina. Que además nos lo proporcione no un texto escrito, sino una imagen, ofrece un aliciente más, el de poder visualizar a las propias mujeres, con sus turbantes, velos y calzones anchos. Tenemos que recordar que estas pinturas realizadas en la primera mitad del siglo XIV son una excepción, pues en la cultura islámica no se permite representaciones humanas.

Algunos investigadores han podido constatar que la presencialidad de «lo femenino» en el monumento alhambreño es mucho mayor de lo que se piensa. Es un hecho que muchos documentos se han perdido o destruido a propósito con fines hasta ahora desconocidos, que pudieran haber aportado información sobre la realidad de las mujeres, y esto es un claro impedimento para seguir avanzando. Sin embargo, ¿no se referían a la Alhambra los poetas comparándola con una mujer? Ibn al-Jatib así lo dijo: «Soy el collar que adorna el cuello del Reino».

LOS OTROS LEONES GORDOS

Es decir estas dos palabras: *felinos* y *Alhambra*, y rápidamente las asociamos al Patio de los Leones. Doce, en concreto. Pero no son los únicos que existieron en el entorno palaciego. De hecho, si vemos algunas fotos del pasado s. XX localizaremos a dos leones, más gordos que los de la famosa fuente, colosales, sentados sobre sus cuartos traseros y una melena corta. ¿Dónde están ahora esos leones y cuál es su historia?

Los dos leones a los que me refiero decoraban el antiguo Maristán (hospital), hoy rehabilitado en su ubicación original en el margen del río Darro, calle Bañuelo. Muchos años han tenido que transcurrir para que este magnífico edificio llegue hasta nosotros. Los leones estarían asentados en la alberca del hospital, enfrentados, y de ellos, posiblemente, se vertería agua. El Maristán sufrió cambios importantes desde la llegada de los Reyes Católicos, perdiendo su uso y convirtiéndose en Casa de la Moneda y posteriormente en casa vecinal, ya en el s. XIX. Fue en 1843 cuando, en estado ruinoso, se decidió demoler conservándose solo dos cosas de la edificación: su placa institucional y los dos leones que fueron adquiridos por Francisco de Acebal y Arratia. Tras los años, en 1897, el Estado los compró a sus herederos. En 1908, después de la restauración del entorno del Partal, se decide poner a los leones junto a la gran alberca que, con el tiempo, se convertirían en surtidores cuando Leopoldo Torres Balbás les puso unos caños de bronce en las bocas. Así permanecieron hasta 1994, fecha en que se restauran y se deciden dejar, para su descanso, en el Museo de la Alhambra.

Un tercer apunte: ni los leones del Maristán ni los de la Fuente de los Leones fueron los únicos leones que tuvo la Alhambra. Se tiene constancia de otros tantos que decoraban diferentes estancias, como los baños, de cuyas bocas vertían agua caliente y fría.

EN LA ALHAMBRA HAY SERPIENTES

No, no vayan a creer que el bosque de la Alhambra, en donde abundan diferentes especies animales, es un nido de víboras. Zona cuidada es, aunque también lo suficientemente salvaje como para ofrecer cobijo a ejemplares poco comunes en otros lugares de Granada. Pero no quiero sembrar el pánico, las serpientes a las que me refiero son de piedra y, por lo tanto, incapaces de morder. Me advirtió de ellas María Teresa Hontoria Puentes, doctora en Historia del Arte, gestora cultural, intérprete del patrimonio, guía oficial de turismo y directora de GranadaSingular. Con esa presentación y con tantas visitas a la Alhambra guiando a multitud de turistas, es lógico pensar que sepa del monumento cosas que a cualquiera de nosotros se nos pasa por alto. Así que le pregunto que me cuente eso de las serpientes. ¿Dónde podemos verlas y qué significan?

«Las serpientes de las que hablo están en muchos de los capiteles nazaríes de la Alhambra —me comenta María Teresa Hontoria—. Se trata de la "serpiente infinita", como infinitas son las cúpulas de mocárabes o los alicatados de los zócalos; es decir, no se sabe dónde está el principio y dónde está el final.

Parte del cuerpo de la serpiente, desde la cabeza hasta la zona media (lo que sería la parte superior del animal), conforma el collarino del capitel, y el resto del cuerpo (la parte inferior y última) se desarrolla por la zona superior y es la que termina el capitel cúbico formando las volutas con la propia cola de la serpiente. ¿Ves que algunos capiteles que han guardado la policromía tienen aún dibujado la piel del reptil? Es fabuloso.

»Mi interpretación sobre esto, basándome en el significado de la iconografía y de la simbología, es la siguiente: este animal es un ser purificador y poderoso que "renace" constantemente, mudando su piel cada dos o tres años; pues así es como debe ser la vida del buen musulmán, un continuo renacer buscando el camino infinito a Dios. Un renacer purificador en cuerpo y espíritu.

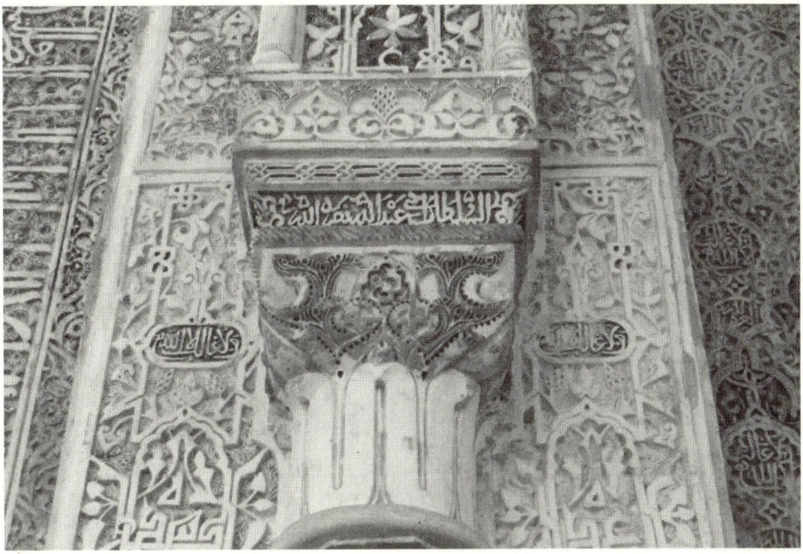

Capitel con la serpiente infinita. Foto de la autora.

»Podríamos apoyar esta argumentación con que gran parte de la dinastía nazarí era sufí; es decir, la rama del islam más espiritual y mística. Ellos veían en los pequeños detalles, además de la belleza de las formas, esa doble simbología y, por encima de todo, la supremacía de su dios, Alá. La serpiente, como el agua en la Alhambra, son (entre otros aspectos) símbolos de pureza que nos transmiten emociones y que nos transportan hacia la unión con lo divino, a diferencia del cristianismo, que la serpiente es el símbolo del mal, del pecado... Pero no olvidemos que este animal también aparece representado en la medicina y en la farmacia, ya sea enrollada en un báculo o bebiendo de la copa de Higía. Aquí la serpiente está asociada con un dios griego y romano (Asclepio o Esculapio) y, a su vez, con la curación de los enfermos. Este reptil tiene esa doble función: puede matarte con su veneno, pero ese veneno también puede salvarte. Tiene ese doble poder».

Sabiendo esto, propongo al viajero que en su visita a la Alhambra fije su vista en estos capiteles con el propósito de configurar su propia ruta de las serpientes. La primera, para abrir boca, podemos encontrarla en el capitel de entrada a la Puerta de la Justicia.

Como guía, María Teresa Hontoria Puentes debe tener muchas anécdotas que contar, y sobre ellas le pregunto qué es lo que más sorprende al viajero. «Les resulta muy curioso imaginarse la Alhambra como lo fue en época medieval. Sin ese bosque frondoso que hoy la abraza y vestida de un color más blanquecino, más claro. La tenemos tan interiorizada con el aspecto actual en nuestro imaginario, que no les surge la curiosidad de pensar cómo fue antes. Es impactante para ellos imaginarse el entorno de la Alhambra de otra forma a la que han visto en tantas y tantas imágenes. Documentales, fotografías, postales, acuarelas. Cuando les explicas que este bosque es muy reciente, se sorprenden. Figurarse el entorno de la ciudad palatina de una forma mucho más austera, que no árida, es curioso, pero lógico. No sería viable proteger una ciudad palatina con esta frondosidad de árboles. Las antiguas alamedas fueron surgiendo en esta colina de la Sabika y en la colina de al lado, la del Mauror, de forma tímida durante todo el siglo XVI en adelante. A partir de 1827 estas antiguas alamedas pasaron a ser llamadas "paseos" y sus especies vegetales se multiplicaron. Álamos negros, plátanos de sombra, castaños de Indias, laureles, chopos... Todos ellos, y muchos más, van creando el bosque de la Alhambra que, junto a la ciudadela, son Patrimonio de la Humanidad. Es nuestro refugio en verano, nuestro vergel particular. Un verdadero bosque donde se intercalan las tres tipologías de jardín: el jardín inglés, el francés y el español, que es de origen persa, y donde el agua está siempre presente. Como te comentaba, es un verdadero bosque, ya que debajo de sus grandes árboles está el sotobosque, propio de estos lugares.

»Otra curiosidad es cuando les explicas que el Palacio de Carlos V, joya del Renacimiento español, nunca estuvo habitado, a diferencia de la Alhambra, que siempre lo estuvo. Se sorprenden de que Carlos V (o Carlos I) nunca viniera a verlo, a visitar las obras o que nunca durmiera en él y que tardara más de tres siglos en terminarse.

»Ahí es cuando les explico la importancia del concepto de *permanencia* y la importancia de la arquitectura de poder, como bien desarrolla mi colega y amiga, Blanca Espigares. Lo importante no era que el emperador viniera o no viniera, debemos recordar que las cortes eran itinerantes y él viajaba por todo su imperio. Lo importante es que hoy hablamos de él porque hay un palacio, único en el mundo, que lleva su nombre, en el corazón de la Alhambra.

»Toda su arquitectura, su iconografía, su presencia... es un discurso político. Ahora hablamos de *marketing*, de *branding*... todo esto ya existía. La Alhambra habla del sultán y de Alá a través de la epigrafía, el Palacio de Carlos V lo hace a través de la iconografía. No es tan diferente. Por ejemplo, Muhammad V (siglo XIV) ponía, en aquello que tocaba, el escudo de la banda con el lema: "Solo Alá es vencedor". Todos estos escudos eran pequeños y muchísimos, ¿qué se hacía en época de Carlos V (siglo XVI)? Pues se ponía solo uno, pero muy grande.

»La verdad es que cuando los viajeros vienen con tiempo, me gusta explicar bien este monumento que ha sido muy denostado por todos. Tenemos una percepción de él equivocada y negativa gracias a los comentarios que se vertieron sobre esta arquitectura durante el siglo XIX. Cuando puedo y hay tiempo suficiente siempre acompaño mis explicaciones con documentación y material didáctico para que les ayude a comprender y entender bien su sentido y significado».

No hay nada como intercambiar ideas para comprender lo lenta que es la historia de las ciudades y la transformación de sus edificios. No nos debería bastar con mirar y hacer fotos, ¿seremos capaces de intentar comprender después las imágenes que llevamos capturadas en nuestros móviles o cámaras? Invito a que así sea, porque el cometido del viajero debería comenzar, precisamente, al retorno de la tranquilidad de su hogar.

¿FUE EL PALACIO DE CARLOS V UNA PLAZA DE TOROS?

El espectáculo con animales, caballos y toros era una actividad común en al-Ándalus, así lo corrobora Rachel Arié en su mítica *España musulmana*: «Los combates entre animales eran muy apreciados en el Occidente musulmán. Ibn al-Jatib, embajador en la corte meriní en el año 755/1351, asistió en presencia del sultán Abu Inan a una pelea entre un león y un toro que acabó con la muerte del primero, gravemente herido por el toro. Esta moda magrebí fue imitada en Granada, donde se organizaban peleas entre toros y perros, evocadas por Ibn al-Jatib y que fueron los antecedentes de las corridas. En una palestra rodeada de una empalizada, unos perros entrenados hostigaban a un toro, le mordían las orejas; luego salían unos jinetes que excitaban al animal con unas picas cortas y, finalmente, le daban muerte».

Durante siglos hubo una asociación directa del toro con lo «moro», que era como se denominaba a todo lo musulmán. En un trabajo interesantísimo realizado por Juan Manuel Barrios Rozúa y José Antonio González Alcantud titulado *Toros en la Alhambra, entre la conservación monumental y la metá-*

fora cultural, se habla precisamente de esa maurofilia literaria y popular. En el artículo también analizan la posibilidad de que el Palacio de Carlos V fuera sede de una plaza de toros acogiendo las fiestas taurinas dentro de la Alhambra. ¿Es esto cierto? ¿Se aprovechó el palacio para este tipo de espectáculos?

A mediados del s. XIX existía ya esa creencia, habida cuenta de los comentarios de algunos escritores granadinos y extranjeros. En 1843, Lafuente Alcántara en *El libro del viajero en Granada* decía: «Algunos han tenido la peregrina ocurrencia de asegurar que el orgullo de Carlos V hizo construir el palacio, no con objeto de habitarle, sino por el capricho de colocar sus caballos sobre las ruinas del árabe y que tan elegante edificio estaba destinado para caballerizas. No es creíble que se hubiesen empleado los ingenios de los más famosos artistas y consumido muchos capitales por los sucesores de aquel monarca para realizar un capricho tan pueril».

Años más tarde, en 1862, cuando llega a la ciudad el barón Charles Davillier, confirma que «... no se ha podido llegar a un acuerdo sobre el destino del palacio de Carlos V. Según unos se instalarían allí las caballerizas, es decir, los caballos y carrozas del emperador. Otros pretenden que serviría de redondel para los combates de toros, pues el César era un aficionado que se dignó más de una vez a bajar al ruedo. Esta última opinión nos parece la más verdadera, pues no comprendemos qué otro uso pudiera haber tenido el patio circular colocado en el centro del monumento». Era evidente que a mediados de ese siglo eran incapaces de aceptar tan magna obra renacentista sin asociarla a un objetivo práctico. El abandono que tuvo el monumento incrementó el odio que muchos de los viajeros sintieron por él, sentimiento que originó ríos de comentarios a los que me refiero en este libro.

Según Jesús Daniel Laguna Reche en su artículo *Los festejos taurinos de la Alhambra (siglos XVI-XIX)* se desconoce «cuándo empezaron a celebrarse en la Alhambra diversiones taurinas, pero no es arriesgado pensar que muy probablemente fuese poco después de conquistarse la ciudad de

Granada, y quién sabe si para celebrar tan célebre e importante acontecimiento. Si se hicieron en Roma, ¿por qué no en la Alhambra, sede del poder del derrotado reino nazarí? Sin embargo, los papeles que han sobrevivido del que debió ser inmenso archivo de la Capitanía General del reino de Granada no aportan ningún dato hasta muy avanzado el siglo XVI». La documentación encontrada en archivos solicitando la realización de fiestas taurinas podría dar luz a este vacío si no fuera porque en dichas solicitudes se habla de la Alhambra y esta tenía la jurisdicción de varias zonas del casco urbano de la ciudad de Granada, tal era el caso de la plaza de Bib-Rambla y aledaños, en donde sí se sabe con certeza que hubo tradicionalmente corridas o fiestas de toros. Así visto, ¿cómo saber que los documentos que solicitaban corridas de todos en la Alhambra eran para dentro de su propio recinto y no dentro de su jurisdicción?

El artículo ya citado de González Alcantud y Barrios Rozúa ofrece muchas respuestas a este particular, quizás sea el más completo realizado hasta el momento sobre este tema. Respecto a la tradición de fiestas en al-Ándalus comentan que «al parecer, la tradición granadina de hacer justas con toros a caballo y otras fiestas ecuestres se llevaban a cabo en la colina alhambreña, en el luego llamado Campo de los Mártires. Al campo de justas de Bibarrambla en el límite de la ciudad estaba reservado el combate de toros… », sin embargo, llegados los cristianos la ciudad se reorganiza, pasan los siglos y llegamos justo al comienzo del s. XIX para que estos investigadores encuentren algún dato fehaciente. ¿Fue el Palacio de Carlos V plaza de toros por ser un monumento circular?

Lo primero que hace rechazar la idea es que desde principios del s. XIX hasta, al menos, los años treinta de ese siglo, las plazas de toros no eran circulares, eran cuadrangulares, por lo que un palacio, por muy desusado que estuviera, no inspiraba a los empresarios taurinos por el mero hecho de tener paredes cilíndricas. Más bien se consideraba un inconveniente para el desarrollo de la fiesta desarrollarla en un emplazamiento circular.

Esto es lo que se dice en el artículo citado anteriormente: «... el coso construido en la primera década del XIX, por el contrario de lo que en primera instancia se tiende a pensar, era cuadrangular, según consta en la documentación manejada. Nunca hubo corridas en el patio redondo del Palacio de Carlos V en los siglos XVIII y XIX, y dudamos que las hubiera en el XVII. Entre 1801 y 1803 lo único que se usó fue la fachada oeste del palacio como tribuna de la plaza construida en el espacio frontero, amén de para guardar el ganado. De hecho, es a lo largo de la segunda mitad del siglo XVIII cuando evoluciona en España la plaza cuadrada, hecha ex profeso o adaptada a las plazas mayores, realizadas en madera, hacia la plaza redonda, primero igualmente en madera, y al poco en cantería. Según Adrian Shubert, "los primeros cosos taurinos eran rectangulares, copiados de las plazas públicas en donde antes se celebraban las corridas", y en este sentido el primer coso de la Maestranza sevillana sería un rectángulo...». A este respecto hay que decir que en la Alhambra sí se realizaron corridas de toros, principalmente con intención de recaudar dinero para la restauración del monumento, aunque lo recaudado no fuera merecedor de que se mantuvieran realizando muchos años. A esto se añadió los altibajos legales, pues los Gobiernos, por temporadas, prohibían las corridas de toros.

El periodista y gran conocedor de la historia de Granada, Gabriel Pozo Felguera, afirma que «la ciudadela de la Alhambra ya fue escenario de espectáculos taurinos en los siglos XVI y XVII. Se trató de esporádicos juegos de cañas de la nobleza. Pero al llegar el XVIII, el pueblo se adueñó del toro y apareció el toreo primitivo a pie. Había toros ensogados y toros embolados con frecuencia. Tanto de día como de noche. Toros y novillos se corrían por las explanadas del recinto, principalmente en la Plaza del Aljibe, dentro de rudimentarios recintos de maderas y andamiajes. Hasta que, en 1800, el coronel gobernador del monumento (de la Alhambra) decidió levantar una plaza estable. La armaron principalmente con maderas, de forma rectangular-ochavada y pegada al Palacio de Carlos V. En ella celebraron todo tipo de espectáculos, con el toro como protagonista central. Sin embargo, en 1805 fueron prohibidas las corridas en España y la desmontaron».

EN LA ALHAMBRA HACE UN FRÍO QUE PELA

Contrariamente a lo que la gente supone por ser una ciudad andaluza, Granada sufre de bajas temperaturas. Con el cambio climático ya es difícil asegurar cuándo son los meses de verano y los de invierno, pero en el pasado, cuando los ciclos naturales del tiempo correspondían con las cuatro estaciones, era llamativo el frío que se pasaba en Granada, mucho más en la Alhambra, por su situación elevada.

Esto no pasó inadvertido para los viajeros que se alojaron en la capital. Multitud de referencias encontramos al hielo que transportaban los neveros desde la sierra, o al frescor que en verano proporcionaban los cármenes granadinos.

Hans Christian Andersen, el célebre escritor de cuentos infantiles, visitó nuestro país en 1862, ya adentrado el otoño, y dejó en su *Viaje por España* una sabrosa anécdota. Se alojó con un amigo en la Fonda de los Siete Suelos, situada junto a la puerta alhambreña del mismo nombre y que tiene apartado en este libro. «... En Granada se dejaba sentir aún el calor de un día de verano; sin embargo, aquí arriba, en Siete Suelos, hacía demasiado frío y rara vez se filtraban por el follaje los rayos del sol hasta el interior de las habitaciones. La vida se hacía a la sombra de los árboles, junto a los surtidores donde saltaba el agua y a los susurrantes manantiales. Con el calor abrasador del verano, esto tenía que ser un paraíso, pero en esta época a mí me resultaba frío. Pusieron la mesa para comer debajo de los árboles; el camarero andaba en mangas arremangadas de camisa, vestido como para un clima africano. Tuve que ponerme el abrigo de invierno para poder estar allí sentado. El agua era una bendición, tan fresca pero aquí arriba provenía de la nieve derretida de Sierra Nevada, lo que a pesar de su buen sabor no le hacía demasiado sana. Antes de darme cuenta caí enfermo». Esto decía Andersen, un danés que sucumbió al terrorífico frío del otoño de la Alhambra.

Unos treinta años antes, Henry David Inglis, que tampoco venía de tierras cálidas, pues era escocés, confesó en su libro de viajes que cuando hacía calor bendecía la sombra de las chumberas pero que cerca de la muralla o «en la umbría del monte, aparecía helada la escarcha. Aquella misma tarde hacía tanto frío en el hotel, que tuve que tomar el té y recibir a algunos de mis visitantes dentro de la cama».

Los reyes nazaríes eran lo suficientemente inteligentes como para variar sus alojamientos por temporadas. Por lo general se ha dicho que el Palacio de Comares era el palacio de verano y el Palacio de los Leones, el de invierno, al estar más abrigado. Ahora se piensa más en la posibilidad de que cambiaran de alturas, que dedicaran más la parte superior al invierno aprovechando el impacto del sol y las zonas bajas al verano, siempre más refrescantes.

Pero ¿tenían calefacción los monarcas nazaríes? ¿Cómo se calentaban en una Alhambra desangelada y fría? Según Leopoldo Torres Balbás, en los palacios disponían de los métodos tradicionales de aislamiento: tapices, alfombras, puertas, celosías y vidrieras, pero además conocían la calefacción romana, de calor bajo el suelo y, por supuesto, los braseros de piedra o mármol, alguno de ellos recuperados en excavaciones y ahora conservados en el Museo de la Alhambra.

QUIEN TOCA LA CAMPANA DE LA TORRE DE LA VELA, SE CASA

La campana de la torre más alta de la Alhambra es un añadido cristiano, como es lógico, puesta sobre una torre de 26,80 metros de altura y con planta de 16 metros de lado. Fue la primera torre, o una de las primeras, erigidas en la construcción del entorno alhambreño, mandada construir por Muhammad I, cuando entonces tomaba el nombre de Torre Mayor.

Antiguamente se situaba en una esquina, hasta que fue destruida por un rayo y se trasladó a su lugar original. Sirvió de reloj para aplicar el riego de la Vega y también para avisar de incendios en la ciudad. Desde 1843 aparece en el escudo de Granada, gesto que concedió la reina Isabel II por la fidelidad de los granadinos en las revueltas de aquel año.

El 2 de enero de cada año, fecha en que se recuerda la llegada de los Reyes Católicos a la ciudad, se permite tocar la campana para conseguir pareja antes de finalizar el año. La tradición ofrecía este privilegio a las mujeres, ya se sabe, las casaderas, pero en la actualidad se abre a todo el público, eso sí, hay que conseguir una entrada o invitación para poderlo hacer y solo tocarás la gran campana demostrando que la tienes.

LOS REYES CATÓLICOS PODRÍAN HABERSE ALOJADO EN UN PARADOR

Dice el doctor en Historia del Arte y profesor de la UGR, Juan Manuel Barrios Rozúa, en su artículo *El convento franciscano de la Alhambra: de cuartel a residencia de pintores paisajistas*, que «si algún edificio histórico de la Alhambra ha estado próximo a ser demolido deliberadamente ese ha sido el convento de San Francisco».

El edificio es ahora un referente del entorno palaciego por ubicarse en él un parador nacional, si bien a la llegada de los Reyes Católicos era un pequeño palacete nazarí con jardines próximos al Generalife y, al instalarse en él los frailes franciscanos, se transformó en convento. En 1507 debió quedarse pequeño para la congregación y parte de estos monjes se trasladaron a otro de la ciudad de Granada, que llamaron Casa Grande, ubicado en el barrio del Realejo, cercano a la Casa de los Tiros y con el tiempo a unos cuantas casas señoriales y algunos palacetes. Hoy se asienta en este lugar el MADOC, Mando de Adiestramiento y Doctrina del Ejército de Tierra, y poco se adivina de su verdadera procedencia. Allí se quedó la Casa Grande de los franciscanos y aquí, en la Alhambra, la casa pequeña (o casa chica), que pronto cumplió las necesidades básicas y normativas de la orden religiosa: apareció en ella una iglesia, capillas y claustros.

Cuenta Barrios Rozúa que «el núcleo de la residencia conventual lo componía un claustro de dos pisos, dotado de arcos con adornos barrocos sobre columnas de piedra de Elvira; una acequia lo atravesaba y con su agua se regaban unos parterres con flores. En la planta baja estaba el refectorio y en la galería superior había una serie de cuadros enmarcados en escayola que narraban la vida de San Antonio. Las celdas de los frailes eran de una gran austeridad. Adosadas a la fachada del convento hubo otras dependencias que incluían el pajar, el granero, la cuadra y posiblemente una fonda. El convento contó también con una próspera fábrica de trajes talares que fue viéndose necesitada de un número creciente de dependencias, lo que llevó a los frailes a adquirir una amplia casa nazarí vecina que había sido residencia de viudas. La huerta era el más amplio de los espacios agrícolas dentro de la Alhambra; dividida en seis paratas y generosamente regada, proveía de frutas y legumbres a los frailes y les permitía vender una parte de su cosecha en el mercado público de la ciudad. Parte de la finca se ubicaba sobre el solar de antiguos edificios nazaríes que las excavaciones arqueológicas han ido sacando a la luz».

El siglo XIX, con sus obsesiones ya sabidas, maltrató el convento desde la llegada de los franceses, que lo convirtieron en almacén de artillería, y más tarde fue objeto de la ira de los cambios políticos, abandonado a su suerte, de manera que la zona fue conocida como *secano* al transformarse en un verdadero erial. La realidad es que fue otro edificio más de los muchos a los que atentaron en Granada, y posiblemente hoy no se mantendría en pie si no fuera porque está asociado a un hecho, a todas luces excepcional para la historia de la ciudad, que fue que en su interior fueron enterrados primeramente los Reyes Católicos en espera de levantarse la Capilla Real que albergarían sus restos mortales. Hoy podemos ver la *qubba* donde fueron enterrados, de la que me ocuparé en el siguiente capítulo. Del parador se puede visitar la zona pública y un agradable jardín con árboles frutales que invita a recordar lo que debió ser primero el espacio ajardinado nazarí y posiblemente, más adelante, la huerta del convento.

LOS REYES SE IBAN DE VIAJE DESPUÉS DE MUERTOS

Dice el arqueólogo José Manuel Torres Carbonell en su *Estudio histórico y documental del ex-convento de San Francisco de la Alhambra* añadiendo algo más al anterior capítulo, que «en 1492, mediante real cédula firmada en Santa Fe, los Reyes Católicos cedieron a la orden franciscana el palacio para convento, por quedarles adscritos tras la conquista todas las posesiones de los sultanes nazaríes. Las obras de adaptación terminaron en 1495 y consistieron en una iglesia y convento que ocupaban tanto las naves como el patio central del antiguo palacio», aprovechándose la *qubba* y su mirador y alhanías como capilla mayor.

Este espacio iba a tener un destino privilegiado muy pronto. Iba a ser lugar de enterramiento de los Reyes Católicos, confiriéndole un estatus de cuasiexcepcionalidad a tan humilde lugar, rodeado de paz, eso sí, pero de escasas riquezas visuales. No parecía ser la cripta real que todos esperaban para los triunfadores de la guerra contra al-Ándalus.

¿Por qué, entonces, eligió Isabel la Católica este lugar para descansar?

Tras la guerra, los reyes cristianos tienen claro que Granada es algo más que una ciudad, es un símbolo de victoria, de unidad, en definitiva, de cristiandad. Se preocupan de modificarla de acuerdo a su nuevo ideal y comprenden que la Alhambra debería ser su lugar de identidad.

La relación con la ciudad no es algo pasajero, su propósito es fortalecer los vínculos con ella a largo plazo, y eso implicaba edificar una Capilla Real destinada a albergar su descendencia y que simbolizara la hazaña conseguida en 1492.

Pero los reyes Isabel y Fernando «caen los dos enfermos en Medina del Campo en julio de 1504. En el otoño, cuando el rey se restablece, la salud de la reina empeora. Ella redacta su testamento el 12 de octubre y muere el martes 26 de noviembre», según nos cuenta en su tesis doctoral la investigadora Cécile D'Álbis, momento en que la reina deja dicho por escrito las indicaciones necesarias para su enterramiento y lugar, que este sea el convento franciscano de la Alhambra, mientras se construya una Capilla Real.

Medina del Campo se encuentra a unos seiscientos kilómetros de distancia de Granada y la reina debía ser trasladada con todas las medidas de seguridad del momento, sin faltarle el simbolismo requerido en tales casos. Dice D´Álbis resumiendo su trabajo en el artículo *Sacralización real y nacimiento de una ciudad simbólica: Los traslados de cuerpos reales a Granada, 1504-1549*: «El féretro de la reina es acompañado por cerca de 200 personas, entre ellas los músicos y los servidores de su capilla, soldados, guardias y escuderos, porteros, cocineros (¡entre los que no falta un carnicero!), artesanos especializados, sin contar todo un pertrecho heteróclito de vajilla, instrumentos musicales y objetos litúrgicos. El cortejo pasa por Arévalo, Cardeñosa, Cebreros, Toledo, Manzanares, el Viso y cruza el Guadalquivir por Mengíbar».

Estos viajes mortuorios se dieron en llamar *la traslación de los cuerpos reales* porque los reyes morían donde podían, no donde debían, y claro está, el viaje que eso implicaba era de una aparatosidad enorme. El ataúd y su séquito soportaban situaciones extremas. «En algunos territorios en los que no hay a veces casi caminos, es preciso hacer avanzar a pesar de la lluvia, la nieve, el calor o la crecida de los ríos, pesados carretones y cortejos de mulas. Es preciso a menudo viajar de noche, pagar guías y ayudantes, reparar sobre la marcha. El importe de los gastos desembolsados para estas empresas es inaudito», sin olvidar que los cuerpos, por muy embalsamados que estuvieran, experimentaban constantes cambios de temperaturas y recibían golpes que malograban el posible trabajo de los médicos forenses de antaño.

El cuerpo, convertido en reliquia, adquiría una importancia extrema, pues donde un rey se entierra toma consistencia de panteón real. Ese lugar se adora, se convierte en lugar de peregrinaje, favoreciendo a todos, a monarcas, a la Iglesia y a los comerciantes.

Tras veinte días, el cortejo de la reina Isabel llegó finalmente a Granada, un 18 de diciembre de 1504, y se encuentra con lo habitual en estos casos, que la ciudad no está preparada y que los que deberían organizar los fastos no están enterados de cómo deben realizarlos por falta de información o cartas cruzadas por el camino. «El cortejo, seguido en procesión por una numerosa multitud, detrás el estandarte, símbolo de la eterna dignidad real, pasa por el Realejo y el Cerro de los Mártires y sube al Monasterio de San Francisco, fundado en el recinto de la Alhambra tras la conquista de la ciudad. Después de celebrada la ceremonia ante una capilla ardiente, la reina es enterrada delante del altar, bajo una simple lápida decorada al estilo nazarí. Se celebra más tarde un novenario de oficios fúnebres», comenta D´Álbis.

Se había cumplido el deseo de la reina, que era reposar en «una sepultura baja que no tenga bulto alguno salvo una losa baja en el suelo llana con sus letras esculpidas en ella».

Parecía que todo estaba en orden, pero no, porque tras el enterramiento cumplido llegaba el traspaso de poderes. El reino de Castilla quedaba en manos de su hija Juana, de la que muchos dudaban de su cordura, y su esposo Felipe y su padre Fernando comenzaron a conspirar y hacer de las suyas para conseguirlo. Juana es coronada como soberana legítima en 1505 y desde esta fecha no paran de sucederse los acontecimientos, que en este caso van a ser fallecimientos reales que obligan a viajes mortuorios por toda la península.

El esposo de Juana, Felipe, llamado el Hermoso, muere el 25 de septiembre de 1506 en Burgos. Juana tendrá que decidir algunas cuestiones políticas junto a su padre, el rey Fernando, que le sobrevivirá diez años, muriendo el 22 de enero de 1516 en Madrigalejo (Cáceres). Se impone, de nuevo, otra traslación de cadáver como se hizo con Isabel de Castilla hacia Granada pues, a pesar de haber contraído nuevas nupcias, su deseo es permanecer junto a la Católica, en la Alhambra. Atraviesan media España, sigue diciendo D´Álbis, hacia la ciudad de Granada con su pompa establecida llegando a la capilla donde está enterrada Isabel, «en cuya fachada se fija una granada negra. Una gran cruz con una corona dorada pintada con piedras preciosas a sus pies adorna el coro. Sin embargo, después de este recorrido oficial por las calles de la ciudad, el rey es enterrado, según su voluntad, a la derecha de la reina, con el hábito dominico, "quitada toda pompa y vanidad del mundo"».

Carlos I de España y V de Alemania es ahora el nuevo rey, tras los enfrentamientos con su madre y los comuneros. Esto no le impide ordenar un 20 de septiembre de 1520 que los cuerpos de sus abuelos se trasladen desde la Alhambra a la nueva Capilla Real, construida junto a la catedral de Granada.

«Después de varios aplazamientos debidos sin duda al contexto político, la ceremonia tiene finalmente lugar el 10 de noviembre de 1521 —dice la investigadora Cécile D'Álbis—.

La procesión, compuesta por el presidente de la Chancillería, por el cabildo de la Catedral y del clero regular y secular, del cabildo de la ciudad y de otras personas de primer orden desciende de la colina, precedida por el estandarte del rey Fernando, de todas las cofradías y corporaciones ordenadas con sus estandartes "como el día del Corpus", seguida por un carro triunfal dorado que lleva los cuerpos de los Reyes, así como el del príncipe Miguel, hijo de la infanta Isabel muerto en Granada en 1500».

Aquí no acabaría la cosa si no fuera porque los cadáveres reales siguieron viniendo por Granada a cuenta gotas destinados a ocupar sus puestos correspondientes en la nueva Capilla Real. El propio Carlos I dejó dicho que también quería reposar junto a sus abuelos, aunque eso fue antes de ver la capilla, que era pequeña y muy modesta para su gusto. Con todo, se pensó trasladar allí también a su padre, Felipe el Hermoso, que ahora se encontraba en Tordesillas después de haber permanecido en otros lugares casi de forma itinerante por decisión de su esposa Juana.

Un tiempo después, la Capilla Real engrosa la nómina de monarcas fallecidos, esta vez se trata de Isabel de Portugal, esposa de Carlos I, que muere en 1539. El viaje desde Toledo a Granada dura catorce días, pasando por Orgaz, Malagón, Calatrava, El Viso, Puerto de Muladar, Baeza, Jaén, y Granada, a donde llega un 18 de mayo.

A este punto, si el lector no se ha perdido de tanto perseguir cadáveres reales, cabe preguntarse: ¿y si Isabel de Portugal, esposa de Carlos V, fue enterrada en Granada, dónde se encuentra su féretro en la actualidad?

Por mucho que lo busquemos, no lo encontraremos. La razón es que Felipe II, su hijo, en los tiempos en que los moriscos se levantaron, dejaron a Granada en una situación comprometida para que pudiera replantearse como ciudad de panteón real. Fue cuando se concibió una cripta o panteón con más magnificencia, algo que llamara la atención del mundo, y con este concepto se construyó el Real Monasterio de San Lorenzo de El Escorial. La decisión de trasladar el cuerpo de Isabel de Portugal a Madrid fue considerada en Granada como una afrenta, los intelectuales del momento se manifestaron, pero no hubo manera de cambiar la decisión de Felipe II, que se trajo a su madre en 1573 junto a tres cadáveres más, el de María de Portugal, su primera esposa, y dos de sus hermanos, los infantes Fernando y Juan.

En la Alhambra ya no queda ningún cadáver, al menos, que sepamos, de los regios cristianos que ocuparon la *qubba* nazarí del convento de San Francisco, aunque bien podría haberse perdido alguno entre tanto trasiego macabro.

¿DÓNDE ESTÁ LA FUENTE DEL CUARTO DORADO?

Cuando entramos en el Patio del Cuarto Dorado encontramos en el centro una pila o fuente de mármol de grandes dimensiones. En 1626 fue trasladada al Jardín de Lindaraja para coronar su bella fuente. Ahora, la fuente del Cuarto Dorado y la del Jardín de Lindaraja son copias, pues la andarina fuente original se encuentra en el Museo de la Alhambra.

Washington Irving veía desde sus habitaciones la fuente de este romántico jardín, que describió como «el apartado y pequeño patio con su fuente de alabastro y sus plantaciones de rosales y mirtos, naranjos y limoneros». Del jardín de Lindaraja, continuaba diciendo el romántico norteamericano, «hállase aún engalanado de flores y luce la fuente todavía su espejo cristalino. Es verdad que el alabastro ha perdido su blancura, y que el tazón inferior, cubierto de hierbas, se ha convertido en nido de lagartos», con todo, decidió dormir en las habitaciones contiguas al jardín y allí escribía, a menudo, sus cartas y anotaciones.

LAS PUERTAS GEMELAS DE LA FACHADA DEL PALACIO DE COMARES

Dentro del Patio del Cuarto Dorado accedemos al Palacio de Comares. Se entra atravesando una fachada impresionante, con dos puertas gemelas. Tradicionalmente se ha dicho que la puerta de la derecha, ocluida, era un engaño preparado para desorientar al visitante. En este caso no lo es. Si pudiéramos abrir esta puerta derecha entraríamos en los espacios privados y parte superior desde donde se podía observar, tras las celosías, a los recién llegados.

En los tres escalones que preceden a la entrada, el sultán daba audiencia pública. Al terminarla, y si este nos hubiera pedido que lo siguiéramos hacia el Palacio de Comares, habríamos de hacerlo atravesando pasillos en recodo en donde encontraríamos, seguramente, algún guardia despistado sentado en unos bancos de piedra, que todavía existen.

¿QUÉ SON LOS ARRAYANES?

El olor de la Alhambra es especial, rodeada de un frondoso bosque que nos recibe con variada flora, juega con nuestros sentidos. Dentro de los palacios todo está elegido con cuidado. Los arrayanes rodean los estanques proporcionando un aroma sensual y fresco. Pero ¿qué son los arrayanes? Más allá de que su nombre nos habla del patio así llamado, tenemos que saber que el arrayán es como denominan en Granada al mirto. Si pasamos los dedos por encima de una mata se nos quedará en las yemas ese olor característico de la Alhambra.

EL PERSONAJE ESTRELLA DE LA ALHABRA: EL PATIO

Ya sabemos que los alarifes andalusíes tenían querencia por los pasillos sinuosos, enredados y estrechos con fines, fundamentalmente, defensivos. Pero también estos cumplían un doble objetivo, que era el de la intimidad, y ¿por qué no un tercero?: el de impresionar. Porque, ¿qué otra cosa sentimos más que un desconcertante impacto emocional al llegar al Patio de los Arrayanes tras atravesar los angostos vericuetos donde descansaba la guardia?

Se nos abre ante nosotros un complejo entorno exterior lleno de luz, geometría y musicalidad natural que es, en sí mismo, el personaje estrella del palacio: el Patio de los Arrayanes o de Comares.

Los arrayanes ya sabemos lo que son, pero ¿y Comares? ¿Qué significa? Una de las guías actuales más prácticas, *La Alhambra y el Generalife, guía histórico-artística,* edición de María Elena Díez Jorge, advierte que «el sentido etimológico de Comares no está claro, para algunos denominado así por la *qamariyya* o tragaluz, técnica de vidrios de colores que debía tener el Torreón de Comares, para otros la palabra es de origen bereber y vendría a traducirse como *altura*».

Difícil es poder explicar el impacto visual que ofrece el contorno del patio, con su contraste de paredes blancas, encajes terrosos y el verde esmeralda de los arrayanes. Todos ellos se duplican en las sedantes aguas del estanque central que funciona como espejo. Todo ello perfectamente sometido a las leyes de la armonía de la Alhambra. «El patio es el verdadero organizador del espacio —explica la guía antes citada— ya que las estancias no se comunican entre sí, por lo que para pasar de una estancia a otra hay que salir siempre por él. Este carácter del patio se acentúa con la alberca de agua que nos refleja la arquitectura y hasta tal punto se integran arquitectura y agua que nos podemos preguntar si el agua quiere arrebatar la imagen de la arquitectura o la arquitectura quiere dominar el agua; de una u otra manera, es una clara apropiación del espacio».

¿QUIÉNES FUERON LAS DOS HERMANAS DE LA ALHAMBRA?

En el lado norte del Palacio de los Leones se encuentra una sala llamada de Las Dos Hermanas. A nuestra memoria nos llegan rumores de leyenda, de esas que nos contó Washington Irving. Además de admirar su magnífica cúpula estrellada, la cual Edmundo de Amicis decía que parecía compuesta «de burbujas de jabón», debemos buscar los motivos que le han dado el nombre. Se trataría de hallar las dos grandes losas, es decir, las dos hermanas, que se encuentran a cada lado del aljibe central y que son idénticas.

También conviene recordar que la puerta original de entrada a la sala se conserva en el Museo de la Alhambra, todo un prodigio de carpintería.

ISABEL DE ROBLES, LA PRIMERA ALFARERA DOCUMENTADA DE LA ALHAMBRA

Rara vez se encuentra, entre las tesis e investigaciones, un caso como el de Isabel de Robles. En el fascinante libro *Mujeres y arquitectura: mudéjares y cristianas en la construcción* de Elena Díez Jorge aparece un personaje prácticamente desconocido hasta hace años, el de la alfarera Isabel de Robles. Se trata de «la única mujer constatada hasta la fecha que trabaja en la Alhambra durante el siglo XVI», lo que ofrece una perspectiva nueva sobre la presencialidad de la mujer en los círculos profesionales, destinados, generalmente, a los varones. Y yo me pregunto... si se ha encontrado una mujer, ¿no podrá haber más?

Isabel de Robles y María de Robles, ambas hermanas, aparecen en los documentos que la profesora Elena Díez ha consultado. Se trata, supuestamente, de cristianas viejas, aunque podrían ser conversas. «El papel que desempeñó Isabel de Robles en la Alhambra no era el de una artesana a pie de obra, ya que en realidad aparece en los cuadernos de nóminas por los pagos de las piezas de cerámica vidriada que se le encargan. Aunque en su taller pudiera estar trabajando en las diferentes fases de producción, la relación con la Alhambra fue de "proveedora"». Se trataba de venta de partidas de cerámica destinadas a arreglos de espacios ya alicatados de la Alhambra; una época, la del s. XVI, muy activa en restitución de piezas. «En los años en que trabaja Isabel de Robles en la Alhambra, se documentan piezas para el Mexuar, el Cuarto Dorado y el Palacio de los Leones». Estaríamos hablando de azulejos de tablilla, los de hoja de higuera y esos tan curiosos llamados de pie de águila, tan distinguibles en el Baño de Comares.

LA ALHAMBRA CONSTRUIDA POR PRESOS Y FINANCIADA POR MORISCOS

La ciudad de la Alhambra, compuesta de palacios, viviendas, alcazaba y jardines, tardó mucho en construirse. Para saber cómo surgió de la nada, la historia oficial nos habla de sultanes y reyes, de alarifes y constructores que lo dieron todo. Sin embargo, en cualquier gran monumento hay una parte oscura de la que casi nadie habla. ¿Quién puso, piedra a piedra, sus sillares? ¿Quién la financió?

Saquemos del olvido a dos de estos participantes en la sombra. Por el relato que nos dejó Ferdinand Meldahl, uno de los más importantes arquitectos daneses que visitó Granada a mediados del s. XIX, «La Alhambra es una maravilla, una composición de formas elegantísimas. Pero el perfume de este paraíso no existe ya, en parte por causa de la visión constante de los esclavos, que trabajan aquí y, parcialmente a causa de las devastaciones producidas por los dientes del tiempo y los ensayos tontos de restablecimiento, que se continúan desgraciadamente de la más bárbara manera. Los domingos solamente se puede gozar tranquilamente de las impresiones en encantadora soledad...».

Cuando Meldahl se refiere a *esclavos,* está describiendo los trabajos forzados de los presos de la alcazaba de la Alhambra, a quienes usaban como obra de mano gratuita en los arreglos urgentes. Estas vivencias las dejó escritas en unas cartas que analiza con rigor C. Luplau Janssen en su artículo *Dos artistas daneses en la Alhambra: Kormerup y Meldahl* y que, para el caso que nos ocupa, nos viene al pelo. Otros viajeros comentaron que el recinto se apoyaba en la fuerza de los brazos de los presos para su restauración, pero ninguno lo expresó con tanto detalle como lo hizo este danés:

«Tengo que describir a una persona, que se dice mi amigo y que estimo mucho. Es un tipo original, que se llama Cariño. Es el mozo del conserje. Ha matado de un tiro a un aduanero, por lo tanto, es un asesino. Es un corso de contrabando con sus tres hermanos, ha sido atacado por los aduaneros, que han matado a sus tres hermanos, a su lado. No se extrañen que matara a uno de los aduaneros. Ha sido detenido y condenado a seis años de trabajos forzados. Ahora ha pasado aquí tres años, y como un hombre libre baja a la ciudad y solo en la Alhambra ha de comportarse como un preso (...). Trabaja como guía para los visitantes de la Alhambra y ninguno se imagina que es conducido por un asesino. Si le pido que me haga un servicio, salta como una cucaracha...».

Esto también nos da una idea de lo expuestos que estaban los viajeros de otros países en un lugar donde debían confiar en los guías locales. El desconocimiento del idioma y de las costumbres les dejaba a expensas de muchos indeseables, situaciones que eran asumidas como riesgos menores y que compensaban a pesar de todo. Era mucho mejor vivirlos en Granada, una ciudad europea, por muy ancestral que les supusieran sus costumbres, que hacerlo en algún país de Oriente.

¿Hubo esclavos en la Alhambra que ayudaran a construirla, como insinúa el arquitecto danés? Consultado Antonio Malpica sobre este asunto, descarta el posible uso de esclavos en la construcción de la Alhambra, si bien no hay que obviar que el esclavismo fue la base económica, durante siglos, de la mayoría de los territorios de la monarquía hispánica.

Respecto al uso de presos para la restauración del monumento aconsejo leer el capítulo *Los hijos de la Alhambra,* en donde incido más en la vida cotidiana de la alcazaba como prisión, activa hasta 1877. Por eso es mejor pasar a comentar las formas de financiación que usaron los reyes de la Edad Moderna para la construcción del Palacio de Carlos V.

Muchos fueron los enfrentamientos que tuvieron los monarcas cristianos con los descendientes de musulmanes y judíos. En una sociedad en la que no siempre prevalecía la autoridad de la sangre, se ejercían concesiones según los linajes o las circunstancias, mientras estas vinieran acompañadas de una cierta cantidad de maravedíes.

El Palacio de Carlos V se financió casi en su totalidad con las tasas provenientes de las familias ricas de los moriscos. Estas «donaciones» sirvieron de mecenazgo hasta 1568, fecha en que los moriscos se rebelan irritados por la ausencia de reconocimiento por parte de los gobernantes, que solo imponían y censuraban con el fin de malbaratar sus pertenencias y consecuentemente sus costumbres. A partir de la guerra contra los moriscos, la mayoría de la financiación desaparece y el dinero para su construcción comienza a llegar a cuenta gotas. El palacio circular quedó a medio construir y con el estigma del infortunio, que le acompañó hasta bien entrado el siglo XX. Los viajeros que por allí pasaban lo detestaban considerándolo un insulto a la belleza de la arquitectura nazarí. Quedó en ruinas y a punto de ser desmantelado, según dicen los testigos, aunque sin haber documento que lo asegure. El palacio que se edificó para Carlos V nunca fue habitado por él, pero el testimonio de ese desencuentro entre la Corona y la cultura morisca queda todavía patente en sus muros, que ahora se reinterpretan revisando concienzudamente su simbolismo.

Lo morisco dejó su huella intangible en el palacio y en los vericuetos de la historia granadina. El propio Carlos V, mientras se alojaba en la ciudad, tuvo un percance que casi le ocasiona la muerte durante una cacería. Persiguiendo a un jabalí se desorientó y fue encontrado por un morisco que le ofreció su ayuda. Cierto es que Carlos no desveló su identidad por miedo a ser apresado, pero el caso es que gracias a la colaboración de aquel hombre, tan contrario en costumbres y posiblemente en ideas, consiguió volver a la corte sano y salvo. ¿Qué hubiera sido del perdido Carlos, solo, sin guardias que lo protegieran, de haber caído en peores manos? ¿Fue la actuación generosa de este morisco imprescindible para el desarrollo de la historia de España?

El destino no deja de sorprendernos.

¿QUÉ HACE UNA MALETA BAJO LA ALHAMBRA?

La Alhambra es, de lejos, el monumento más fotografiado de nuestro país, por dentro y por fuera. Las imágenes más codiciadas son las que se pueden obtener desde el Mirador de San Nicolás (incluidas sus puestas de sol, elogiadas por el entonces presidente Bill Clinton cuando visitó España) y desde el inicio del Paseo de los Tristes. La Torre de Comares, en escorzo, se nos vuelve imponente, a punto de caerse sobre nosotros. Y no hay manera posible de fotografiarla sin que aparezca, bajo sus pies, la inexplicable imagen de un edificio ruinoso que en Granada se conoce por *La maleta*, debido a su forma, y más frecuentemente por el *Hotel Reúma*. Así es como aparece en la mayoría de los documentos que se refieren a él.

En el año 1910 se inauguraron en Granada dos hoteles que, con el tiempo, se han convertido en referencias absolutas. Uno, el Alhambra Palace (inaugurado por el rey el 1 de enero), fue el primer hotel moderno de España, y el segundo, el Gran Hotel del Bosque de la Alhambra, que tuvo una vida de escasos dos años, tras los cuales cerró.

El primero ya tiene apartado en este libro. Hablemos del segundo. ¿Por qué se le llama Hotel Reúma y qué fue de él?

Según se desprende de un anuncio en el periódico *El Defensor de Granada*, el Gran Hotel del Bosque de la Alhambra se inauguró el 20 de mayo de 1910, impulsado por el desarrollismo de aquellos años y el incipiente movimiento turístico.

Se había levantado al borde del río, con cierto aprovechamiento del derrumbamiento del puente de las Chirimías cercano, que le debía dar acceso. Pretendían que el hotel no solo fuera moderno, también que tuviera una agradable terraza que gozara del frescor del Darro y las vistas hacia la zona baja del Albaicín. El sueño duró apenas unos años. La humedad se apoderó de todo el edificio y muy pronto el gracejo granadino comenzó a bautizarlo como Hotel Reúma. Desde entonces —y ha pasado ya más de un siglo—, este monumento a la inutilidad se ha mimetizado con el paisaje convirtiéndose en un aderezo más de la Torre de Comares.

En el año 2000, la Junta de Andalucía adquirió el inmueble, que ofrecía un aspecto de ruina casi total, quedando adscrito al Patronato de la Alhambra y Generalife. Las primeras noticias sobre su restauración y finalidad llegaban hasta nosotros, se iba a destinar a centro de actividades o sede de exposiciones. De esto han pasado veinticuatro años y nada parece haberse movido, salvo, quizás, el apuntalamiento de las ventanas.

Gabriel Pozo Felguera aseguraba en uno de sus artículos que el hotel iba a destinarse a sede del nuevo museo de los ingenios, dedicado a la historia del sector azucarero. Quizás sea una de las muchas leyendas que arrastra este edificio, con sus fantasmas y horrores, sin que nada se pueda asegurar, quizás tal vez que fue sede de la masonería y de hospital de sangre, como la mayoría de hoteles con larga historia.

La maleta, *La casa de muñecas* o el *Hotel Reúma*, tanto da; tuvo muchos nombres y muchas vidas, la mejor es la asociada a la propia imagen de la Alhambra[1].

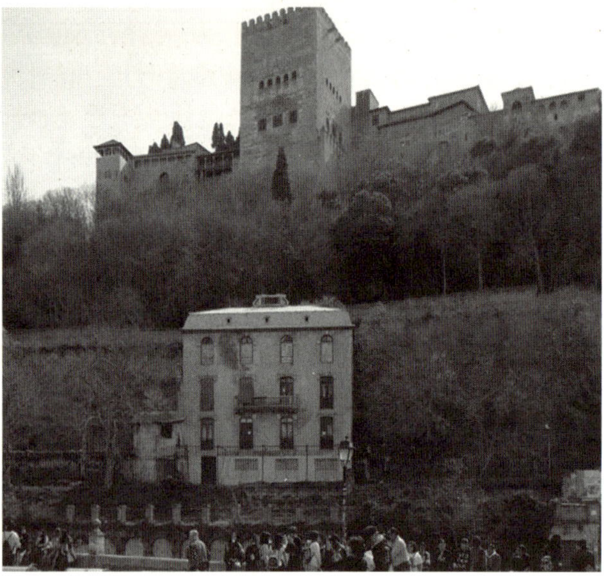

¿RESTAURACIÓN O CONSERVACIÓN?

Ahora que hemos llegado hasta aquí podemos reflexionar sobre lo que hemos visto e intentar comprender el universo de la Alhambra. Para ello es imprescindible recordar que,

1 NOTA: El 1 de abril de 2025 publicó la prensa que El Hotel Reúma será destinado a centro cultural. Por primera vez veíamos de forma digital la recreación de cómo quedará.

durante siglos, este maravilloso monumento que nos ha dejado extasiados estuvo a punto de perderse. La falta de iniciativa, el desinterés desde los Gobiernos y el cuestionable criterio científico que se empleó para su restauración, unido a la falta de fondos económicos para asumirla, contribuyeron a que el palacio nazarí, herido de muerte, alargara sus estertores hasta bien adentrado el siglo XIX.

Fuera de España la situación no era mucho más boyante. Los incipientes arqueólogos y arquitectos se pasaban el día discutiendo sobre si era mejor conservar un edificio histórico o restaurarlo, creándose escuelas que defendían ambas posturas, y se enzarzaban entre sí, en debates inútiles, mientras que los monumentos se desplomaban de viejos.

La historia de la restauración moderna es una disciplina muy reciente. Hasta el siglo XVIII y gracias a las ideas ilustradas, no se inició un compromiso con el mundo de la arqueología. En España existe un punto de inflexión con la llegada del rey Carlos III que había vivido el descubrimiento de Pompeya y Herculano cuando era rey de Nápoles y Sicilia, tenía una sensibilidad poco corriente para su época en relación a la conservación de las antigüedades. Él pudo haberse traído, como monarca, alguna de las piezas descubiertas en las excavaciones, pero al salir de Italia dio testimonio de su compromiso al devolver incluso un anillo perteneciente a los hallazgos y que solía llevar puesto en el dedo. Lo que es de Italia, se queda en Italia, comentó.

Una vez rey de España, solicitó una guía de los monumentos árabes que fue acometida por pintores y arquitectos de gran renombre, entre ellos, José de Hermosilla, razón por la cual comenzaron a ser visitadas todas las ciudades españolas con edificios destacados para su catalogación. A este catálogo se le puso por nombre *Las antigüedades árabes de España*, que ayudó a comprender la magnitud de la excelencia de nuestros monumentos. Existe un trabajo muy recomendable sobre este particular publicado por Delfín Rodríguez Ruiz titulado *La memoria frágil. José de Hermosilla y Las Antigüedades árabes de España,* en donde se ve claramente el proceso de descubrimiento de nuestro patrimonio, las disputas entre miembros de las diferentes disciplinas artísticas y de cómo influyó el auge de la arqueología hasta el punto de florecer la picaresca española con algunas de las falsificaciones más sonadas de nuestra historia. Una de ellas, precisamente, se dio en Granada, en lo alto del Albaicín, un suceso triste para la arqueología pero que no deja de explicar el carácter español. Según palabras de José Álvarez Lopera, «nace hacia 1790 el sentimentalismo por las ruinas romanas», que no deja de ser, en el fondo, un acercamiento peligroso hacia la arqueología; las ruinas dejan de ser patrimonio artístico para convertirse en una idea o incluso una moda.

Adentrado ya el s. XIX y con la llegada de los viajeros románticos, que criticaron mucho el deplorable estado en el que se encontraba el recinto nazarí, se incrementan las publicaciones de libros de viajes, testimonios personales de quienes habían disfrutado de una estancia por España, y se pone en valor todo «lo antiguo», el poder romántico de «las ruinas».

Todo se movía con mucha rapidez, pero estaba claro que el nivel de la restauración en España estaba a años luz de otros países. La falta de experiencia artística a cargo de los responsables de las obras de la Alhambra era tan precaria que se daban circunstancias tales como la que refiere el profesor Barrios Rozúa en su artículo *La alhambra que conoció Washington Irving a la luz de las fuentes documentales*, según el cual, en el Salón de Comares, se colocaron algunas de las yeserías desprendidas que tenían inscripciones y, al no saber árabe, se colocaron invertidas. Pasaron cuarenta años y nadie se dio cuenta.

La arqueología todavía se cuestionaba como ciencia, pero poco a poco las corrientes sobre métodos de restauración de monumentos establecen nuevos debates. Las ideas del francés Eugène-Emmanuel Viollet le-Duc revolucionan el concepto de restauración al defender que los monumentos deben «ser vueltos a su estado original» dando libertad creativa al restaurador, a quien considera no un técnico, sino un artista.

La corriente contraria, la que desea emplear un sentido científico en la arqueología, se enfrenta a las ideas de Viollet le-Duc y la batalla llega a cotas impensables. Un ejemplo claro de esta discordia se puede ver en la Alhambra, cuyos conservadores-restauradores discuten sin ponerse de acuerdo si deben primero restaurar o luego conservar el edificio, curar sus heridas sin añadir nada o restaurarlo a la manera personal del responsable, que fue lo que sucedió.

La familia Contreras, que tiene un apartado propio en este libro, fue la gran defensora de esta última corriente en la Alhambra. Saneó algunas de sus muchas faltas, pero completó, sin fundamento, partes del recinto nazarí añadiendo estructuras que respondían más a la moda del s. XIX que a la del s. XIV. El aspecto de la Alhambra se orientalizó bajo un concepto creativo y no científico, por lo que surgieron cúpulas, azulejos de colores, techumbres que nunca existieron antes. Los materiales utilizados eran tan similares a los originales que no se podía distinguir, a golpe de vista, qué era lo antiguo y qué lo moderno, salvo por el hecho de que el tiempo pasó y lo moderno perdió con prontitud su vigorosidad y se descompuso.

Lo más curioso del asunto es que, a pesar de que los arqueólogos-científicos, contrarios a la teoría de Viollet le-Duc, fueron muchos y lucharon con gran valentía contra los Contreras y sus técnicas de embellecer la Alhambra, el público, la gente del pueblo, prefería una Alhambra idealizada, irreal, rechazando la que fue en origen.

Las fotografías, postales y pinturas se propagaron por todas partes, viralizando a la Alhambra falsa, que nunca existió. Hubo de llegar, casi un siglo después, el arquitecto restaurador Leopoldo Torres Balbás para que volviera todo a su sitio de nuevo demostrando lo irrefutable de la teoría científica, pero incluso entonces fue criticado por un gran sector de la sociedad que seguía negando lo evidente.

DE PÍCAROS LADRONES A MALVADOS EXPOLIADORES

Dice el investigador e historiógrafo José Álvarez Lopera, en su excepcional trabajo *La Alhambra entre la conservación y la restauración (1900-1915)*, que el siglo XVIII «fue de lo más vergonzoso que se puede escribir sobre la sensibilidad artística de un país». No lo dice en balde si hacemos un repaso rápido de lo que vivió el monumento desde entonces.

Durante el reinado de Carlos IV, el recinto alhambreño se convierte en sede de diferentes industrias, y sus piezas son vendidas o expoliadas.

En enero de 1810, con la llegada de las tropas francesas, el desorden y los despropósitos se hacen más que evidentes. El ideal napoleónico, tan avanzado en otros ámbitos, veía el arte ajeno sin ningún respeto, así que en cuanto llegaron al recinto alhambreño comenzaron a cambiar cosas a gusto personal del gobernador de turno. Muchas salas se destinaron a almacén. Destruyeron los artesonados, puertas y vestíbulos de la esplendorosa Torre de la Cautiva, y al patio de los Arrayanes lo convierten en contenedor de leña, pólvora y balas de cañón. Arrancan el pavimento del Patio de los Leones para plantar en el suelo matas de arrayán, rosas y jazmines.

Nueve meses después, el 17 de septiembre, los franceses deben abandonar el recinto y no lo hacen yéndose de rositas, sino que dinamitan todo lo que dejan atrás. La Puerta de los Siete Suelos se lleva la peor parte y si no hubiera sido por la intervención de un cabo, José García, al que se le recuerda en una placa en la Plaza de los Aljibes, la Alhambra hubiera volado prácticamente entera.

Sin franceses, el recinto nazarí no quedó en mejores manos. El pueblo granadino, viendo que del monumento podrían aprovecharse para salir de su situación de pobreza, decidieron arrancar los cerrojos de sus puertas y todo lo que pudiera venderse. El vandalismo y la expoliación fue importante, dejando a la Alhambra tiritando y tan dañada que cuesta imaginar cómo pudo salir de una situación tan deplorable.

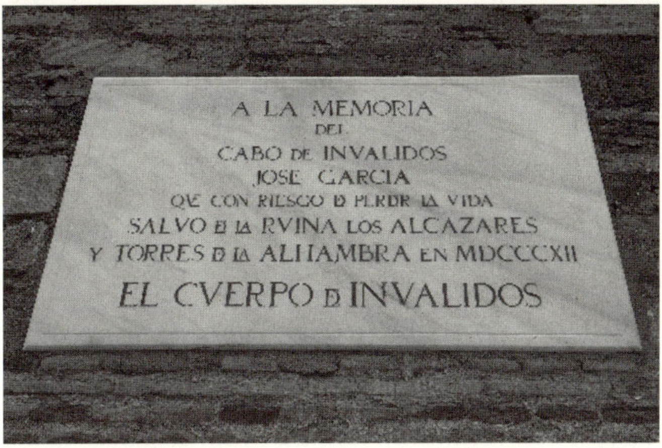

Placa dedicada a José García, en la Plaza de los Aljibes de la Alhambra. Las últimas investigaciones realizadas por Gabriel Pozo Felguera ponen en duda la existencia del cabo de inválidos al no encontrarse su nombre en los documentos y censos de la época. Foto de la autora.

Con la llegada de los viajeros románticos, como Washington Irving o Richard Ford, se consigue, gracias a sus libros de viajes y publicaciones, dimensionar el problema del deterioro de la Alhambra, hasta el punto de que los Gobiernos empiezan a prestar atención al monumento. Sin embargo, los sensibles románticos que critican el vandalismo también participan del pícaro juego de la ratería artística. Mientras denuncian al que se lleva un azulejo, dejan su firma en las paredes de la Alhambra sin visos de remordimiento por haberla dañado.

Una de las más conocidas viajeras que pasó por la ciudad, Josephine de Brickmann, escribió sus impresiones por carta a su hermano, que terminaron convirtiéndose en un libro: *Paseos por España* (1849-1850). En él cuenta lo siguiente en relación a su visita a la Alhambra: «… No lo creerás, el portero comercia con los extranjeros con trozos de estuco que se resquebrajan y se levantan del muro. Un señor que conocía compró un gran trozo por cinco francos; yo no lo pude evitar y se lo reproché y no quise imitarle. Dejemos cometer solo a los ingleses estos actos de vandalismo».

Otro conocido francés, esta vez pintor, Gustave Doré, visitó España en 1862 junto al Barón Charles Davillier. Mientras este último pone la letra a su posterior libro, *Viaje por España*, Doré lo ilustrará. Uno de sus dibujos parece justificar la indignación de Brickmann diez años antes. Doré plasmó a un hombre frente a uno de los muros de la Alhambra con un martillito en la mano, desprendiendo azulejos que posiblemente luego revendería. El hombre en cuestión viste con estilo inglés, lo cual no deja de ser irónico. Tanto Brickmann como Doré son franceses y hablan con desdén de sus enemigos naturales, los ingleses. Ninguno de ellos menciona o recuerda que sus compatriotas, los soldados napoleónicos, estuvieron muy a punto de demoler la Alhambra.

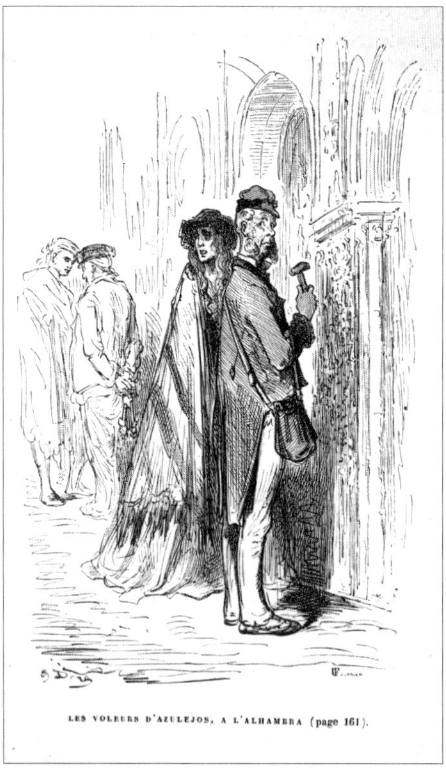

LES VOLEURS D'AZULEJOS, A L'ALHAMBRA (page 161).

Les voleurs d'azulejos, a l'Alhambra. Grabado de Gustave Doré

Esta doble moral se manifiesta a lo largo de todo el s. XIX. Richard Ford, que tanto denunció la mala gestión de restauración de la Alhambra tras su viaje, no dudó en llevarse piezas originales de la Torre de las Damas para decorar el cuarto de baño de su nueva casa neoárabe de Exeter. Igualmente dejó su firma y la de su esposa Harriet en los muros del Salón de Embajadores, un grafiti de los muchos que grabaron los románticos en el monumento a pesar de denunciar su deterioro.

Una incongruencia que se manifiesta también en los propios restauradores de la Alhambra; muchos de ellos atesoraban piezas en sus casas, convirtiéndose en lo que se llamó *coleccionismo de antiguallas,* si bien es cierto que el concepto de conservación y de respeto por el patrimonio llegó mucho después, cuando se crearon los primeros museos arqueológicos. El arte era, y sigue siendo, una bandera que se enarbola con frecuencia para intereses partidistas sin que nadie llegue, del todo, a respetarlo.

FELINOS SIN OREJAS

Ya sabemos que todos los que pasaron por la Alhambra quisieron quedarse una parte. No es diferente en la actualidad, en el mejor de los casos asaltamos las tiendas *de recuerdos* de la Alhambra y nos parece que su reproducción, hecha con otras manos y técnicas muy actuales, nos ayudará a entenderla.

Azulejos, jarrones, capiteles, cerrojos, marcos de ventanas... cualquier cosa que se pudiera desprender era objeto de aquellos pillos del s. XIX, ladronzuelos de poca monta, obsesionados con coleccionar antiguallas. De todos esos recuerdos mezquinos sobresale uno muy codiciado. Se trata de las orejas de los felinos de la Fuente de los Leones, fáciles de arrancar y de guardar. Así queda patente en el detalle de esta litografía, tomada a partir de un daguerrotipo, incluida en el catálogo *Imágenes en el tiempo. Un siglo de fotografía en la Alhambra, 1840-1940* de la exposición que tuvo lugar en 2004 en el Museo de San Isidro de Madrid.

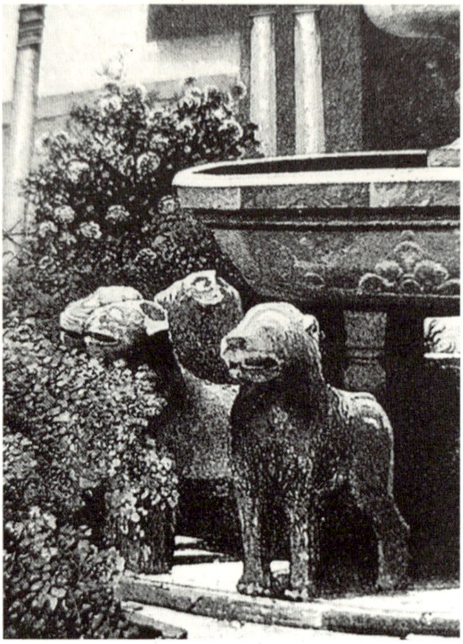

Excursions daguerriennes : vues et monuments les plus remarquables du globe. Dusacq et CIE

LOS CONTRERAS Y EL INICIO DEL *SOUVENIR* ALHAMBREÑO

La técnica del vaciado que se utilizó en el s. XIX para duplicar piezas en los palacios tenía como finalidad restaurar lo perdido o restituirlo si las piezas originales no habían superado la crueldad del tiempo. Por este motivo, la familia Contreras, con José al mando y su hijo Rafael, puso en marcha un taller de reproducciones, una estructura práctica y a la vez muy lucrativa para volver a la Alhambra a lo que ellos creían su estado original. Combinaron perfectamente la pericia con la rentabilidad, consiguiendo una fama impensable en aquellos momentos. Los Contreras realizaron diminutas maquetas de alguna de las salas del monumento, con precisión y maestría, que fueron la admiración de todos. Alcanzaron tanta fama que la reina Isabel II adquirió al taller un modelo de la Sala de las Dos Hermanas (1846-1847), que fue depositado en el Museo Arqueológico Nacional (MAN). Rafael Contreras fue nombrado restaurador-adornista de la Alhambra y tuvo, poco después, el privilegio de realizar por encargo de la propia reina, el gabinete árabe del Palacio Real de Aranjuez, una pieza de gran belleza, que puede verse si se visita el palacio.

Las exposiciones universales y la rivalidad entre las familias reales por mantener un estatus y dar imagen innovadora llevó a la reina Victoria de Inglaterra a tomar interés por la nueva moda del *alhambrismo*, que ya imperaba entre las familias pudientes.

Entre 1851 y 1889, Rafael Contreras recorrió varias muestras internacionales. En la de Londres presentó varias maquetas a escala reducida de la Alhambra y del gabinete del Palacio de Aranjuez, lo que contribuyó a que en 1865 el Museo de Victoria y Alberto adquiriera veintiséis de sus vaciados, que provocaron gran expectación.

La atención que despertaron esas piezas a escala fue tanta que incluso se utilizaban con fines didácticos en escuelas, creando un verdadero movimiento *reproduccionista* y de venta de recuerdos, esencialmente para la gente rica y más tarde para otro tipo de coleccionismo.

Podemos decir que la invención del taller de los Contreras contribuyó a iniciar en España la venta de *souvenirs* que hoy es tan popular. Solo hay que mirar los escaparates de los comercios para ver pequeñas Alhambras, ideales para llevar con nosotros una vez que el viaje turístico ha terminado.

Sirvan las palabras que dejó plasmadas en su *Viaje por España* el francés Théophile Gautier en 1840:

«La mayoría de estos adornos están, pues, hechos con moldes, y se han repetido sin gran trabajo cuantas veces la simetría lo ha exigido. Nada más fácil que reproducir de manera idéntica una sala de la Alhambra: bastaría con tomar las huellas de todos los motivos de adorno. Dos arcadas de la Sala del Tribunal, que se habían hundido, han sido rehechas por obreros de Granada con una perfección que no deja nada que desear. Si fuéramos un poco millonarios, una de nuestras fantasías sería hacer una reproducción del Patio de los Leones en uno de nuestros parques».

Poco después, en 1846, el gran Alejandro Dumas, con motivo de su viaje a Granada, manifestó el asombro que le causó ver la maqueta de la Sala de las Dos Hermanas de Contreras, de «seis pies de altura, un pie y medio de largo y cinco pies de perímetro». Según el escritor francés, no había nada que decir «ante esta maravilla, más que admirar la perseverancia y la paciencia de su autor».

RAFAEL CONTRERAS, EL BAJÁ DE LA ALHAMBRA

Entre todos los hombres que dejaron huella en la historia de la Alhambra cabe resaltar uno que contribuyó, para bien o para mal, a dimensionar la imagen del monumento nazarí hasta hacerlo célebre. Todavía hoy se cuestiona, y mucho, la actuación de Rafael Contreras, llamado despectivamente tras su muerte «el Bajá de la Alhambra», por el poder que adquirió desde su puesto de restaurador-adornista.

Rafael Contreras Muñoz perteneció a una familia asociada a la Alhambra durante todo el s. XIX. Primero, gracias a su padre, José Contreras Osorio; también, a su hermano menor, Francisco, y finalmente a su hijo, Mariano Contreras Granja. Esto le hizo omnipresente en todo cuanto se realizó en el monumento a partir de los años cuarenta y hasta su fallecimiento en 1890.

Nació en Granada y en un principio estudió dibujo y matemáticas, que abandonó para dedicarse a la arquitectura bajo la tutela de su padre, José Contreras, conocimiento que le serviría para desarrollar un ideal novedoso a la hora de restaurar la Alhambra.

En los tiempos en los que le tocó vivir, el concepto de restauración era muy polémico. Algunas escuelas defendían la conservación antes que la restauración, conceptos hoy en día fundamentales, pero que en el s. XIX seguían debatiéndose. Contreras tuvo un objetivo claro a seguir, y era convertir a la Alhambra en un espacio idealizado, fantástico, propio de las Mil y Una Noches. Así lo llevó a cabo, la decoró como una casa de muñecas, obviando su realidad histórica y artística y recibiendo críticas por parte de los más pragmáticos arquitectos del momento. A pesar de ello, Rafael Contreras consiguió sanar algunas de las muchas heridas de la Alhambra, llamó la atención sobre el edificio a nivel mundial gracias a sus réplicas en maqueta que se hicieron famosas entre la realeza, y gracias a esto consiguió que el recinto nazarí subsistiera.

El lema atribuido a Maquiavelo, «el fin justifica los medios», puede aplicarse al hacer de Contreras durante el periodo decimonónico; sin embargo, el empleo de material nuevo para sustituir al antiguo sin justificación artística, el añadido de azulejos de colores o la incorporación de cupulillas vidriadas sobre los techos de los palacios sin más razón que la puramente estética, pusieron a este restaurador adornista en el punto de mira de los historiadores del arte , quienes catalogaron sus actuaciones como aberraciones y tras los años fueron eliminadas de la Alhambra.

Su controvertida actuación como restaurador adornista, tan personalista y absurda en muchos de los casos, no excluye que ayudara a mantener vivo el recinto palaciego, una contradicción recurrente en la historia de Granada, equiparable a la cubrición del río Darro a su paso por la ciudad, que fue tan ferozmente criticada en su tiempo y que ahora podríamos entender como inevitable para el desarrollo de nuestras vidas.

Juan Manuel Barrios Rozúa, que ha escrito textos imprescindibles sobre la destrucción del patrimonio histórico granadino, dice algo muy revelador en su artículo *José Contreras, un pionero de la arquitectura neoárabe: sus trabajos en la Alhambra y en la Alcaicería*:

«Rafael Contreras desarrolló desde finales de los años cuarenta una triple labor que lo convirtió en un celebrado personaje de su siglo: trabajó como restaurador de la Alhambra, decoró salones neonazaríes (gabinetes árabes del Palacio de Aranjuez, del Palacio de Liria...) a la par que exportaba yeserías a toda Europa, y ya en su madurez fue historiador de la arquitectura de al-Ándalus. Sin embargo, aunque sea un personaje ineludible y de relieve, su habilidad para copiar las yeserías nazaríes palidece ante su capacidad para construir su prestigio a costa de difundir falsedades y borrar de la historia a muchos personajes que jugaron un papel crucial en la conservación de la Alhambra. A su propio padre lo oscureció atribuyéndose méritos que le pertenecen —por dudosos que sean—. Si alguna vez lo vindicó fue más por dar lustre a su apellido que por recordarle su labor y lo que de él había aprendido».

En definitiva, todo tiene siempre dos miradas, y en este caso, en las actuaciones de Rafael Contreras en la Alhambra, no se excluyen por completo, tuvo tantos defensores como detractores. Con su trabajo personalista y fuera de espíritu científico, añadiendo materiales que nada tenían que ver con el arte nazarí (azulejería de colores o cupulillas vidriadas) consiguió dar protagonismo al monumento, pero ¿a costa de qué? De una imagen fantaseada que a casi todos gustó pero que no era real. Con gran pericia y adelantándose a nuestros tiempos, creó una *red social artística* a través de las exposiciones de sus obras y del boca a boca que lo convirtieron en un auténtico *influencer* del arte nazarí.

Los que ocuparon su puesto tras su muerte como restauradores de la Alhambra se esmeraron en eliminar toda la fantasía oriental que Contreras dejó como legado. El que más esfuerzo empleó fue Leopoldo Torres Balbás, pionero de la comprensión científica del arte y la arquitectura, el cual tiene en esta guía un capítulo propio.

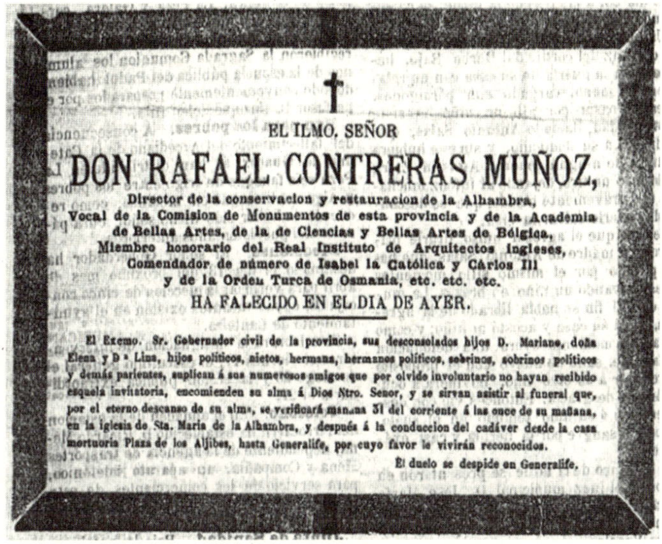

EL ILMO. SEÑOR

DON RAFAEL CONTRERAS MUÑOZ,

Director de la conservacion y restauracion de la Alhambra,
Vocal de la Comision de Monumentos de esta provincia y de la Academia de Bellas Artes, de la de Ciencias y Bellas Artes de Bélgica,
Miembro honorario del Real Instituto de Arquitectos Ingleses,
Comendador de número de Isabel la Católica y Cárlos III
y de la Orden Turca de Osmania, etc. etc. etc.

HA FALECIDO EN EL DIA DE AYER.

El Excmo. Sr. Gobernador civil de la provincia, sus desconsolados hijos D. Mariano, doña Elena y D.ª Lina, hijos políticos, nietos, hermana, hermanos políticos, sobrinos, sobrinos políticos y demás parientes, suplican á sus numerosos amigos que por olvido involuntario no hayan recibido esquela invitatoria, encomienden su alma á Dios Ntro. Señor, y se sirvan asistir al funeral que, por el eterno descanso de su alma, se verificará mañana 31 del corriente á las once de su mañana, en la iglesia de Sta. Maria de la Alhambra, y después á la conduccion del cadáver desde la casa mortuoria Plaza de los Aljibes, hasta Generalife, por cuyo favor le vivirán reconocidos.

El duelo se despide en Generalife.

El Defensor de Granada. 30 de marzo de 1890.
Biblioteca Virtual de Andalucía.

LAS CUPULILLAS

Antes de visitar la Alhambra tendremos muchas oportunidades de contemplar grabados, pinturas o fotografías antiguas que han plasmado los bellos rincones del recinto. Comparar el estado actual del edificio con esas imágenes evocadoras de otros tiempos se convierte en un juego para el turista que desea comprender la transformación que ha sufrido la Alhambra, empatizar, como se hace con una persona, a la que vemos envejecer al ritmo que nosotros, buscándole las arrugas y las canas. Los palacios nazaríes también sufrieron el desgaste y sus retoques estéticos, y algunos son tan evidentes que al ver una postal antigua no se nos pasa por alto algunos detalles.

Quizás tengamos entre nuestras manos una postal antigua del Patio de los Leones. ¡Qué belleza! ¡Qué delicadas columnas! ¡Qué cúpula tan original!

Un momento. ¿Una cúpula? Eso no lo hemos visto en nuestra visita. ¿Dónde está ahora la cúpula de la postal?

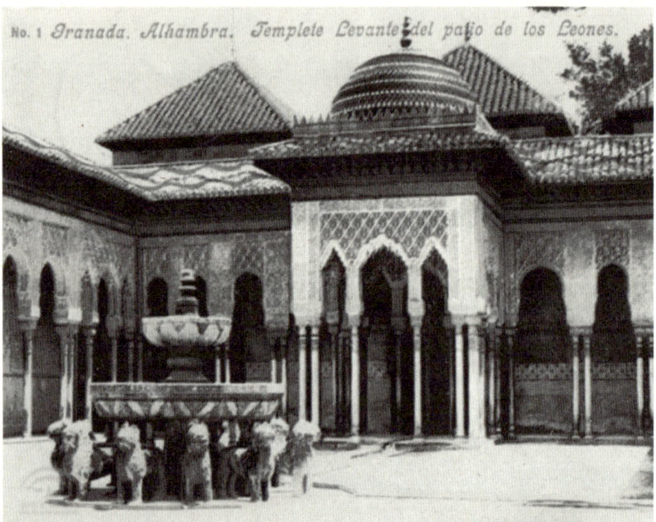

Templete de Levante del Patio de los Leones. Granada. Patronato de la Alhambra y el Generalife. Postal de autor desconocido.

Ya he comentado las muchas incongruencias que se emprendieron a lo largo de los años con la excusa de restaurar la Alhambra. Una de las más sonadas fue la instalación de unas cúpulas vidriadas de colores en el templete del Patio de los Leones. Sería Juan Pugnaire, bajo las órdenes de Rafael Contreras, el que añadiría esta esfera al Templete de Levante del patio, que en 1866 se completaría con «unas caprichosas y desgraciadas almenitas», como decía Álvarez Lopera en el artículo que antes citamos.

A la llegada de Leopoldo Torres Balbás en 1923 como arquitecto restaurador de la Alhambra, se aplican sus teorías de arqueología científica y vuelve el edificio a su estado original tras estudios detallados, eliminando los añadidos que puso Contreras.

La decisión de acabar con la cúpula de «tono risueño y bello», «expresión de la estética tradicional», tal y como se trató de defender en la prensa, llevó a un enfrentamiento entre los defensores y detractores del buen hacer de Torres Balbás, a quien se le hizo un linchamiento.

En el periódico *El Defensor de Granada* del 18 de enero de 1935 salió en primera página el artículo *Ha desaparecido la cúpula del Patio de los Leones,* en donde José Serrano se despachó a gusto criticando a Torres Balbás. Entre los que le defendieron, intelectuales de gran calibre, se encontraba el afamado músico Manuel de Falla, que en el mismo periódico firmó una réplica el 31 de enero con el título *Sobre la reforma del Patio de los Leones. El arquitecto de la Alhambra se ha limitado a devolver al famoso patio su fisonomía auténtica.*

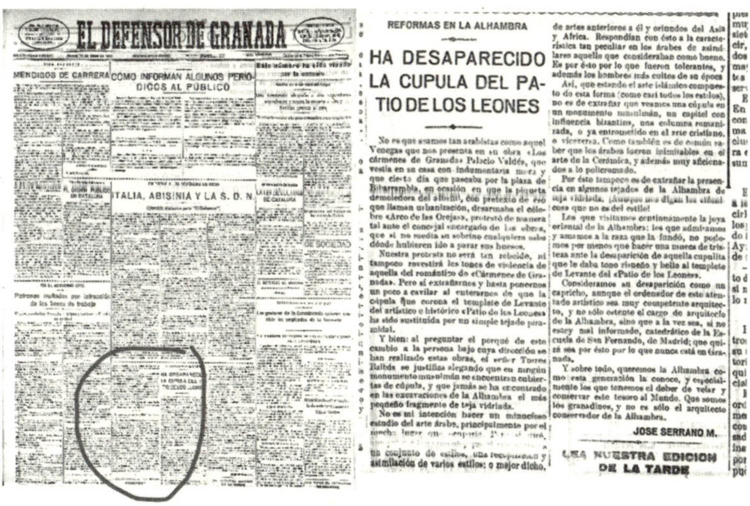

EL DEFENSOR DE GRANADA

REFORMAS EN LA ALHAMBRA

HA DESAPARECIDO LA CUPULA DEL PATIO DE LOS LEONES

No es que seamos tan arabistas como aquel Venegas que nos presenta en su obra «Los cármenes de Granada» Palacio Valdés, que vestía en su casa con indumentaria mora y que cierto día que paseaba por la plaza de Bibarrambla, en ocasión en que la piqueta demoledora del albañil, con pretexto de eso que llaman urbanización, desarmaba el célebre «Arco de las Orejas», protestó de manera tal ante el concejal encargado de las obras, que si no media un sobrino cualquiera sabe dónde hubieren ido a parar sus huesos.

Nuestra protesta no será tan rebelde, ni tampoco revestirá los tonos de violencia de aquella del romántico de «Cármenes de Granada». Pero sí extrañarnos y hasta ponernos un poco a cavilar al enterarnos de que la cúpula que corona el templete de Levante del artístico e histórico «Patio de los Leones» ha sido sustituida por un simple tejado piramidal.

Y bien: al preguntar el porqué de este cambio a la persona bajo cuya dirección se han realizado estas obras, el señor Torres Balbás se justifica alegando que en ningún monumento musulmán se encuentran cubiertas de cúpula, y que jamás se ha encontrado en las excavaciones de la Alhambra el más pequeño fragmento de teja vidriada.

No es mi intención hacer un minucioso estudio del arte árabe, principalmente por el mucho lugar que ocuparía. [illegible] un conjunto de estilos, una recopilación y asimilación de varios estilos; o mejor dicho, de artes anteriores a él y oriundos del Asia y Africa. Respondían con ésto a la característica tan peculiar en los árabes de asimilarse aquello que consideraban como bueno. Es por ésto por lo que fueron tolerantes, y además los hombres más cultos de su época.

Así, que estando el arte islámico compuesto de esta forma (como casi todos los estilos), no es de extrañar que veamos una cúpula en un monumento musulmán, un capitel con influencia bizantina, una columna romanizada, o ya entrometido en el arte cristiano, o viceversa. Como también es de común saber que los árabes fueron inimitables en el arte de la Cerámica, y además muy aficionados a lo policromado.

Por ésto tampoco es de extrañar la presencia en algunos tejados de la Alhambra de teja vidriada. ¡Aunque nos digan los [illegible] que no es del estilo!

Los que visitamos continuamente la joya oriental de la Alhambra; los que admiramos y amamos a la raza que la fundó, no podemos por menos que hacer una mueca de tristeza ante la desaparición de aquella cupulita que le daba tono risueño y bello al templete de Levante del «Patio de los Leones».

Consideramos su desaparición como un capricho, aunque el ordenador de este atentado artístico sea muy competente arquitecto, y no sólo ostente el cargo de arquitecto de la Alhambra, sino que a la vez sea, si no estoy mal informado, catedrático de la Escuela de San Fernando, de Madrid; que quizá sea por ésto por lo que nunca está en Granada.

Y sobre todo, queremos la Alhambra como esta generación la conoce, y especialmente los que tenemos el deber de velar y conservar este tesoro al Mundo. Que somos los granadinos, y no es sólo el arquitecto conservador de la Alhambra.

JOSE SERRANO M.

LEA NUESTRA EDICION DE LA TARDE

El Defensor de Granada. 18 de enero de 1935.
Biblioteca Virtual de Andalucía.

Afortunadamente prevaleció la razón a la belleza, por mucho que los granadinos se sintieran defraudados al perder su palacio de Las Mil y Una Noches.

LA PLACA CASI OLVIDADA DE LEOPOLDO TORRES BALBÁS

En una placeta próxima a la calle Real, cercana al parador, existe una placa dedicada al arquitecto y restaurador Leopoldo Torres Balbás, que reza así:

«Para los que amamos la Alhambra, para los que a ella hemos consagrado nuestro entusiasmo y nuestra actividad, para los que hemos interrogado febrilmente muchos de sus secretos y fuimos viviendo con el monumento a compás nuestra propia vida, su porvenir será siempre motivo de inquietud.

»En memoria de Leopoldo Torres Balbás (1888-1960), arquitecto conservador de la Alhambra desde marzo de 1923 hasta agosto de 1936. Patronato de la Alhambra y el Generalife y Academia del Partal. Granada, 22 de octubre de 2005»

Hace algo más de un año, en 2023, se cumplía el centenario de la llegada a la Alhambra de este madrileño. Una segunda placa lo recuerda en lo que fue su estudio profesional, junto a la Puerta del Vino. Visionario en todo lo que se refería al monumento nazarí, cuyos conocimientos y trabajos siguen vigentes, no se puede hablar de la Alhambra sin mentar a don Leopoldo.

En otra parte de este libro se ha hablado de las dos encontradas escuelas existentes en el s. XIX respecto al concepto de restauración. Torres Balbás, sin embargo, lo tenía muy claro. Sus desvelos se centraron en reforzar y restaurar de acuerdo a una mentalidad científica, lo que le granjeó enemistades, las peores de las cuales le llevaron a ser destituido casi al principio de la Guerra Civil.

Este hombre callado y meticuloso puso su empeño en volver a la vida partes moribundas de la Alhambra, restauró prácticamente todo, desde el Patio de Machuca, el Pórtico y Torre de las Damas, la Torre de Comares y los baños del Polinario, entre otras, desmontando las famosas cupulillas que años antes convirtieran al palacio en una fantasía oriental, muy poco realista. Además, prestó atención a las conocidas hoy como Habitaciones de Washington Irving y empleó un novedoso método de jardín arqueológico en el bosque de la Alhambra en donde reconstruyó, con las piezas que aún quedaban de su demolición, la famosa Puerta de Bib-Rambla, monumento maldito que atrajo las miradas de la casta más intransigente de los círculos demolicionistas del s. XIX.

Torres Balbás, que ha dejado un legado digno de restauraciones y de obras científicas, murió en Madrid en 1960, a causa de las heridas que le produjo un motociclista al cruzar la plaza de Alonso Martínez. Un triste final para el hombre que contribuyó al segundo esplendor de la Alhambra, tras su magnificencia nazarí.

LA ALCAICERÍA, JURISPRUDENCIA DE LA ALHAMBRA

La Alhambra, como ciudad que era, contaba con gobernador propio. Éste tenía jurisprudencia en otras dependencias fuera del recinto, tal era el caso de la Alcaicería, el mercado de la seda.

El vocablo *alcaicería* ha llegado hasta nosotros por la denominación árabe *kaysariyya,* derivada de la griega y más tarde romana *caesarea,* algo así como *mercado del césar* para los historiadores clásicos, lo que demuestra la importancia que tuvo en su origen, con un comercio muy activo en época andalusí. Aunque no se tiene una referencia visual de cómo era la antigua alcaicería, sí se han encontrado documentos que la datan de 1460. Tendría capacidad para unas doscientas tiendas que se concentraban en torno a cuatro mil seiscientos metros cuadros, delimitada por calles cuyos nombres lo dicen todo: Libreros, Oficios, el Tinte, el Zacatín y la plaza de Bib-Rambla. Las tiendas debían ser muy pequeñas, tanto, que los comerciantes en algunas ocasiones debían trabajar de pie, estaban pintadas de almagra y la puerta, levantada hacia arriba, servía luego de techo. La organización de la alcaicería era compleja, tenía guardias que vigilaban por las noches con perros y puertas que cerraban cumpliendo un horario estricto. Los Reyes Católicos, viendo que era un centro comercial de gran arraigo en la ciudad, consintieron que continuara abierto, y así fue hasta que en 1843 un incendio la destruyó prácticamente por completo y fue necesaria su reconstrucción. Por ese motivo, la alcaicería que hoy conocemos, con sus tenderetes y tiendas orientalistas, es una invención romántica, del s. XIX, que sigue los pasos del alhambrismo puesto de moda por los conservadores de la Alhambra. La Comisión de Ornato, que era la que se ocupó de su reconstrucción, ofreció el trabajo a cuatro arquitectos muy conocidos, entre ellos, el famoso José Contreras, padre de Rafael Contreras, al que en estas páginas le hemos apodado *el Bajá de la Alhambra* en uno de los capítulos. Así pues, es lógico que la alcaicería se restaurara con una visión personalista y posiblemente aprovechada por parte de esta familia que tenía un negocio lucrativo con su taller de reproducciones de donde saldrían las piezas para restaurar la alcaicería.

De hecho, Juan Antonio Sánchez Muñoz, en su artículo *La alcaicería de Granada. Realidad y ficción,* asegura que los dueños de las tiendas plantearon quejas por verse obligados a usar escayolas exclusivamente del taller Contreras.

Casi un siglo después, alrededor de 1940, el famoso alcalde de Granada, Antonio Gallego Burín, con un criterio de *marketing* muy avanzado, decidió dotar a la alcaicería de un estilo de «bazar de artesanía hispano-marroquí», que era como lo catalogaron en los periódicos de la época.

LAS SUCULENTAS GOLONDRINAS DE LA ALHAMBRA

Los viajeros románticos que llegan a Granada, la mayoría norteamericanos, británicos y franceses, advierten la gran pobreza del pueblo español. Dejó dicho Henry David Inglis en su *Granada en 1830*, que en la ciudad había una proporción análoga de pordioseros y holgazanes. Los granadinos debieron avivar mucho el ingenio para alimentarse, de ahí que los productos más básicos a los que se refieren los extranjeros son los huevos duros, el vino y las patatas asadas «que se renuevan constantemente por medio de un artefacto que encierra fuego, agua y una olla de vapor. Esto parece el desayuno favorito pues hay docenas de personas sentadas en el suelo comiéndolas. A un niño pequeño a quien regalé una insignificancia por indicarme una barbería —añadía Inglis—en cuanto recibió los cuartos se sentó en el suelo con su ración de patatas, altamente complacido, por este alimento». Un grabado de Gustave Doré hace referencia a este artilugio que también debía usarse para asar castañas.

Pero desgraciadamente no todos tenían la suerte de conseguir algunos «cuartos» para comprar patatas asadas. Washington Irving nos desvela los recursos a los que tenían que acudir los más pobres de la Alhambra para conseguir comer gratis, aunque arriesgaran su vida. «He observado con frecuencia —contaba Irving en sus *Cuentos de la Alhambra*— a un individuo flaco y larguirucho, subido en una de las torres, maniobrando con dos o tres cañas, como si estuviese pescando estrellas. Quedé perplejo un buen rato con los ademanes de aquel pescador aéreo, y aumentó mi asombro el divisar a otros con idéntica actitud en distintas partes de las murallas y baluartes (...). Parece que la pura y aireada situación de esta fortaleza (de la Alhambra), la ha hecho como el castillo de Macbeth, un prolífico criadero de golondrinas y vencejos, que revolotean a millares alrededor de las torres, con la misma desenvuelta alegría de unos chiquillos que acaban de salir de la escuela. El atrapar a estos pájaros en sus raudos vuelos, usando anzuelos cebados con moscas, era la diversión predilecta de aquellos astrosos hijos de la Alhambra, que, en su improductivo ingenio de consumados haraganes, han inventado el arte de pescar en el cielo». Cuando menos, son palabras que sorprenden viniendo de un romántico, pues muestran gran insensibilidad por esos «hijos de la Alhambra» que vivían entre ruinas y pedían limosna en la entrada al recinto.

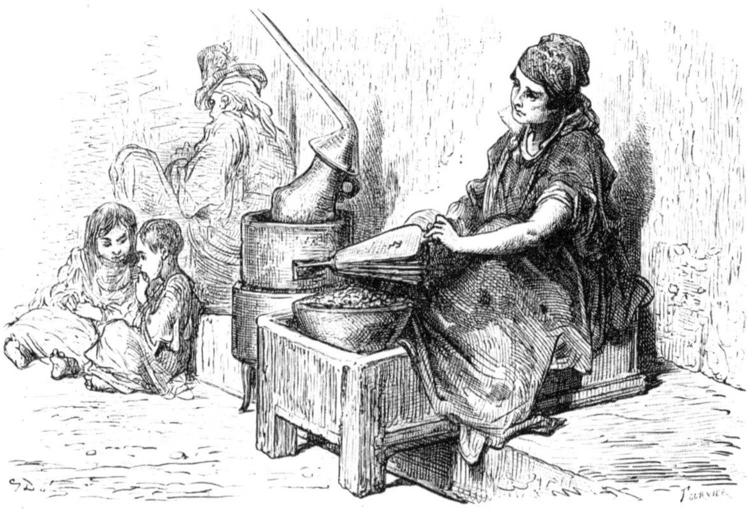

UNE CASTAÑERA (MARCHANDE DE CHATAIGNES), A MADRID.

GRANADA, DE MORA A RENACENTISTA

El mito de al-Ándalus ha devorado la historia de Granada sometiendo al olvido momentos muy valiosos de nuestro pasado.

El siglo XVI fue uno de los periodos más esplendorosos de Granada, su huella indeleble permanece en sus calles y edificios, y, a pesar de esto, el interés de estudiosos y novelistas sigue centrándose en nuestro pasado andalusí.

Granada da un giro radical con la llegada al trono de Carlos I (es decir, Carlos V), nieto de los Reyes Católicos. Su viaje de novios, que se desarrollará en parte por Andalucía, ofrece una nueva perspectiva para el sur de España. Granada, que en tiempos de sus abuelos fue símbolo de conquista y cristiandad, vivía ahora de los recuerdos atrapada en un pasado que no conseguía superar. La visita del rey ofrecía la posibilidad de salir de esa monotonía y abría perspectivas interesantes de futuro. Durante seis meses, con Carlos I viviendo en la Alhambra, la ciudad de Granada se volvió el centro del universo, y no es una manera de hablar, porque los territorios de la Corona hispana ocupaban varios continentes con posibilidad de verse ampliados gracias a la audacia del emperador.

Cuando Carlos e Isabel de Portugal llegaron a Granada se quedaron prendados de ella hasta el punto de que se habló de la posibilidad de convertirla en sede de su corte permanente.

«ME VOY A GRANADA A BUSCAR EL FRESCO»

Estas fueron las palabras de Carlos V, enviadas al duque de Borbón por carta, unos días antes de salir hacia la ciudad nazarí. Su idea era llegar, disfrutar del fresquito nocturno que proporcionaba la cercanía de Sierra Nevada y tras unos días continuar camino hacia Valencia para terminar en Barcelona.

Las visitas reales traían muchos quebraderos de cabeza a súbditos y cortesanos. Para comodidad del monarca era del todo necesario reformar las vías principales de comunicación, levantar arcos triunfales que a veces quedaban ya de forma permanente y, quizás lo más complicado, encontrar alojamiento adecuado para la corte y todas las personas a ella asociadas en casas o palacios, que casi nunca existían. El viaje movía mucho dinero que pasaba de unas manos a otras. Cuando los reyes salían de la ciudad que les había alojado, dejaban una estela de buenos propósitos, de proyectos, pero también de descompensación de riqueza, ya que muchos se endeudaban para ofrecer lo mejor a los reyes.

Con todo, una visita real era un evento que se deseaba y nunca se olvidaría, pues ofrecía anécdotas y cambios muy beneficiosos para la infraestructura ciudadana, además de una renovación arquitectónica.

En el caso de Granada, la ciudad se vio impelida hacia la modernidad, continuando un proceso iniciado ya con las controvertidas decisiones de los Reyes Católicos de ampliar plazas y embovedar el río Darro. La visita carolina obligó, según cuenta el historiador Juan Antonio Vilar Sánchez en su libro *1526. Boda y luna de miel del emperador Carlos V*, a que la ciudad mejorara su imagen «intentando causar la mejor impresión posible al rey. Se reparó por orden del cabildo local el camino desde Santa Fe a Granada, por donde haría su entrada la comitiva, al igual que los accesos a la Puerta de Elvira y su adarve, que amenazaba ruina. Se allanó la plaza de Bibarrambla, limpiando su fuente (que no era la que hoy vemos en el centro de la plaza) y construyendo un tablado cubierto de paños con un gran dosel; se alquilaron las ventanas y balcones de sus casas, por ser el lugar de celebración de las futuras fiestas. Se allanó el camino hasta el paseo de San Sebastián y la rambla del río Genil, donde se planeaba hacer escaramuzas. Se adecentó la plaza Nueva y se le hizo un pretil para evitar la caída al río; se rompió el cauce y la acequia del río Darro», además de empedrarse las calles por donde iba a pasar la comitiva.

Esto solo en la medina, porque en el entorno alhambreño hubo también modificaciones importantes, aunque las más destacadas tuvieron lugar tras la marcha de Carlos e Isabel, convencidos de que los monarcas optarían por considerar al monumento, denominado por entonces la Casa Real, como lugar de descanso veraniego.

EL AMOR DE CARLOS V E ISABEL DE PORTUGAL EN GRANADA TRAS UNA BODA GAFADA

Juan Antonio Vilar Sánchez, ya citado, ha investigado muy de cerca la relación de Carlos V con la ciudad de Granada. Tanto en su muy aprovechable libro, antes nombrado, como en diversos artículos, entresacó información suficiente para comprender qué sucedió antes, durante y después de la estancia del emperador en la ciudad granadina.

No hay ninguna duda de que Carlos V e Isabel de Portugal se enamoraron. El matrimonio, previamente concertado como todos los de los monarcas, fue a todas luces un acierto y, tras el primer flechazo, terminó por fructificar en Granada con el embarazo de la reina.

A principios de 1526, el emperador, decidido a contraer matrimonio, empieza a organizar los preparativos. La boda, que sería en Sevilla, imponía un viaje de novios por tierras andaluzas, así que, como en cualquier enlace, era el momento de organizar y preparar el protocolo.

La ceremonia, sin embargo, no llegaba con el mejor de los augurios. Los problemas se sucedían de forma alarmante y todo parecía corroborar que la boda estaba gafada.

El primer impedimento que había que salvar era la excomunión del rey. El Papa enfadado por la ejecución del obispo de Zamora en Villalar junto a los demás comuneros, manifestó su protesta expulsando a Carlos de la Iglesia. El rey sabía que el enviado papal le entregaría el documento de excomunión si se hacía pública la boda, por eso decidió celebrarla con total discreción, de noche y con rapidez.

A este inconveniente se unía otro más, debido a que los novios eran primos hermanos; era, pues, necesario recibir la dispensa para poder contraer nupcias. El permiso, que no pasaba de ser un mero trámite, se esperaba con verdadero interés.

Como no hay dos sin tres, Carlos se encontró con otro problema más complicado que los anteriores. Dos días antes de la boda llegó la noticia de la muerte de su hermana Isabel, reina de Dinamarca, lo que imponía luto oficial y, por lo tanto, la paralización de cualquier festejo. Carlos siempre demostró un gran respeto por su familia y no podía ignorar el protocolo que imponía recogerse y guardar luto, pero eso significaba paralizar la ceremonia, arriesgarse a ofender a la esposa que tan pacientemente había esperado y retrasar la alianza que también encerraba un acuerdo económico.

El emperador decidió dar una patada hacia delante, ocultó la noticia y se casó. La boda tuvo lugar el 11 de marzo y tras consumarse respetó el luto y aceptó humildemente la excomunión. Su conformidad ante la adversidad le fue recompensada, un mes después, el rey recibió la absolución papal y todo volvió a su cauce, así que solo quedaba disfrutar de un completo viaje de novios.

LOS REYES DISFRUTABAN MIENTRAS LA CIUDAD SE CONVERTÍA EN UN CAOS

Un viaje real era siempre una buena noticia, pero la alegría inicial duraba poco y se mutaba en desconcierto en cuanto se entendía la magnitud de lo que se avecinaba. Se debía dar la imagen de una ciudad limpia, sin espacio para los altercados y sobre todo con control institucional. Nada debía dejarse a la improvisación.

Si al cabildo de la ciudad le preocupaba la imagen de esta, a los monarcas les interesaba acomodar adecuadamente a sus cortesanos. Por eso, en abril, dos meses antes de llegar a Granada, la joven reina Isabel envió a la ciudad a un grupo de «aposentadores» para reservar alojamiento. Su labor era la de organizar los alquileres y buscar el mejor acomodo real entre los vecinos, cosa que no siempre conseguían, pues difícil era llegar a un acuerdo entre todas las partes. Con frecuencia, en el tira y afloja de los alquileres, salían perdiendo los que ofrecían el alojamiento, por muy honrados que se sintieran al acoger a una familia de alto rango o cercana al propio rey.

Lo que ocurrió es que hubo más personas de alto rango deseosas de ser alojadas que lugares en donde pernoctar y se alzaron quejas al cabildo. Hasta el propio rey se mostró molesto al conocer que sus allegados no encontraban alojamiento acorde a su rango.

Vilar Sánchez, en su libro, detalla casi a golpe de novela cómo llegó Carlos a Granada el día 4 de junio. Aunque animo a leer el libro, tan entretenido como documentado, no quiero dejar de resumir esa entrada triunfal, en la que se procuró facilitar el traslado del emperador. Se revisaron los caminos y limpiaron de tierra, además de regarlos para evitar que el polvo se esparciera. Vilar comenta que «... se intentó disimular el gran hoyo cercano a la puerta (de Elvira) que los habitantes de la ciudad usaban para arrojar sus inmundicias y cascajos...». Recordemos que hasta la llegada de Carlos III y sus ideas ilustradas, la costumbre era tirar los restos de comida a la vía pública, también vísceras o animales muertos, una perspectiva inaceptable para una visita real. Los organizadores se cuidaban muy mucho de aparentar limpieza y orden siempre que se pudiera, al menos mientras durara la estancia del monarca, que para volver al caos y a las calles mugrientas siempre había tiempo.

El estricto protocolo también causó enfrentamiento entre los órganos de poder granadino porque no se ponían de acuerdo en quien recibiría al rey, pero al final todo se compensó con la imaginación de los músicos, muchos de ellos moriscos, que «habían hecho sobre los árboles ocho naves de madera forradas de tela de vivos colores, que giraban y en cuyo interior había músicos tocando a su usanza». También les dedicaron *leilas,* bailes de gran belleza, que expresaban el contento de la comunidad morisca, ignorantes todos de lo que les llegarían en pocos años.

A las cinco de la tarde del día 4 de junio de 1526, cerca de la Puerta de Elvira, el emperador juró guardar y cumplir los privilegios, usos y costumbres de Granada, tal cual lo hicieran sus antepasados.

Los problemas derivados de la ceremonia se solventaron, así como los de alojamiento y recibimiento a los monarcas, mientras que otros quedarían para siempre en una ciudad en la que parece que nunca se acababa el desconcierto y el enfrentamiento entre sus gestores políticos.

FELIPE II FUE GESTADO EN LA ALHAMBRA

La admiración que sintieron casi de inmediato Carlos e Isabel por la ciudad compensó los problemas previos a la boda. La estancia granadina, que iba a ser de veinte días, se alargó a seis meses. En concreto desde el 4 de junio de 1526 al 10 de diciembre de aquel año. Afortunadamente, la

Alhambra ayudó con su magia, y cuando Isabel de Portugal salió de la ciudad llevaba en su vientre la semilla de lo que sería el próximo rey, Felipe II.

Un conocido cronista, Bermúdez de Pedraza, dedujo de sus observaciones cuándo se produjo la concepción, determinando que la fecha probable fue el día 21 de agosto. Por entonces ya habían disfrutado los monarcas de las fiestas religiosas (San Juan, Santiago y la Virgen de Agosto), que también tenían su paralelo en las fiestas paganas (fiestas cortesanas, romerías, juegos o banquetes), momentos sosegados y proclives al amor.

En ese ambiente cortés no faltaron los detalles románticos por parte de Carlos hacia Isabel. Las crónicas hacen mención a la galantería del rey, siempre dispuesto a agradar a su esposa. El gesto más célebre fue el ofrecimiento de una flor desconocida en la península cuya simiente fue plantada en los jardines de la Alhambra. Era el clavel, una flor persa, que siglos más tarde se convirtió en un símbolo de nuestra identidad. ¿Es una leyenda? Posiblemente, pero como toda leyenda tendrá algo de verdad.

ISABEL DE PORTUGAL, LA REINA GOBERNADORA QUE VIVIÓ EN LA ALHAMBRA

Un rey enamorado es poco convencional, así lo hemos comprobado en los libros de historia. Una red de intrigas políticas rodeaba los enlaces matrimoniales, siempre determinados por la ambición personal y familiar. Pocos reyes se conocen que hayan maridado por amor y muchos menos que tras el fallecimiento de su esposa le guardara recuerdo sin volver a casarse. El caso más conocido fue el de Carlos III que al enviudar de María Amalia de Sajonia decidió resistir a los deseos carnales ayudado por una férrea disciplina, él mismo contaba que, si era necesario, se descalzaba y andaba sobre el frío suelo para despejar sus ardores.

Carlos V no fue tan puritano como el rey ilustrado, tuvo sus amantes antes de desposarse con Isabel de Portugal, pero la sobrevivió cerca de diecinueve años sin volver a contraer matrimonio.

Isabel era un prodigio de belleza, castidad e inteligencia, así lo aseguraban los cronistas, describiéndola como la esposa perfecta. Argumentaba sus razonamientos con gran serenidad y mostraba elegantes modales. Su pelo trigueño y su tez pálida recordaban a su abuela, la reina Isabel la Católica, y con ella la comparaban alcanzando ambas la catalogación de mujeres empoderadas en un mundo reacio a considerarlas algo más que esposas.

Isabel nació el 24 de octubre de 1503 en el palacio real de Lisboa, siendo la segunda de ocho hermanos. Sus padres, el rey Manuel y la reina María de Aragón, le proporcionarían una educación exquisita. Sería discípula de Luis Vives y de Beatriz Galindo, conocida como *la Latina,* de los que aprendería a traducir latín y conocer varias lenguas. También se interesó por las artes y las ciencias y, como era de esperar, manejaba bien la aguja.

Se distinguió por ser una fervorosa cristiana, cualidad más que apreciada en la corte española, pero sin caer en la mojigatería, tomando las riendas en las decisiones reales siempre que fuera necesario. No era algo novedoso para ella, porque desde los catorce años se ocupó de la dirección de su casa portuguesa, tras el fallecimiento de su madre. De esta cualidad se aprovecharía Carlos que, ya al decidir contraer las nupcias, sospechaba que podría dejar en sus manos la gobernanza mientras él tuviera que ausentarse de los reinos hispánicos. No solo ponía en ella su confianza, sino la convicción de que su Gobierno evitaría nuevas revueltas comuneras.

Aquella extranjera que llegó a Sevilla, ciudad en donde debería casarse, vestida de raso blanco y oro, supo ganarse el corazón de los andaluces. Advertida de la belleza de las sevillanas solicitó que se quitaran el sombrero para poderlas ver mejor.

Sus costumbres portuguesas, muy alejadas de la sobriedad de la corte española, eran, a pesar de todo, menos extravagantes que las flamencas. A su favor tenía la nueva reina no solo sus decorosos modales, sino también el poder entender la lengua española que a Carlos le costaba pronunciar.

Su estancia en la Alhambra terminó al finalizar el año 1526, dirigiéndose después a Segovia, disfrutando ya de un avanzado embarazo. En febrero se trasladó hacia Valladolid, que en aquel momento era corte, para dar a luz a su primer hijo, el que sería su heredero. Entró en litera (o sea, llevada a hombros) en el Palacio de Pimentel, que guarda una larga historia de sucesos monárquicos.

Felipe fue alumbrado un 21 de mayo de 1527, a las cuatro de la tarde, sin un solo grito, eso, al menos, dicen las crónicas. «Se cumplieron en él las normas protocolarias y la emperatriz ordenó que se apagasen las luces innecesarias, quedando en penumbra», según cuenta la historiadora Marion Reder Gadow en su artículo *Isabel de Portugal. De sumisa esposa a reina gobernadora de los reinos de España.* La reina era tan pudorosa que ordenó a su dama de compañía, Leonor de Mascareñas, que le tapara la cara con un velo y dejara la estancia oscurecida para ocultar sus gestos de dolor. «El 5 de junio, el real infante fue llevado a la inmediata iglesia de san Pablo, aledaña al palacio de los Pimentel, en donde recibió las aguas bautismales del arzobispo de Toledo, Alonso de Fonseca, y se le impuso el nombre de Felipe, en recuerdo a su abuelo paterno».

El 19 de abril del año siguiente, en el Monasterio de San Jerónimo el Real de Madrid, el pequeño Felipe fue nombrado heredero. Poco después, desde Toledo, la reina asumiría los cargos de *regente del reino, lugarteniente general, gobernadora y administradora,* durante largos cuatro años.

Desde el nacimiento de Felipe, la reina había soportado otro penoso parto y contraído unas tercianas malignas que le llevaron al borde de la muerte. A la vuelta de su esposo, la emperatriz lo recibió con una salud ya mermada, pero volvió a quedarse embarazada y dio a luz a un nuevo hijo, Fernando, que murió a los pocos meses. Desde entonces, la férrea gobernadora dejó paso a la esposa desgastada por sus labores maternales y sus tareas de gobierno y recaudación de dinero para las campañas militares del rey dirigidas a combatir a los piratas, al turco y al francés. Habían pasado seis años y la joven portuguesa que llegó a España, acuciada por la mala salud, envejecía.

De no haber sido por su muerte, acaecida un 1 de mayo de 1539, Isabel hubiera continuado ejerciendo sus labores de gobernadora; eso, al menos, podemos deducir de su buena gestión, elogiada por el emperador en las cartas que le enviaba y de la que necesitaba para verse libre de responsabilidades mientras batallaba.

El traslado de Isabel de Portugal a Granada, tras su fallecimiento en Toledo, es una historia digna de contar en otra ocasión.

LA ALHAMBRA, RESIDENCIA CORTESANA

Desde que Boabdil cediera sus llaves, muchos han sido los ilustres inquilinos del monumento nazarí. Los primeros, como ya sabemos, los Reyes Católicos. Isabel de Castilla remodeló la zona del Mexuar en donde residió. En aquella fecha ya se emprendieron algunos cambios necesarios para habitar la Alhambra, que resultaba fría y desorganizada para la corte castellana.

Durante la visita del emperador Carlos V se distribuyeron los aposentos. La zona del Patio de Machuca fue para Germana de Foix, segunda esposa de Fernando el Católico y persona de confianza del emperador. Para acallar rumores de su relación con Germana, el emperador organizó su casamiento con Fernando de Aragón, duque de Calabria, y durante la luna de miel del monarca permaneció en la Alhambra, ofreciendo su consejo a los reyes.

Otros miembros de la corte se diseminaron por diferentes rincones del palacio, como Enrique de Nassau, marqués del Cenete y mano derecha del rey, que tuvo su lugar de reposo en la zona alta de la Sala de Abencerrajes.

LAS ESTANCIAS DE LA ALHAMBRA QUE CARLOS V E ISABEL HICIERON SUYAS

No se sabe a ciencia cierta dónde residieron como pareja Carlos e Isabel. Se intuye que ambos tenían sus espacios privados separados, pues diferentes eran sus labores como monarcas. El César tuvo sus dependencias oficiales alrededor del Patio de Lindaraja y de los Leones. Los aposentos de Isabel parecen coincidir con la parte superior del Cuarto Dorado. Allí debió disfrutar de forma continuada de la placidez del ambiente morisco, al que se aficionó con rapidez, aunque sí se sabe que durante un breve espacio de tiempo (seguramente un mes) se alojó en el Monasterio de San Jerónimo, tal vez buscando la paz espiritual y reposo más acorde con un probable embarazo. En el monasterio coincidió con María Manrique, viuda del Gran Capitán, que dirigía las obras del edificio dedicado a su esposo, de lo cual se puede intuir que ambas llegaron a conocerse bien, al menos, eso cabría pensar si se analizan sus trayectorias vitales, coincidentes en el ideal político y mecenazgo artístico.

El entorno de los patios de los Leones y de Comares fue de especial interés para el emperador y los usaría para sus tareas públicas. Las remodelaciones que sufrieron tras la visita corroboran el deseo de hacerlos suyos.

LA ALHAMBRA SE REPUEBLA

Todo el que pasó por la Alhambra a lo largo de los siglos quiso remodelarla a su placer. Desde los primeros sultanes hasta los reyes cristianos. No serían menos los gobernadores o arquitectos restauradores que se consideraban con el derecho de dejar su huella en el monumento hasta bien adentrado el s. XIX. Algunas de estas remodelaciones mejoraron su infraestructura, mientras que otras fueron un mero capricho que solo buscaba convertirla en un palacio oriental de acuerdo a la moda.

Una vez que los reyes cristianos controlan la ciudad se vislumbran cambios que no solo afectan al aspecto artístico; es necesario adecuar los entornos a la nueva situación política y social. Comienza el éxodo para algunos (los perdedores) y el recibiendo de otros (los nuevos conquistadores), una corriente humana que habla mucho de la nueva mentalidad que asoma.

El secretario de los Reyes Católicos, Hernando de Zafra, hizo construir en el entorno alhambreño más de ciento cincuenta casas destinadas a ser ocupadas por los nuevos repobladores cristianos. La etapa actual exigía poner más atención en la infraestructura y dotar a la ciudad de servicios elementales, como era el abastecimiento de agua.

Íñigo López de Mendoza, el primer marqués de Mondéjar, capitán general del reino y alcaide de la Alhambra, construyó el aljibe más grande de la ciudad en la plaza que lleva su nombre (Plaza de los Aljibes), además de levantar dos pisos más en el pabellón del Palacio del Generalife para disfrute del paisaje.

El conde de Tendilla manifestaba ya en 1513 la necesidad de restaurar los patios de Los Leones y del Partal, para lo cual calculaba solicitar un presupuesto de al menos 200 000 maravedíes.

Tras el fallecimiento de Isabel la Católica y su enterramiento en el Convento de San Francisco de la Alhambra, se reivindicó la urgencia de mantener en buen estado el monumento. A tal efecto, los reyes posteriores, Juana y Carlos (hija y nieto de Isabel) pusieron por escrito su beneplácito para que esto sucediera.

Tras la visita de Carlos V e Isabel de Portugal en 1526, la Alhambra sufrió cambios necesarios, y en muchos casos sirvieron para provecho del monumento. Antes de que los emperadores pisaran suelo granadino, ya se organizó un proyecto para arreglar el Generalife con resultado muy adverso. Las acequias, aljibes, muretes o tejados se encontraban en una situación tan deplorable que se necesitó todo un año para arreglarlos empleando en ellos una importante suma de dinero. El historiador Juan Antonio Vilar Sánchez señala la cantidad de 212 854 maravedíes, una suma importante que debía salir de unas arcas ya mermadas por las guerras que, una tras otra, acompañaban siempre a Carlos V.

LA ESTUFA DEL EMPERADOR

Los nuevos usos empleados en la Alhambra obligaron a la modificación de los espacios. Como ya se ha dicho, a Carlos V le gustó, especialmente el entorno del Patio de los Leones y del Patio de Comares, y procuró no alterar su estructura, con todo, aparecieron, necesariamente, los corredores o pasillos que conectaban unas estancias con otras. Los reyes eran muy cuidadosos con su intimidad y estos corredores les permitían ocultarse de las miradas curiosas y economizar tiempo en los traslados.

Los cambios más esenciales se dirigieron a combatir el frío alhambreño. Si los monarcas pretendían visitar la ciudad y pernoctar en la ciudad palaciega con frecuencia, era del todo necesario adecentarla y acomodarla a las necesidades más elementales. En el conocido como Despacho del Emperador se construyó con tal fin una chimenea en 1532.

El espacio, conectado con la Sala de las Frutas, fue decorado por Julio Aquiles y Alejandro Mayner entre 1535-1537, con preciosas pinturas que se han ido perdiendo con el pasar de los siglos debido a su mala conservación. Fueron tapadas con una capa de cal durante años, método entendido por entonces como higiénico, pero que las deterioró. Estas estancias reales son más conocidas en la actualidad como Habitaciones de Washington Irving.

K E *Y*, LAS DOS LETRAS QUE HAY QUE BUSCAR EN LA ALHAMBRA

En estas habitaciones abundan las referencias a Carlos (Karlos) e Isabel (Ysabel), al menos, es la opinión más compartida, pero existe otra hipótesis que apunta a que la K y la Y corresponderían a KAROLUS IMPERATOR. Como espectadores desearíamos apoyar la primera tesis, convertir a Carlos a Isabel en los nuevos Reyes Católicos, que tanto montaba uno como el otro. Sin embargo, la autoestima del emperador estaba muy por encima de la que tuvo Isabel la Católica. Las alusiones a las glorias del monarca son constantes en el entorno en donde nos encontramos, hecho que se puede constatar en la cercana Torre de Abu Hayyay, más conocida como Peinador de la Reina, un auténtico escenario propagandístico de sus victorias frente al islam. Un hombre que tanto presume de sus logros, ¿podría compartirlos con la mujer a la que ama? Quizás no, pero tampoco sería tan extraño. Una de las fachadas del Palacio de Carlos V está dedicada a Isabel de Portugal y la historia nos ha demostrado que confió en ella dejándola como gobernadora cuando tuvo que salir de Granada para ocuparse de asuntos de Estado. Las decisiones que tomó Isabel de Portugal, si bien estuvo rodeada de buenos consejeros, fueron de lo más acertadas y así lo atestiguan los cronistas de la época.

El Peinador de la Reina no solo se convirtió en «un gran documental» de las hazañas del emperador, también se decoró con detalles sensoriales añadiendo una estufa o esenciero, un suelo agujereado por el que se filtraban esencias desde el piso inferior.

El entorno de la Torre de Abu Hayyay o Peinador de la Reina recuperó la imagen panorámica de Granada vista desde la Alhambra. En el corredor cercano, sobre el Patio de la Reja, la visual del Albaicín y el Sacromonte deja mudos a cualquiera que tenga el privilegio de mirar. Todo este entorno se recuperó para un emperador que salió de la ciudad en diciembre de 1526 y que, por designios del destino, no pudo volver a Granada.

LA ALHAMBRA, EL CENTRO NEURÁLGICO DE LA CULTURA RENACENTISTA POR UNOS MESES

Mientras Carlos e Isabel de Portugal establecieron su corte en la Alhambra, la ciudad de Granada se volvió el centro del mundo. Como emperador del Sacro Imperio Romano Germánico ostentaba mayor poder que ninguna otra persona y lógico era pensar que allí donde iba llevara su prestigio. Por otro lado, sin ser un intelectual, comulgaba muy bien con los ideales renacentistas del hombre de espada y letras, pues a su alrededor pululaban intelectuales a los que escuchaba. A ello se añadía el carácter tranquilo y equilibrado de Isabel, educada en valores artísticos, que propició la congregación de un grupo de personas muy peculiar en la Granada de 1526.

Algunos son desconocidos por el gran público, a pesar de habernos dejado un legado pictórico o literario de indudable valor, pero los que se llevaron la fama fueron los poetas que asumieron el estilo italianizante, de moda en ese momento. Estos fueron Juan Boscán y Garcilaso de la Vega. Ambos coincidieron con el conde Baltasar de Castiglione, que escribió *El Cortesano* y que Boscán tradujo años más tarde, poniendo en valor al hombre renacentista.

El embajador Andrea Navagero nos dejó un libro imprescindible, *Viaje por España,* que ilumina momentos clave de la estancia carolina en Granada. Juan Boscán relataba uno de sus encuentros con Navagero diciendo que «tratando con él de cosas de ingenio y de letras me dijo por qué no probaba en lengua castellana sonetos y otras artes de trovas usadas por los buenos autores de Italia». El poeta le hizo caso y sus poemas introdujeron la nueva métrica en España, una expresión literaria tan rica en forma y contenido que abriría camino, con los años, al esplendoroso Siglo de Oro.

Otro seguidor de la nueva forma de hacer poesía fue Garcilaso de la Vega. En esos encuentros cortesanos se enamoró de doña Isabel Freire, la dama de compañía de Isabel de Portugal. Algunos creen que pudo ser la pastora Elisa que aparece en sus églogas. Lo que sí es seguro es que Garcilaso aprovechó muy bien el tiempo que estuvo en la Alhambra y sus nuevas experiencias propiciaron una renovación en su forma de entender la literatura.

En esa corte itinerante también se plantó la semilla de la arquitectura renacentista en España. El III conde de Tendilla y II marqués de Mondéjar, Luis Hurtado de Mendoza, además de alcaide de la Alhambra, era uno de los hombres de más prestigio del momento y, por lo tanto, ejerció gran influencia sobre el emperador. Su consejo era muy bien recibido por Carlos y en él confió para acometer algunas empresas que luego serían esenciales para la estabilidad del monarca.

Hurtado de Mendoza era un hombre de mente abierta, se rodeó de intelectuales y de ellos sacó lo mejor. Su escudero, sin ir más lejos, fue Pedro Machuca, un pintor que se había educado en la Italia de Miguel Ángel y que tenía experiencia como pintor y retablista. El marqués puso tanto interés en su formación que cuando Carlos dio el visto bueno a la construcción de un palacio nuevo en Granada donde poder residir durante los veranos, propuso a Machuca para que ofreciera un proyecto. La idea y ejecución de ese palacio, que luego sería el Palacio de Carlos V, da para otro capítulo.

Analizando lo que ocurrió durante la visita real, bien podemos decir que allí se concibió un nuevo futuro artístico para Granada, se innovó en la arquitectura con un original palacio circular y en la literatura favoreciendo el esplendor del Renacimiento en España.

Granada fue, durante unos meses, el centro neurálgico de la cultura.

LA ALHAMBRA ES UN PALIMPSESTO CON MÚLTIPLES ENIGMAS

Si acudimos a la RAE para que nos aclare qué es eso de palimpsesto, nos topamos con una explicación más que interesante: «Manuscrito antiguo que conserva huellas de una escritura anterior borrada artificialmente». La curiosidad es una consecuencia de la inteligencia, por eso a cualquiera de nosotros nos atrae descubrir misterios, mucho más cuando están delante de nosotros, pero no podemos verlos. La Alhambra es así, un gran misterio, un palimpsesto enorme, como el boceto que descubrimos tras un cuadro famoso a través de un escáner o la novela inacabada que ha quedado en el dorso de las páginas en un nuevo manuscrito.

Los conservadores de la Alhambra han ido desvelando parte de esos misterios y analizando otros, convirtiendo el monumento en un lugar vivo y sobre todo con virtudes humanas, porque la Alhambra nos lleva hablando desde su construcción.

Es sabido que los visires que en ella gobernaron imprimieron en sus paredes elogios a los sultanes. Algunos de esos poemas plantean diversas incógnitas, como el que rodea la Fuente de los Leones, que hoy sigue proporcionando opiniones encontradas.

Pero la Alhambra nazarí es vehículo de entendimiento, también los cristianos la consideraron así, aunque durante siglos se haya pensado lo contrario, las culturas que por ella pasaron mantuvieron un equilibrio entre el sentido y la forma. Prueba de ello es que no solo se respetaron los principales ambientes alhambreños (los patios de los Leones y de Comares), sino que se procedió a una restauración lo más cercana posible a su estructura original. Para ello se contó con la mano de obra mudéjar que acometió los cambios en los espacios del Mexuar, el Patio del Cuarto Dorado o entorno de Lindaraja.

Estos alarifes mudéjares procedieron de Sevilla, Córdoba y Zaragoza, y su trabajo fue objeto del interés del cronista Jerónimo Münzer, quien dijo que había visto «muchos operarios moros» restaurando a su estilo labores y pinturas. «Se registró así una "mudejarización" de la Alhambra, que intentaba alterar lo menos posible lo nazarí mediante el uso de materiales y técnicas similares», dice María José Redondo Cantera en su artículo *La Casa Real Vieja de la Alhambra como residencia de Carlos V*, perteneciente al libro *Carlos V y la Alhambra*. Ahora sabemos que durante todo el s. XVI estas intervenciones trataban de respetar el sentido original de su construcción y que los constructores, que todavía no conocían el término «restauración», tan polémico en el s. XIX, tenían una mente artística mucho más abierta que la de nuestros contemporáneos. Mucho se ha criticado a los primeros cristianos que conquistaron el último reducto nazarí tachándoles de intolerantes e irrespetuosos, pero es justo que retornemos echando la vista atrás para decir que las verdaderas injusticias que sufrió el monumento llegaron con la desidia de los siglos posteriores y la manipulación sinsentido de algunos restauradores del XIX, sin olvidarnos del expolio de la invasión francesa, algo que no se ha tratado todo lo profundamente que se debiera.

Si seguimos con lupa las paredes del monumento vemos yuxtapuestos el yugo y las flechas cristianas junto al escudo nazarí, también capillas donde antes, probablemente, solo se disfrutaba de una apacible vista del Albaicín. Las escaleras y corredores que se añaden nos hablan de los diferentes modos de vida que conoció el monumento, con servidumbre y cortesanos adaptándose a otras costumbres, posiblemente más públicas o de coparticipación, que exigían más movimiento y menos espacios con celosías. De la misma manera, el emperador, que sintió frío en su estancia en la Alhambra, ordenó construir varias chimeneas. ¿No sintieron frío los sultanes nazaríes? Seguramente, pero calentarían las estancias de manera muy diferente, no en la manera en que se hacía en Flandes, en donde se había criado el rey Carlos.

Si los nazaríes bendecían a Alá, los primeros cristianos preferían alabar las hazañas del rey emperador dejando referencias de sus victorias en sus futuras dependencias, pinceladas de la historia representadas a través de la arquitectura y que hoy entendemos como una «fusión entre lo cristiano y lo musulmán que convirtió a la Alhambra en un palimpsesto con múltiples enigmas aún por desvelar. Como organismo "vivo" sus formas y su mantenimiento han estado determinados por las funciones que se le adjudicaron en las distintas épocas y por el criterio de los que decidieron sobre su configuración», en palabras de la catedrática Redondo Cantera.

LA CASA REAL VIEJA Y LA CASA REAL NUEVA

Cuando los reyes cristianos conquistaron Granada consideraron el mejor lugar donde alojarse el imponente palacio de la Alhambra. Ya hemos reflexionado sobre el sentido del monumento y la importancia que tenía para sus regios moradores. En aquel momento la Alhambra era la *Casa Real*, pues otra no había, pero con la decisión de realizar un nuevo palacio para el emperador Carlos, que había manifestado su deseo de volver por Granada, la nueva construcción pasó a denominarse Casa Real Nueva. La Alhambra, desde entonces, aparece en los documentos como Casa Real Vieja.

OTRO ENIGMA MÁS: EL PALACIO DE CARLOS V

Tras la marcha del emperador en 1526, quedó abierta una nueva perspectiva para Granada. En seis meses la ciudad se había transformado, convirtiéndose en el símbolo de la cristiandad. Carlos e Isabel manifestaban abiertamente su admiración por las bellezas naturales de su tierra. La Alhambra y el Generalife contaban con todo lo necesario para que los jóvenes reyes pudieran refugiarse allí, buscando sosiego tras los periodos de entreguerras. No solo era el entorno orientalizante lo que les atraía, también Carlos disfrutaba de la caza en los bosques granadinos.

La idea de que la Alhambra fuera la residencia de verano de los monarcas tomaba peso y no se desechaba la idea de que Granada se convirtiera, incluso, en sede cortesana definitiva, arrebatándole el privilegio a Toledo.

Con todas estas expectativas, Luis Hurtado de Mendoza, en su calidad de alcaide de la Alhambra, escribió a Carlos V en 1531 aconsejándole sobre la necesidad de acondicionar la ciudad palatina y levantar una nueva Casa Real. «En la obra *desta* casa yo tengo fin a *ques* la primera cosa que vuestra *magestad* manda edificar en España», le dijo.

Desde ese momento la Alhambra pasó a denominarse la Casa Real Vieja y el Palacio de Carlos V, la Casa Real Nueva. El objetivo era levantar un edificio que representara la magnificencia carolina y le proporcionara espacio donde ejercer sus labores como monarca.

Lo primero se consiguió, pero lo segundo no. Desde el principio, el proyecto de ejecución del palacio planteó diversos problemas. Parecía que todo lo que rodeaba a Carlos V, desde su gafada boda, se le mostraba adverso. El infortunio acompañó al Palacio de Carlos V desde sus inicios; lo demuestra que desde el año 1533 que comienzan las obras hasta 1958, en que se termina definitivamente, pasó por todo tipo de circunstancias de estancamiento y abandono.

¿DESTRUYÓ CARLOS V PARTE DE LA ALHAMBRA PARA LEVANTAR LA CASA REAL NUEVA?

Cronistas, viajeros y turistas están de acuerdo en una cosa desde el s. XVI: el Palacio de Carlos V es un gran «pegote» en medio de los suntuosos palacios nazaríes. Los comentarios que han dejado en sus crónicas y libros de viajes reiteran el rechazo visual que produce. Pero es hora de reivindicar al Palacio de Carlos V porque una vez que conoces su historia, terminas, no solo por aceptarlo y admirarlo, sino por adorarlo completamente.

Tras la carta de Hurtado de Mendoza animando al rey a construir el edificio, Carlos deja bien claras sus condiciones: «... mirad que en ninguna manera se hagan (las dependencias nuevas) de modo que el uno venga en par del *quarto* de los Leones y el otro del de Comares, porque no siendo así sería contrario de lo que yo querría». Con estas palabras deja por escrito su deseo de que el nuevo palacio sea continuación de la Casa Real Vieja y que esté cercano a los patios de los Leones y de Comares, que eran sus predilectos.

Pedro Galera Andreu, historiador que bien conoce este periodo, asegura en su artículo *Carlos V y la Alhambra* que «no estaba en el ánimo del César el derribar nada de los predecesores, sino por el contrario prolongar o continuar la Casa Real con la nueva construcción», y dice más: «Queda claro que desde su inicio el palacio estaba proyectado en íntima relación con la vieja residencia, en cumplido homenaje de admiración y respeto no sin por ello renunciar, muy al contrario, a una autoafirmación propia de la categoría de un Emperador y de las mismas circunstancias históricas y geográficas en que tenía lugar».

Se confirma que el deseo del César fue dañar lo menos posible la Alhambra, lugar que admiraba, y su decisión de construir su nuevo palacio lo reivindicaba como símbolo necesario en un momento de reafirmación religiosa y política. Que el palacio nuevo tuviera una estética cristiana pero que pudiera integrarse en un entorno nazarí reforzaba aún más la idea de convivencia entre dos mundos que, aunque enfrentados, deberían entenderse por necesidad.

Dicho esto, sí, Carlos V no solo respetó la Alhambra, sino que dio los pasos necesarios para que el recinto palaciego se respetara por los sucesivos reyes españoles.

EL PALACIO DE CARLOS V, CON LA IGLESIA HEMOS TOPADO

Hurtado de Mendoza propone a una persona de confianza y muy cercana a él para diseñar el nuevo palacio. Se trata de Pedro Machuca, que era su escudero o secretario, pero a la vez artista formado en Italia.

Se ha citado una carta de 1531 en la que Hurtado de Mendoza aconsejaba al rey la construcción de un lugar nuevo de residencia y, por lo tanto, muchos han tomado esa fecha como referencia de inicio de las obras, sin embargo, la idea fraguó mucho antes, seguramente durante la estancia granadina del monarca.

Una vez decidida la estructura y tamaño del palacio, hubo que encontrarle ubicación siempre bajo las directrices del emperador, que quería que estuviera cerca de los patios de los Leones y de Comares. En los primeros planos del palacio, aquel tremendo cuadrado invadía terreno de la primitiva mezquita, convertida ya en Parroquia de Santa María. Cuando la Iglesia (representada en Granada por el arzobispo Gaspar de Ávalos) se enteró, dejó muy clara su postura. Salvo por orden papal, los terrenos de la Iglesia no podían tocarse. Empecinados en construir el palacio en su primigenio emplazamiento, solicitaron la intercesión de la emperatriz, considerada una mujer devota. Pero Isabel de Portugal tampoco consiguió convencer al arzobispado y el César perdió la batalla.

Se resolvió la disputa girando la planta del palacio para que no tocara suelo religioso. Esa es la razón de que el monumento no esté construido en paralelo con arreglo a los patios de la Alhambra. Las fotografías aéreas del conjunto monumental lo dejan muy claro: el cuadrado está torcido.

MACHUCA: ¿OPORTUNISTA O CREADOR DE UN GRAN PALACIO?

Machuca ofreció un boceto en madera en 1532 que se ha perdido. No se sabe cómo fue exactamente el primer palacio, pero la idea ya estaba ahí: arriesgada y rompedora. Un edificio al estilo romano, muy acercado a la idea carolina de poder. Un palacio para un nuevo césar, en medio de una ciudad árabe.

Todo lo que vemos en el conjunto palaciego hoy presenta un alto contenido dual. Lo cristiano, de geometría ordenada y simbolizado en el estilo romanizante, se enfrenta a la estructura nazarí, sinuosa y caótica. «El pegote» que repugnaba a los viajeros románticos no se había puesto ahí por casualidad, se había elegido a conciencia, así como el deseo de destacar sobre el conjunto del entorno alhambreño.

Ahora bien, ¿cómo surgió esta idea? ¿Fue iniciativa del propio Machuca, su reconocido constructor? Sin documentos que aclaren este punto, cabría pensar que en el proyecto participó un número indeterminado de personas, aportando o corrigiendo. Que Machuca fuera un protegido del marqués de Mondéjar y que, además, no contara con formación como arquitecto escoció a los artistas del momento, lo que justifica que durante siglos recibiera indiscriminadamente la ira de los críticos de arte. Por otro lado, habría que reivindicar el papel de Luis Hurtado de Mendoza en todo el proceso, no solo como ideólogo, sino como el brazo ejecutor, aconsejando sobre la iconografía del monumento para acercarla más al ideal del emperador y consiguiendo el dinero para financiar la obra. Este particular es esencial. Consiguió que los moriscos convertidos de las clases altas, la oligarquía conversa, pagaran un alto impuesto que se destinaría a las obras.

A pesar de las variaciones que sufrió la idea inicial, según apoya Galera Andreu: «La crítica española ha defendido con mayor o menos entusiasmo, pero con práctica unanimidad, la plena responsabilidad de Machuca en esta empresa».

Pasado el tiempo, el pintor toledano ha sido aclamado; ayudó a ello que el eminente e indiscutido historiador del arte Manuel Gómez-Moreno Martínez lo incluyera entre los «cuatro águilas del Renacimiento» junto a Ordoñez, Siloé y Berruguete.

Pedro de Machuca ha sido considerado el introductor de lo «romano» en el Palacio Real de la Alhambra, que es casi como decir lo *italianizante* o lo *renacentista*. Ha pasado a la historia del Arte como arquitecto del Palacio de Carlos V y a él se le atribuye la Puerta de las Granadas y el Pilar dedicado al emperador del recinto alhambreño.

Sin embargo, no sería justo obviar su trabajo como pintor y retablista, ya que en Jaén y en Granada dejó una curiosa colección de vírgenes con ángeles y unos niñojesuses muy especiales, un poco «cabezones», detalle que, según algunos críticos, lo caracteriza.

Los profesores Rafael López-Guzmán y Gloria Espinosa Espínola en su biografía sobre Pedro Machuca, se reafirman en la idea de que «interviene y es autor de las plantas conservadas en el Palacio Real, las cuales significan una evolución sobre un mismo concepto creativo: círculo comprendido en cuadrado y capilla angular octogonal».

UN CÍRCULO, UN CUADRADO Y UN OCTÓGONO

Decía en unas líneas previas que una vez que conoces la historia del Palacio de Carlos V terminas no solo por aceptarlo y admirarlo, sino por adorarlo por completo. Su vida fue un devenir de crecimiento y pausas, de estancamiento casi total y, finalmente, de revalorización de toda su potencialidad y belleza en pleno siglo XX.

Los historiadores del arte dicen que la Alhambra habla debido a que ofrece en sus muros y techos una gran simbología. El Palacio de Carlos V no es la excepción dentro del conjunto monumental. Cada espacio habla a su manera, nos transmite conceptos distintos, pero con fines similares. Los palacios nazaríes y el palacio del César orientan su simbología a la religiosidad y la adulación al rey (o reyes) que ordenaron edificarlos, lo que es habitual en la relación poder y arquitectura.

En la parte nazarí hay continuas referencias al Corán, a Alá o a sus sultanes; fácil es comprobarlo en aquellas inscripciones de las paredes o en el borde de la Fuente de los Leones. En el palacio cristiano todo se proyecta hacia la imagen de Carlos, el Emperador, para quien el edificio se construye expresamente.

El proyecto incorpora una idea novedosa, la de introducir un elemento opuesto en la Alhambra: un gran cuadrado que desde el exterior se va a identificar inmediatamente con el nuevo rey. Pero estamos en el Renacimiento, nada es lo que parece a primera vista. Como figura geométrica que es, ofrece un segundo detalle: un círculo interior. Todo esto recuerda a los edificios de la antigua Roma, cuya civilización se venera en ese momento.

Carlos V era además un ejemplo de cristiandad, por lo que insistió en tener una capilla, que se hace octogonal. Los arquitectos la incorporaron en una de las esquinas del cuadrado, de manera que el edificio es una suerte de tres figuras geométricas: un cuadrado, un círculo y un octógono.

«Ya Biget, Hervé y Thébert llamaron la atención en su día sobre la presencia de tres figuras geométricas diferentes, cuadrado, círculo y octógono, en la planta del palacio, sometiéndolas a interpretación simbólica: la vida terrena, la eternidad y la vida celestial —han manifestado Álvaro Martínez-Sevilla y José P. Cruz-Cabrera en su artículo *El módulo constructivo y la orientación del Palacio de Carlos V de Granada: arte, geometría y símbolo*— (…) de forma que el octógono, síntesis imperfecta entre las otras dos figuras, sería una vía de purificación entre el primero y el segundo, al igual que el espíritu sirve de unión entre cuerpo y alma».

«Las dos figuras geométricas que conforman la planta, el círculo y el cuadrado, tienen una probada y dilatada utilización simbólica, que hunde sus raíces en tradiciones religiosas hindúes, recoge luego la Cábala y finalmente hace suya el mundo clásico. El círculo, como figura perfecta, estuvo siempre asociado a lo eterno y absoluto, en cuanto a representación misma de la Bóveda Celeste», dice por su parte Galera Andreu.

Imaginemos al hombre de Leonardo DaVinci, metido dentro de un cuadrado en el que encuentra su unión perfecta con el Universo, así parece que el Palacio de Carlos V encaja en el mundo o universo de la Alhambra.

El impacto visual es tan grande que la primera impresión es siempre de rechazo; si muchos historiadores han insistido en que tenemos que entender la Alhambra, más todavía deberíamos entender el palacio renacentista que depende de ella.

Dejando atrás el mensaje geométrico, deberíamos observar el artístico. Otro lenguaje más que insiste en describirnos a Carlos V y su mundo. El arte quedó en manos de los poderosos usándolo como propaganda. Si recorremos las fachadas del edificio podemos percibir *las redes sociales del s. XVI,* nos cuentan todo lo que hizo el emperador y aquello que deseaba conseguir, incluso sus anhelos imposibles. La piedra nos desvela que fue un exitoso batallador y un cristiano convencido, sin olvidar que se postuló como un esposo enamorado permitiendo que Isabel de Portugal le quitara protagonismo en una de las fachadas.

«(La fachada) meridional y la occidental concentran los temas mitológicos, históricos y arquitectónicos connotativos de la presencia del emperador y de la emperatriz en contraste con la pobreza e incluso la no terminación de las otras dos (fachadas). A su vez las dos primeras se distinguen entre sí en importancia, número y tipo de vanos en las portadas, como en asuntos iconográficos y empleo de los órdenes, en razón de la diferenciación de sexos, de forma que una y otra encarna el ala femenina y el ala masculina» apunta Galera Andreu en *El Palacio de Carlos V. La idea arquitectónica,* incluido en *El Palacio de Carlos V. Un siglo para la recuperación de un monumento.*

Como ya se ha dicho, el palacio expresa un inacabable lenguaje dual: lo árabe frente a lo cristiano, el cuadrado frente al círculo, lo masculino ante lo femenino.

Seguro que en el transcurso de un breve paseo podemos relajarnos buscándole otros significados hasta ahora no encontrados por los historiadores del arte.

Para finalizar este viaje constructivo, intenso y complicado, añadiré una curiosidad más en relación al entorno del edificio. Las explanadas que frente a él aparecen hoy son de origen muy reciente. Hasta adentrado el s. XX, el palacio se encontraba muy por encima de la altura del resto de los palacios nazaríes, razón por la cual, incluso ahora, tenemos que descender unos escalones para entrar a visitar las estancias alhambreñas. Los pintores que retrataron el gran cuadrado palaciego describen un gran foso en la fachada principal. Es un ejemplo más de cómo se adapta la antigua arquitectura a las necesidades actuales.

RECORRIDO RÁPIDO DE LA CONSTRUCCIÓN DEL PALACIO DE CARLOS V

Según cuentan Rafael López Guzmán y Gloria Espinosa Espínola en la biografía de Pedro Machuca, una vez que se recaudó el dinero suficiente, comenzaron las obras del Palacio de Carlos V bajo la supervisión del arquitecto toledano, que las dirigió hasta su muerte en 1550. En este periodo de tiempo se realiza la fábrica, es decir, las cuatro fachadas, aunque la norte llegó solo hasta el nivel del sótano y la este y oeste hasta el primer piso. También se levantaron los muros paralelos que conformaban las crujías oeste, sur y parte de la este. Se cimentó el círculo del patio y se comenzó la capilla. Esta sí llevó buen ritmo de ejecución, construyéndose la cripta en 1542. El gran inconveniente que presentó esta zona fueron las escaleras de caracol que la unían al piso superior, pues resultaron excesivamente estrechas. Hasta que llegara Leopoldo Torres Balbás al monumento en el s. XX no se realizarían las que hoy conocemos.

Poco más se hizo durante el periodo de Pedro Machuca, que dejó en herencia a su hijo Luis la dirección del palacio. La bóveda anular se encontró ya terminada en 1569, un año después del levantamiento morisco, que abre un periodo de dificultades para conseguir financiación para continuar la obra.

Luis Machuca moriría en 1572 (o 1573, no se sabe con seguridad) y la dirección del proyecto queda en manos de Juan de Orea, que continúa el legado de los Machuca.

Felipe II, hastiado de tanta lentitud, mandó llamar a Orea en 1580 y parece que Juan de Herrera, arquitecto experimentado, dio su opinión sobre los planos del palacio variando algún detalle.

Estaba claro que el problema principal no era solo el dinero, sino la dificultad que entrañaba tan complicado edificio, con círculos y bóvedas poco usuales. Tras la muerte de Juan de Orea se queda con el proyecto Juan de Minjares, con buena formación pero con una visión diferente a los Machuca, que aceleró los trabajos, y rozando ya el final del siglo se intervino en la cornisa del palacio. López Guzmán y Espinosa Espínola, autores de la biografía de Machuca, comentan que la aceleración de las obras «no hay que achacarlas a la dirección de Minjares sino a su aparejador, Juan de la Vega».

Es importante comprender las dificultades que presentaba la construcción de un edificio de tal envergadura. A las complicaciones normales de diseño y ejecución se unían los impedimentos que año tras año aparecían relacionados con la falta de adquisición de mano de obra cualificada o de materiales. El trato que tenían los artistas, fueran arquitectos, aparejadores o canteros, tampoco era el más justo, muchos morían en la indigencia después de haberle dedicado su vida a un proyecto tan ambicioso.

La construcción de un palacio era un trabajo vitalicio para muchos de ellos, de ahí la importancia de llegar a conseguirlo. Se aseguraban, en la mayoría de los casos, un sueldo de por vida para mantener a su familia.

Con todo, este en particular se estaba demorando demasiado. El interés por un palacio dedicado a un césar que ya no vivía quedaba relegado poco a poco. Felipe III, acuciado por la falta de ingresos, reservó poco presupuesto para continuar la construcción del edificio.

Se fueron sucediendo los encargados de las obras y también sus fallecimientos; a Juan de Vega le sustituyó Pedro Velasco y, tras la muerte de este, se abrió un nuevo criterio otorgándole la plaza a personal externo, no procedente de Granada. El palacio olvidaba su objetivo inspirador para hacerse más al gusto de los nuevos reyes. Es el momento de Francisco de Potes que no da la talla para los arquitectos de Madrid.

En 1634 se decide hacer la escalera interior. Tres años después, en 1637, muere Francisco de Potes y es sustituido por Bartolomé Fernández Lechuga hasta su muerte en 1644.

A partir de ese momento el palacio cae en desgracia debido a la falta de recursos económicos, hasta que en el s. XVIII la Orden de Carlos III de realizar un catálogo sobre los monumentos españoles bajo la supervisión de Diego Sánchez Saravia puso atención en toda la Alhambra. No fue tanta como se quisiera, porque hasta que Leopoldo Torres Balbás no llegó a la ciudad como arquitecto restaurador, no se comenzó a techar el palacio, lo que ocurriría a partir de 1929.

Francisco Prieto Moreno conseguiría cubrirlo finalmente. Era 1958, cuatrocientos años después.

De la idea original como palacio (con su lenguaje iconográfico propagandístico) hasta hoy (como museo y sala de exposiciones), el edificio ha pasado por situaciones muy adversas que no han desmerecido la imagen que presenta en la actualidad. Como señala Galera Andreu, el Palacio de Carlos V ha terminado siendo «un sueño petrificado».

LOS PROYECTOS QUE NO SE REALIZARON

Cuatro siglos dan para mucho, para crear y para imaginar cosas que nunca llegarían a realizarse. Un palacio tan singular no podía salir de la nada y ponerse en cualquier lugar sin que este se acondicionara acorde a su simbolismo. Ya hemos visto, con cierta rapidez, cómo fue construido este gran cuadrado bajo las órdenes de diferentes arquitectos que ofrecieron criterios artísticos muy diversos. Las modas cambiaban según pasaban los siglos y se perdía el interés por mantener su objetivo primitivo. Algunas de las ideas que se pusieron sobre el papel nunca llegarían a término, serían proyectos fallidos o comenzados pero inacabados, la mayoría de las veces relegados al olvido por desinterés o falta de recursos económicos.

En 1625 se descartó una propuesta de añadir un cuarto piso al palacio y alzar dos torres en los extremos de la fachada principal, quedando algo así como la Torre de Londres.

En fecha indeterminada se proyectaron dos plazas porticadas frente a las fachadas principales a las que irían a enlazarse con un arco. Hoy solo se puede ver el arranque de uno de estos arcos en la esquina de la fachada sur, es decir, la esquina próxima a la Puerta del Vino.

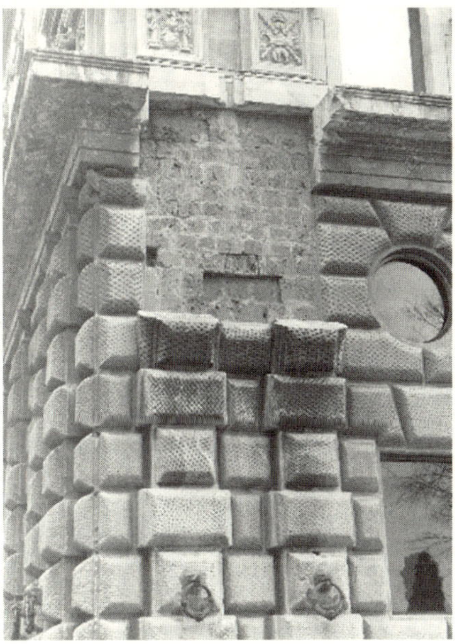

Foto de la autora.

En estas plazas se habrían ubicado las caballerizas reales, un «cuarto para fiestas» cercano a lo que hoy es el Patio de Machuca y unas cocinas (detrás del Patio de los Leones).

En 1792 se pide presupuesto para establecer en las dependencias del palacio un colegio para doscientos nobles americanos.

En pleno s. XIX las mentes preclaras de Manuel Gómez-Moreno González y la familia Contreras (primero Rafael y luego su hijo Mariano) se dedicaron a poner en valor el destartalado e inacabado palacio. A Gómez-Moreno le preocupaba la corrosión que afectaba a la piedra. «Tres años hace que se pensó en terminar una parte con destino a museos, mas esta es la hora en que ni aún el proyecto ha sido hecho y es de esperar, por desgracia, que nada se adelante», se lamentaba. Dedicar el amplio espacio palaciego a un museo fue una propuesta muy debatida, pero de interés entre la comunidad artística. Parecía que se había encontrado ocupación para el mítico palacio, pero, con todo, el matiz era importante: ¿sería sede de un museo oriental, del arqueológico, del de bellas artes o de uno de artes arábigas?

«Después de tanto proyecto irrealizado y en medio de una vacilante política de conservación de la Alhambra a través de la Comisión de Monumentos, por fin en 1917 el monumento tendría un instrumento efectivo en el Plan General de Conservación redactado por el arquitecto y entonces inspector de monumentos de la zona sur, Ricardo Velázquez Bosco, completado con otro, tres años más tarde, dedicado específicamente al Palacio de Carlos V. Ambos convertidos pronto en verdaderas guías de actuación para las intervenciones posteriores, especialmente las emprendidas por Leopoldo Torres Balbás», explica Galera Andreu en *La idea arquitectónica. El Palacio de Carlos V.*

Algunas propuestas e ideas de Torres Balbás quedaron también en el tintero, pero este hombre hizo más en sus trece años de conservador de la Alhambra que durante cuatro siglos los que le precedieron.

EL PALACIO DE CARLOS V VISTO POR LOS VIAJEROS

Con todo lo que ya sabemos del Palacio de Carlos V nos resultará más fácil detectar los errores en los que incurrían los viajeros que visitaban la Alhambra. Todos ellos se decepcionaban al encontrar una construcción nueva y en total oposición a la esencia del lugar. Los visitantes buscaban lo exótico, lo oriental, la huella de al-Ándalus, y trasladaban sus prejuicios a sus crónicas.

«Hay que atravesar los restos de siete puertas antes de llegar a los patios interiores, donde Carlos V tuvo el mal gusto de proyectar la erección de un palacio, que aún permanece inacabado», decía Henry David Inglis en 1830. El escritor escocés encontró mucho malo y anecdótico entre el pueblo español, para no ser menos en la Alhambra. Por hallar, encontró hasta una fuente de trece leones, cuando todos sabemos que solo tiene doce.

Theophile Gautier, algo más observador, seguiría condenando el monumento diez años después, en 1840. «El otro (espacio) lo ocupa el Palacio de Carlos V, gran monumento del Renacimiento, que sería muy admirado en cualquier otra parte, pero que aquí se ha de maldecir, si se piensa que cubre igual extensión de la Alhambra derribada expresamente para encajar su pesada masa(…). El patio circular de columnas de mármol, donde debían celebrarse las corridas de toro, es seguramente un magnífico trozo de arquitectura, pero "*non erat hic locus*", es decir, no era este el lugar».

Hoy sabemos que no se destruyó una parte importante de la Alhambra para construir el palacio y que las corridas de toros nunca se proyectaron como actividad dentro de su círculo. Serían los viajeros románticos los que crearan el mito de un palacio dedicado a las corridas al ver que su interior era redondo, como una gran plaza. Hasta el siglo XX los guías turísticos han seguido divulgando este chisme sin base documental.

A este respecto, el comentario de Charles Davillier en 1862, cuando llegó a España acompañado por el pintor Gustave Doré, es ilustrativo:

«... si el palacio de Carlos V no se levantara aislado en el mismísimo centro de la misma Alhambra, se le podría admirar seguramente con placer (...). Lo que hay de curioso es que no se ha podido llegar a un acuerdo sobre el destino del Palacio de Carlos V. Según unos, se instalarían allí las caballerizas, es decir, los caballos y carrozas del emperador. Otros pretenden que serviría de redondel para los combates de toros, pues el César era un aficionado que se dignó más de una vez bajar al ruedo. Esta última opinión nos parece la más verdadera pues no comprendemos qué otro pudiera haber tenido el patio circular colocado en el centro del monumento».

Cierto es que el edificio se proyectó como la Casa Real Nueva en la que el emperador pasara sus meses de verano, incluso estancias más largas si sus tareas políticas se lo exigían, pero el diseño, por original, no fue todo lo práctico que se esperaba. Como Carlos no llegó a habitarlo, nunca sabremos para qué se le hubiera dado uso.

No es de extrañar que Hans Christian Andersen, que llegó a Granada en 1862, lo llamara «coloso sin cabeza», aunque su acertada observación pierda peso cuando lo denomina «castillo» en vez de «palacio». Es más que probable que para un danés su formato geométrico diera más la talla de fortaleza defensiva que como vivienda palaciega.

El más irónico resultó ser el italiano Edmundo de Amicis, que en 1872 dialoga con el guía que le enseña la Alhambra:

«—¿Qué juego es este? Me trae aquí para enseñarme una mansión árabe, y me encuentro cerrado el camino por un palacio moderno. ¿Quién ha tenido la maldita idea de *levar* ese edificio en medio del jardín de los Califas?

—Carlos V.

—Era un vándalo. No le he perdonado aún la iglesia gótica que plantó en la mezquita de Córdoba, y ahora esta barraca acaba de hacérmelo antipático con toda su corona y toda su gloria».

La pasión que demuestra Amicis es perfectamente comprensible desde su propia actualidad y poco más puedo decir al respecto, sin embargo, las acciones pasadas deberían juzgarse con arreglo a las opiniones de sus contemporáneos.

Sabiendo todo lo que ahora sabemos ¿seremos capaces de indultar a Carlos V por haber destruido parte de los bellos palacios de la Alhambra para construir un palacio renacentista? Que cada uno opine.

LA ALHAMBRA SE PONE DE MODA

El romanticismo, esa corriente cultural que priorizaba los sentidos, buscaba, en el pasado y consecuentemente en el arte, un ideal. Intelectuales de todo tipo recorrieron sus continentes a la caza de experiencias, sobre todo exóticas, intentando comprender su pasado para aceptar el presente. Admiraron lo antiguo, las ruinas, lo diferente, para lo cual era imprescindible leer los libros de viajes que otros, antes que ellos, escribieron plasmando sus impresiones.

Los *Cuentos de la Alhambra* de Washington Irving, un verdadero *best seller* del momento, ejerció una importante influencia en los viajeros que decidieron tomar a España y más concretamente Andalucía, como destino.

Esta costumbre asentada de viajar para ampliar cultura se denominó el *grand tour,* el gran viaje, algo así como «el viaje de sus vidas», en el que ponían todas sus expectativas y deseaban recrear mundos pasados. Los escenarios exóticos eran los más reclamados, así que muy pronto cayeron en la cuenta de que España, siendo prácticamente árabe en su paisaje, era un destino más amable y seguro que cualquier país islámico.

España, y consecuentemente Granada, se puso de moda. Es el inicio del turismo tal y como hoy lo conocemos, se globaliza la imagen artística de España, se pone el foco de interés en los monumentos y comienzan a autorizarse las primeras restauraciones. Pero además de proporcionarnos una vía de ingresos y reactivar la economía, el *gran tour* incentivó una nueva imagen de España. Se popularizan los tópicos del carácter español, se enfatizan los trajes y costumbres regionales; es lo que se dio en llamar «los tipos españoles», que con su pintoresquismo tanto llaman la atención a los viajeros.

España es desde entonces «diferente», se acuña la frase «África empieza en los Pirineos», atribuida a Alejandro Dumas tras su viaje español, que ha tenido diversas interpretaciones. Considerada una forma despectiva de entender a los españoles en un principio, no ha dejado de reinterpretarse a lo largo de estos siglos, muchas veces obviando lo evidente: que España tuvo y sigue teniendo un pasado árabe incuestionable cuyo legado está presente en nuestro arte y en nuestro paisaje. Si fue Dumas quien lo dijo, no estaba desencaminado.

LOS GRAFITIS Y EL LIBRO DE PASTAS VERDES

Sería Washington Irving y su amigo el príncipe ruso Dolgoruki o Dolgoroukov, según lo queramos interpretar, quienes descubrieron las primeras señales de vandalismo intelectual en la Alhambra. Antes que ellos la habían visitado Chateaubriand o Lord Byron, que no fueron tan respetuosos con el monumento. No tuvieron ningún reparo en dejar su firma en sus paredes; el primero, concretamente en uno de los laterales que da al Patio de Lindaraja, y el segundo, en el Mirador de la Reina.

Edmundo de Amicis, que llegó en 1872, relata en su libro *España, viaje durante el reinado de don Amadeo I de Saboya* cómo descubre dentro del bellísimo Mirador del Peinador de la Reina las firmas de estos admirados escritores. «¡Chateaubriand, Byron, Víctor Hugo!» Sin duda le debió parecer a Amicis que aquello reforzaba el valor del recinto, sin buscarle más explicaciones que la que había: vandalismo. Este clásico proceder de todo viajero irritó sobremanera a Washington Irving y al príncipe Dolgoruki, quien al abandonar la Alhambra, entregó a Irving un libro de pastas verdes para que los visitantes que llegaran al recinto pudieran dejar su firma en él sin dañar sus paredes centenarias.

El libro, de 351 páginas, fue inaugurado un 9 de mayo de 1829 y tardó más de 40 años en completarse con la firma de multitud de visitantes. Después llegaron unos cuantos libros más.

Lejos de ser solo un revulsivo en contra de los instintos vandálicos, se le considera un documento de importante valor debido a su propio contenido, ya que los que en él firmaban tenían que poner la fecha, su nombre, procedencia y profesión.

El baron Charles Davillier se hacía eco en su *Viaje por España* de este volumen: «Un libro abierto sobre una mesa está destinado a recibir los nombres y los pensamientos de los visitantes. Esta colección políglota, llena de impertinencias, ha sido colocado allí sin duda como derivativo, a fin de impedir a los forasteros ensuciar los muros con toda clase de tonterías».

Desgraciadamente, desde 1862, que fue cuando lo dijo, alguna impertinencia más sí que tuvo que soportar la Alhambra.

LAS OTRAS ALHAMBRAS FUERA DE GRANADA

La pasión que despertó el arte nazarí no fue solo cosa de pintores y escritores, tampoco de los fotógrafos que posteriormente captaron las bellas imágenes de la ciudad alhambreña. Los que podían permitírselo, una vez que se iban de Granada, querían para sí su pequeña Alhambra. A veces solo se la llevaban en el bolsillo, con las maquetas que pudieran adquirir imitando a la realeza, otras veces encargaban a arquitectos una reproducción lo más semejante posible para vivir en ella.

Según nos cuenta Juan Manuel Barrios Rozúa, un imprescindible de la investigación de la Granada desaparecida, en su artículo *José Contreras, un pionero de la arquitectura neoárabe: sus trabajos en la Alhambra y en la Alcaicería*, el escritor Richard Ford, que estuvo alojado en la Alhambra tras la llegada de Washington Irving, compró en 1835 una casa isabelina llamada Heavitree cerca de Exeter que decoró con cipreses del Genil y en donde edificó una Torre del Vino, además de colocar en su cuarto de baño una placa original que se llevó de la Casa de Sánchez, que era como se llamaba antes a la Torre de Damas.

El arquitecto británico Owen Jones, obsesionado por comprender el misterio cromático de la disposición de los azulejos nazaríes, que pasó por Granada con la mala suerte de contagiarse del cólera y morir, también se dejó tentar por la moda del alhambrismo. Realizó varios diseños nazaríes para viviendas privadas, como las famosas casas de Kensington Palace Gardens, la del coleccionista Alfred Morrison o la escritora George Elliot.

Dentro de España, uno de los palacios más famosos que imitaron el estilo alhambreño fue el Palacio de Xifré, ubicado en el mismo paseo del Prado de Madrid. Una pequeña Alhambra que encargó construir el millonario José Xifré Downing entre 1862-1865 y en el que estuvo involucrado José Contreras aplicando la experiencia adquirida en Granada. Aunque su exterior era más sobrio, como puede apreciarse en las siguientes imágenes obtenidas de la Biblioteca Virtual de la Comunidad de Madrid, el interior nada tenía que envidiar, en cuanto a suntuosidad, a los palacios originales nazaríes. Una pequeña joya de la imitación constructora neoárabe que tuvo una vida limitada. Una vez que fue vendida por la familia Xifré pasó a ocuparse por varias instituciones públicas hasta que finalmente, en 1949, fue adquirida por una inmobiliaria y la desmanteló. La fachada fue comprada para usar en un hotel de un pueblo de Segovia, la maravillosa escalera central acabó en un pueblo de Guadalajara, las columnas a imitación del Patio de los Leones terminaron en Barajas (Madrid) y lo demás fue objeto de expoliación, tan habitual entre nuestro patrimonio. En la actualidad el terreno donde se levantaba el suntuoso Palacio de Xifré alberga el Ministerio de Sanidad, una horrenda mole de ladrillo que no se merece un paseo tan disfrutado por los madrileños.

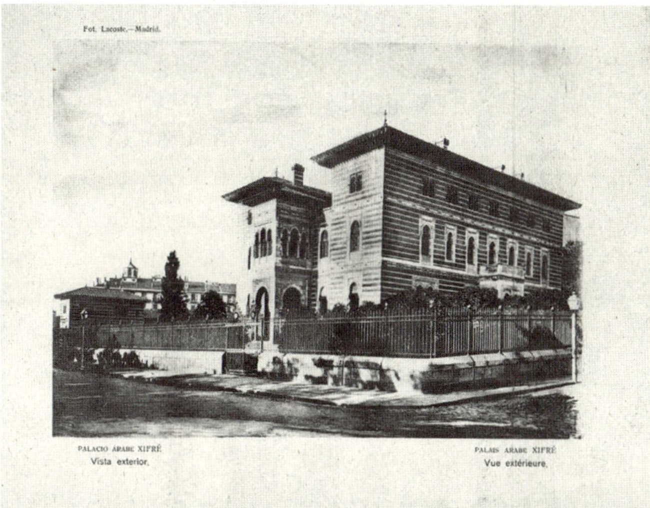

Palacio de Xifré. Biblioteca Virtual de la Comunidad de Madrid.

La pequeña Alhambra fue desmembrada cruelmente, aunque, por fortuna, la gran Alhambra consiguió salvarse de las zarpas demoledoras, del vandalismo, de las catástrofes naturales y de las ansias personalistas de alguno de sus conservadores.

LOS HIJOS DE LA ALHAMBRA

Hoy vemos a la Alhambra como un recinto monumental integrante de la ciudad de Granada. Sin embargo, la Alhambra fue una ciudad *casi* independiente, con su propio gobernador y sus «reglas» particulares, ajustadas a una realidad que nada tenía que ver con una medina (así se le ha llamado al entorno urbano de Granada), más acorde a la modernidad de su tiempo.

Esto provocó que los habitantes del recinto alhambreño se consideraran ciudadanos con identidad propia y se llamaran a sí mismos «hijos de la Alhambra» con gran orgullo. Alguno de ellos, solo bajó a la ciudad, a lo largo de su vida, en contadas ocasiones, como quien va al extranjero.

El estudio que hace Juan Manuel Barrios Rozúa en *La Alhambra que conoció Washington Irving a la luz de las fuentes documentales*, nos traslada a un entorno que solo podíamos imaginar leyendo los *Cuentos de la Alhambra* de Washington Irving. Para comprender el proceso que sufrió la ciudadela a lo largo del s. XIX es conveniente comprender cómo eran sus calles, sus casas, sus ruinas, y quiénes vivieron en ellas.

Ya relataba Irving que a la llegada a la fortaleza, bajo la imponente Puerta de la Justicia, se encontraban unos cuantos mendigos pidiendo limosna. La pobreza alcanzó a toda la población granadina y en especial a estos hijos de la Alhambra, muchos de ellos antiguos excombatientes de la guerra contra el francés, que les había dejado mutilados y sin posibilidad de ganarse la vida. Otros excombatientes, más afortunados, pertenecían a la compañía de Inválidos Hábiles cuya misión era la de vigilar a los presos que se custodiaban en la alcazaba de la Alhambra, convertida en prisión. En 1829, la compañía de inválidos fue sustituida por militares veteranos que cobraban un sueldo mísero y se veían obligados a compensar sus necesidades mendigando o trapicheando por el entorno de la ciudadela. En cualquier caso, la mendicidad fue la práctica común a la entrada al recinto.

Los verdaderos hijos de la Alhambra también tuvieron que convivir con los presos y los militares de la guarnición. Ambos eran de diferentes categorías, había presos militares, oficiales o soldados rasos, que vivían de acuerdo a su nivel social. Lo mismo ocurría con los militares que ocupaban cargos de responsabilidad en la prisión, cuyo cuartel terminó siendo un conjunto de casas ruinosas en lo que hoy se conoce como *caballerizas.*

Dentro del recinto cohabitarían los hijos de la Alhambra con el resto de ciudadanos, manteniendo sus roces normales de convivencia, vecinos al fin y con los que terminarían por relacionarse lo mejor posible.

Según Barrios Rozúa, que ha consultado el padrón de habitantes de la ciudadela, en 1819 «(la) Alhambra tenía 290 habitantes comprendidos los 55 militares, las mujeres y los niños, a los que había que sumar los 25 frailes», que fueron descendiendo progresivamente con el paso del tiempo, sobre todo cuando la prisión de la alcazaba se desmantela en 1877 y pasara a las cercanas Torres Bermejas.

El cercano bosque de la Alhambra propició la llegada de negocios turbios, contrabando o prostitución, un lugar que podemos suponer poco transitado debido a su espesor de árboles y aislado de la ciudad.

El recinto de la Alhambra estaba cuidado por algunas personas, guardeses que en un primer momento no debieron cobrar ningún sueldo, solo tenían el privilegio de vivir entre sus ruinas. Irving habló de la tía Antonia y de su sobrina Dolores, que pudieron ser reales o muy parecidas a las que ocuparon las salas de los palacios. Con el tiempo, se propuso que sus guardeses cobraran un sueldo, propuesta que no parece que prosperó hasta entrado el s. XX. Dentro de los palacios continuó viviendo gente, así se puede deducir analizando las fotos realizadas a finales del s. XIX en donde se observa ropa tendida y enseres de uso doméstico.

Fuera del recinto palaciego también se acomodaron personas de diferente condición, de hecho, muchas de las propiedades alhambreñas eran de propiedad particular. Casos destacados son los de la Torre de la Cautiva o la Torre de las Damas que, con el tiempo, el Patronato de la Alhambra y el Generalife tuvo que ir expropiando para conseguir unificar todo el territorio bajo su propiedad, un largo y lento camino que hacía imposible restaurar o conservar debidamente el recinto alhambreño. En otros casos era el propio patronato el que proporcionaba una vivienda con uso en el propio entorno, como fue el caso de la vivienda del restaurador que ocupó la parte alta de la Puerta del Vino.

Los viajeros que por el recinto pasaron dieron voz a otros hijos de la Alhambra. La más popular fue la tía Antonia, nombre que recibió por parte de Washington Irving pero que realmente se llamaba Francisca Molina. Tenía por entonces cincuenta y siete años y estaba soltera. Su carácter era bien conocido y gracias a él la organización de la Alhambra funcionaba. David Inglis hacía mención a su escoba, siempre activa, señal de que cumplía con su labor de cuidado e higiene; Richard Ford dijo de su carácter que era rabioso y avinagrado.

Francisca Molina tenía una sobrina que vivía con ella, Dolores Sánchez, que no era tan joven como cabría suponer leyendo los cuentos de Irving, cumplía los veintiséis, lo que para la época era entrar ya en edad cuestionada en una mujer soltera. En los *Cuentos de la Alhambra* aparece otro sobrino de la tía Antonia, Manuel Molina, que estudiaba para médico y que, según Irving, pudo casar con la tal Dolores.

La documentación que de ellos se tiene no es muy extensa, la gente humilde no suele quedar retratada en los legajos y si lo hace, con frecuencia, terminan estos por desaparecer. Con todo, sabemos que existieron, y si no lo hicieron, los personajes de Irving fueron muy parecidos a otros que sí vivieron en el recinto alhambreño.

WASHINGTON IRVING, EL PRIMER *INFLUENCER*

El periodista y diplomático Washington Irving nació un 3 de abril de 1783 en Nueva York. Quién le iba a decir a él que años después llegaría a Granada y se enamoraría de ella hasta el punto de escribir uno de los libros más famosos de su tiempo: *Cuentos de la Alhambra.* Este *best seller*, leído por los burgueses de Europa y América, fue una verdadera guía para los viajeros que llegaron a España. Puede considerarse uno de los primeros *influencer* de la literatura de su tiempo y el causante de que se comenzara a tomar a la Alhambra en serio. Irving es el primero en muchas cosas, y puede considerarse el primer hispanista en llegar a España. Cuando esto hizo, sabía hablar español medianamente bien y tenía grandes intereses por nuestra cultura. El motivo de desplazarse a la península era el de escribir una biografía sobre Cristóbal Colón, pero se alojó en el palacio alhambreño y quedó hechizado. Allí conoció a los *hijos de la Alhambra*, que le contaron las leyendas populares que recopiló en su libro.

CUENTOS DE LA ALHAMBRA, TODO UN *BEST SELLER*

Rara vez un libro escrito por un extranjero pudo anidar con tanta facilidad en el pueblo llano, incluso sin que este lo supiera leer. *Cuentos de la Alhambra* fue un talismán para la ciudad de Granada. Su mezcla de libro de viajes y leyendas moriscas contribuyó a llegar, en un primer momento, a los extranjeros que vieron en él una guía para desenvolverse a su llegada a España, y después sirvió como expresión romántica de las costumbres populares.

Nada tenía que ver con el resto de libros de viaje que escribieron los demás extranjeros. Los demás criticaban, reflexionaban y parecían no comprender el alma española. Irving se mantuvo en un latente equilibrio, su admiración por Granada y la Alhambra hizo que se le recordara pasados los años, incluso sin que muchos de aquí supieran pronunciar su nombre.

Rara es la librería que en Granada no tiene un ejemplar de *Cuentos de la Alhambra*. En la ciudad se le recuerda con una romántica escultura de Julio López Hernández que inauguraron en el bosque alhambreño con motivo del centenario de su fallecimiento en 2009, al cumplirse 150 años. Cerca de la Puerta de la Justicia también se le recuerda en una placa sobre una fuente a modo de pilar y, por supuesto, dentro del palacio de la Alhambra, donde hoy se sitúan las habitaciones en las que se alojó.

LOS PRIMEROS GUÍAS DE LA ALHAMBRA

Las leyendas que recopiló Washington Irving en sus famosos cuentos popularizaron a unos cuantos hijos de la Alhambra, la mayoría de los cuales tuvieron una base real, existieron, sin que se haya investigado mucho sobre su verdadera personalidad. José Manuel Barrios Rozúa indagó en la vida del más célebre de todos, Mateo Jiménez, que sirvió de guía a Irving, según dijo él en dos ocasiones.

Su nombre real era Matías y descendía de una humilde estirpe de comerciantes de telas. Su padre, Nicolás, era tejedor, y formó una amplísima familia. Acuciados por el hambre y la necesidad, la familia Jiménez intentará salir de la pobreza de muy diversas maneras y se involucró en algún que otro chanchullo que no debía ser ajeno al resto de ciudadanos granadinos, dado que a toda la sociedad alcanzaba la miseria.

Lo que se sabe de Matías (Mateo Jiménez) es que se casó con María de Frías y tuvieron cinco hijos. Posiblemente tenía conocimientos básicos de escribir y leer, lo que era todo un logro para su época. Indicaba este hecho que era talentoso y poseía habilidades para desenvolverse. Cuando lo conoció Washington Irving, su familia pudo haberse ampliado, aunque poco después quedó viudo. Su oficio de guía de la Alhambra le debió proporcionar ingresos suficientes como para poder vivir en una casa de la calle Real tras la partida de Irving. Los cuentos del americano le dieron una inesperada notoriedad como guía, los viajeros que tras Irving llegaron a Granada reclamaron su destreza como cicerone, un trabajo novedoso, que proporcionó a toda la familia Jiménez un buen sustento.

En una exposición realizada en la Alhambra en 2009 se expuso una imagen de Mateo Jiménez, posiblemente la única que se conserva. Pudimos reconocer por primera vez la cara del famoso personaje de Irving, un hombre enjuto y de rostro atezado.

Su empleo como guía «oficial» de la Alhambra fue heredado por, al menos, uno de sus hijos, José. Sabemos de él por las tarjetas de visita que dejaba en los hoteles cercanos con el propósito de hacerse conocer por los viajeros que llegaban a la ciudad. En ellas se podía leer:

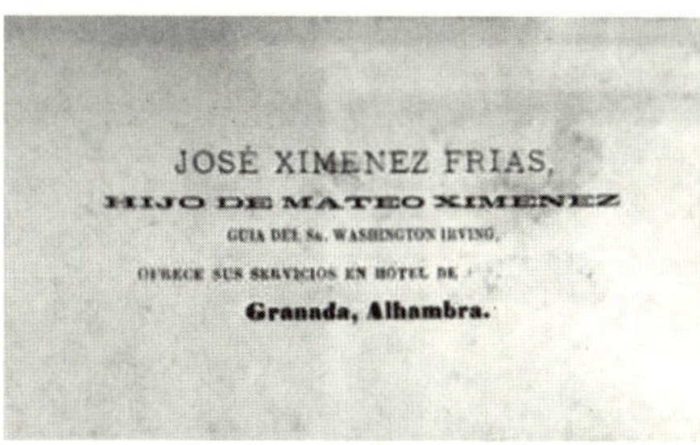
JOSÉ XIMENEZ FRIAS,
HIJO DE MATEO XIMENEZ
GUIA DEL Sr. WASHINGTON IRVING,
OFRECE SUS SERVICIOS EN HOTEL DE
Granada, Alhambra.

Imagen cedida por Javier Villoria Prieto.

Como vemos, fueron los primeros en aprovechar el tirón mediático del turismo para crear su propio negocio de guías, bien podríamos denominar a Mateo (Matías) Jiménez, el primer cicerone granadino.

En una versión digitalizada de *Cuentos de La Alhambra* de 1888 (versión directa del inglés por José Ventura Traveset), encontramos una fotografía de Mateo (Matías) Jiménez

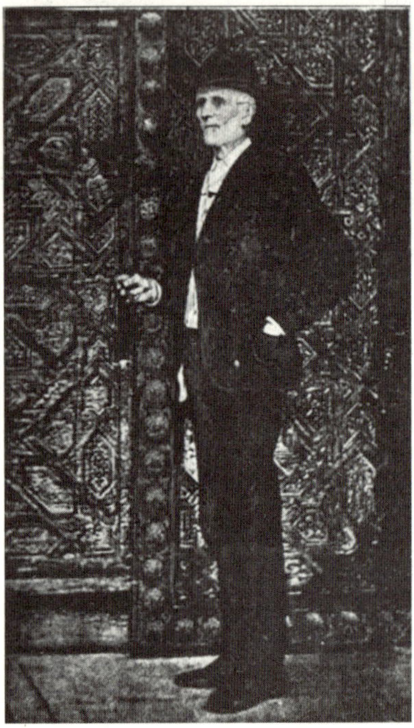

OTROS GUÍAS CONOCIDOS

Si bien Mateo Jiménez contaba con una ventaja, que era la de ser hijo de la Alhambra y conocer, por tanto, los entresijos y misterios del monumento, debía, en cambio, superar un inconveniente: el del idioma.

Los viajeros a los que atendía, en gran medida, eran extranjeros y muchos de ellos no conocían nuestro idioma. Era, pues, imprescindible que el sector incipiente de guías turísticos se ampliara a personal con conocimiento de otras lenguas.

Los que más proliferaron fueron los de origen francés, como el señor Louis, al que cita Richard Ford en su guía, que según decían era un desertor del ejército francés de los que ocuparon Granada, donde se casó y rehízo su vida, aunque sin conseguir adaptarse del todo. Imitaba a los lugareños vistiendo como ellos, aunque era evidente que su porte era más francés que español. Quizás por eso usaba el método del acoso a los visitantes y, en cuanto estos bajaban de la diligencia, les perseguía hasta conseguir ser contratado.

Juan Antonio Villar Sánchez en su artículo *Granada y la Alhambra en el siglo de Washington Irving. Los inicios de la actividad turística* cita a uno de los guías más conocidos, Enmanuel Bensakén: «Su padre era árabe, su madre inglesa y él nació en Gibraltar y se le solía conocer entre los granadinos como el moro». Un auténtico políglota que debió robar muchos clientes a los guías autóctonos, bastante menos preparados para las relaciones sociales, si bien con conocimientos más amplios del territorio.

En octubre de 1846, con la llegada del séquito de Alejandro Dumas, se hizo famoso el señor Couturier, que además de ser otro de los franceses desertores del ejército, tenía dotes especiales para organizar fiestas, cualidad que gustó mucho al gran Dumas si no hubiera sido porque en una de ellas recibió su hijo Alejandro una pedrada en un ojo, tras una trifulca con un grupo de gitanos que se sintieron ofendidos por ver a sus «hermanas» acosadas por los franceses.

LA CORONACIÓN DE UN REY… PERO LITERARIO, EN EL PALACIO DE CARLOS V

La ciudad de Granada rara vez consigue ponerse de acuerdo en algo, sin embargo, un ejemplo lo tenemos en la coronación de José de Zorrilla como poeta nacional en 1889. En un tiempo en que no existían premios nacionales del calado actual, los poetas representaban el sentimiento nacional, lo ensalzaban con sus versos y hasta pasaban por ser sus cronistas. Ahí estaban los poetas laureados, que el Gobierno usaba como «poetas oficiales», símbolo de todos los valores que la nación necesitaba transmitir.

En 1855 Manuel José Quintana tuvo su reconocimiento, pero hoy pocos recuerdan su nombre. Sería el de José Zorrilla el que pasaría a la historia, no solo de la literatura, también del imaginario español; fue el autor nada menos que de don Juan Tenorio, aunque, en la realidad que nos ocupa, nada tuvo que ver la fama que obtuvo con este personaje.

Años antes de su coronación, en 1889, Granada había pasado por una de sus peores épocas. En 1884 sufrió el terrible terremoto al que se hace referencia en este libro, y en 1885 la naturaleza hizo lo suyo enviando una gran nevada que impidió reconstruir sus desperfectos. Por estas fechas llegó una epidemia de cólera y en 1887, el río Darro, para no ser menos, se desbordó llevándose por delante parte del embovedado de la ciudad produciendo muchos daños materiales. Todas estas desgracias, concentradas en tan poco espacio de tiempo, impulsó la necesidad de dar una nueva oportunidad a Granada. El que así lo creyó fue Luis Seco de Lucena, director del periódico *El Defensor de Granada*, también nombrado en este libro a razón de la recaudación gestionada por él para los damnificados en el incendio de 1884. Ahora se le presentaba una afrenta aún mayor, porque su idea, que se materializaría en una coronación literaria, involucraba a ayuntamientos, gobiernos, intelectuales e incluso a la propia Corona.

Granada necesitaba un acto simbólico y unas celebraciones que le levantaran el ánimo perdido, también ingresar dinero, claro está, pues muchas desgracias se habían sucedido que consumieron los escasos recursos de la ciudad. Luis Seco de Lucena era el vicepresidente del Liceo Artístico y junto a Fernando Pérez del Pulgar Blake (conde de las Infantas) y Antonio López Muñoz, presidente del Liceo, consiguieron darle forma a la propuesta de coronar poeta nacional a José de Zorrilla.

La idea debería haber salido del propio ayuntamiento vallisoletano, siendo cuna del poeta Valladolid, pero existía una rencilla que lo impedía, y ahí entró Granada, adelantándose a todas las demás ciudades para ofrecer los fastos. Largo sería contar los muchos trámites que siguieron a la primera idea de coronar a Zorrilla, porque hubo conversaciones con los altos cargos de Madrid y hasta con la reina regente. El dinero comenzó a llegar con rapidez y fue preciso abrir una oficina que gestionara todas las donaciones.

José Zorrilla, conocido principalmente en toda España por el éxito que obtuvo su obra *Don Juan Tenorio* en 1844, tenía una especial querencia por Granada, la ciudad a la que más había nombrado en toda su larga obra. Era el momento del romanticismo orientalista y la Alhambra llamaba a adorarla, a admirarla y a convertirla en personaje. *Granada, poema oriental*; *Leyendas de la Alhambra*; *Al-Hamar; Gnomos de la Alhambra, y Gnomos de Granada* son algunas de sus obras. No era para menos que la ciudad de la Alhambra se sintiera en deuda con el poeta.

Sin embargo, Zorrilla estaba ya viejo y en un principio declinó el ofrecimiento de ir a la ciudad. Le suponía un coste económico que no podía asumir, si bien la presión de la ciudad y de las instituciones externas participantes en el evento consiguieron convencerlo y se presentó en Granada por la noche, con un tren que tuvo paradas para que el público lo vitoreara convenientemente, agitando los abanicos que realizaron como *merchandising* para la ocasión, que Zorrilla tuvo que firmar, en decenas, como recuerdo.

La coronación coincidió con las fiestas del Corpus de aquel año y, en general, además de cenas y *leilas* (saraos moriscos) dedicados al poeta, se centraron en dos actos principales: la propia coronación y el homenaje en el paseo del Salón, que congregó a más de dieciséis mil personas, algo inaudito en aquella época. En este acto le entregaron a Zorrilla un total de 923 coronas, unas de laurel, otras de oro y otras de metales preciosos.

Lo que aquí nos interesa es la propia coronación que tuvo lugar en el Palacio de Carlos V, que según descripción de *La ilustración Artística* decía con su lenguaje ampuloso: «Inmensos tapices rojos caían como relampagueantes trozos de incendio desde las altas columnas hasta las que soportan la extensa galería. El edificio, con tanto cilindro como cuerda de piedra, parecía un instrumento colosal dispuesto a lanzar un acorde gigante, un himno de grandeza y de gloria. Sobre el rico sillón del trono que enroscaba sus elegantes brazos dorados sobre la seda rosa del asiento; en los paños abiertos a los lados donde la aguja dejó delicadas labores y figuras; entre la lujosa sillería que en prolongadas hileras coronaba la escalinata, una lluvia dorada, un montón de riqueza, un chaparrón de oro se derramaba en flecos, en encajes, en labores que hervían con el centelleo del sol e imitaban vivas reverberaciones de incendio. Bajo el techo en forma de círculo del patio, una colección de escudos hechos con siemprevivas de colores, mostraban nombres de héroes moriscos, de reyes que habitaron la Alhambra, de caudillos y guerreros cuyo espíritu parecía asistir a la fiesta flotando en los dorados átomos del sol».

Por lo dicho aquí la ceremonia fue todo un acontecimiento y la ciudad de Granada se tomó muchas molestias en sobrepasar su generosidad con el fin de ser el centro de atención.

Cierto es que hubo surtidas críticas a la iniciativa de la coronación por parte de otras provincias que, tal vez por verse relegadas de la fama que obtuvo Granada, emprendieron el clásico acoso y derribo a través de la prensa. Con todo, la coronación fue un éxito y el Palacio de Carlos V (recordemos que a medio construir, pues le faltaba el techo) respondió perfectamente a lo que se le demandaba.

Las coronas de oro y brillantes que recibió Zorrilla terminaron, en su mayoría, en el prestamista, porque el poeta, como tantos otros escritores, no podía comer de sus laureles. Con el tiempo, la reina regente María Cristina se enteró del hecho y las rescató para sí, aunque finalmente las donó en 1920 a la Real Academia Española.

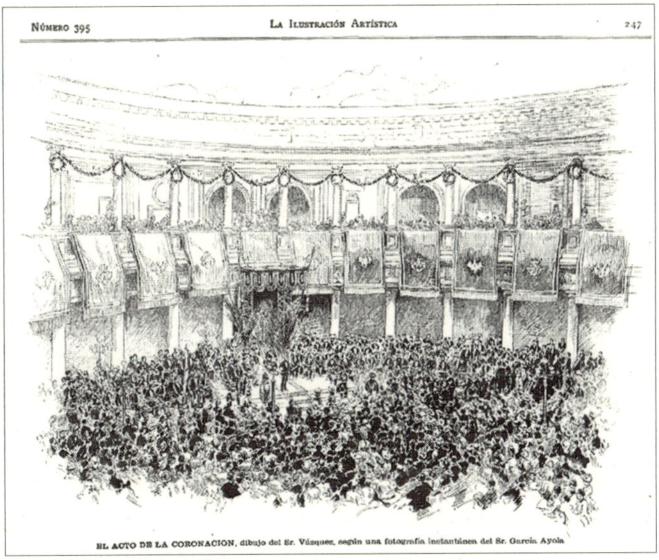
NÚMERO 395 LA ILUSTRACIÓN ARTÍSTICA 247

EL ACTO DE LA CORONACION, dibujo del Sr. Vázquez, según una fotografía instantánea del Sr. García Ayola

Imagen de La ilustración Artística, del 22 de julio de 1889. BNE. Hemeroteca.

¿POR QUÉ NO LE AFECTAN LOS TERREMOTOS A LA ALHAMBRA?

Es sabido que la provincia de Granada es muy propensa a los movimientos sísmicos. Tenemos noticias de terremotos intensos a través de crónicas de viajeros. Sabemos que, tras la batalla de la Higueruela en 1431, un palacio almunia situado más arriba de la Alhambra, el Palacio de los Alijares, sucumbió a un terremoto quedando prácticamente destruido. En la visita de Carlos V e Isabel de Portugal en 1526, hubo un movimiento de tierras el 7 de julio. Alrededor de este hecho se construyó una leyenda que ha trascendido hasta nuestros días. Se trata de la estancia de la emperatriz Isabel en el Monasterio de San Jerónimo, que se ha relacionado con el terremoto, el miedo que le produjo el movimiento de tierras y que, finalmente, el rey la reclamó, cansado de ir y venir del monasterio a la Alhambra para visitarla. El terremoto, que tuvo dos réplicas, debió ser fuerte porque la Torre Turpiana, que era la torre de la mezquita mayor convertida al cristianismo en esos momentos, se movió tanto que una de sus campanas cayó.

Nuevas investigaciones proponen otra cosa bien distinta. El catedrático de Historia Moderna y de América de la UGR, Francisco Sánchez-Montes en su artículo *La Emperatriz duerme cada noche con su marido en brazos, y están muy enamorados y contentos... Sobre el viaje de novios de Carlos e Isabel*, considera que es parte de lo que ha llamado «leyenda isabelina», pues según tradición «la decisión fue adoptada por Isabel a causa del terremoto que no afectó al ánimo de Carlos V y que sucedió, según se cuenta "... a 4 de julio, a las once de la noche y a las cuatro de la mañana tembló en Granada la tierra, mas el emperador, que estaba en el Alhambra, ni se alborotó ni se levantó, si bien los de su casa se espantaron". Hay quienes le dan crédito, pero otros autores en estudios recientes descartan su supuesta importancia. Sin duda pudo existir un leve temblor, pues se sabe de la tradición sísmica de Granada y su territorio, pero aquella ocasión no debió tener parangón con otras, como fue el sucedido en el año 1522, del cual poseemos abundante información y que incluso afectó a localidades del vecino reino de Jaén». Analizando las circunstancias, es más probable que la emperatriz marchara al monasterio buscando un lugar más tranquilo y seguro para su reciente embarazo, decisión que pudo coincidir fortuitamente con el terremoto.

La gente de ciencia se devanaba los sesos intentando averiguar las causas que producían los seísmos, pero ante los infructuosos resultados, la Iglesia prefirió pensar que eran enviados como castigo divino. Las misas y procesiones religiosas proliferaron, aunque también se consideró la creación de fosas o pozos por donde pudieran salir las corrientes antes de provocar los movimientos de la tierra. Parecía eficaz acudir a la madre naturaleza, buscar estos pozos profundos por donde se filtraban las corrientes de aire y se liberase la fuerza al exterior. Dichos pozos se llamaban «pozos airón» y uno, al menos, podemos encontrarlo en el centro de Granada, concretamente en la calle Azacayas, frente a la calle Postigo de la Cuna, un lugar que según la leyenda reúne energías telúricas.

No todos creían en el magnetismo de estos pozos y se propusieron cegarlos provocando el miedo del pueblo. Por eso no había que descartar los efectos psicológicos que producían en la ciudadanía.

Un ejemplo fue el terremoto de Lisboa de 1775, cruento en Portugal y que tuvo sus coletazos en diversas partes de España. El estudio que se realizó después sobre el siniestro vino a demostrar que tras su paso, afectara o no con sus peligrosos movimientos, estimulaba sobre todo la histeria o los ataques epilépticos.

Después de este terrible seísmo, el miedo a que se reprodujera proporcionó material para la imprenta, editándose tratados y estudios orientados a analizar, comprender y prevenir nuevos temblores. Blas Sánchez Rodríguez en su *Disertacion critica phisico moral, sobre los terremotos que principiaron en Granada el dia 13 de noviembre de 1778* recordaba que Granada estaba situada sobre multitud de cavernas. «Todo cuanto hay en el territorio granadino es apto para producir un enemigo tan temible, sin buscar nada de fuera», decía.

Aunque Granada se libró de los coletazos del terremoto lisboeta, tuvo el 25 de diciembre de 1884 su equivalente en Andalucía, afectando a la provincia granadina ferozmente. El periódico *El Defensor de Granada* ofreció una suscripción para recaudar dinero para los damnificados, que fueron 690 muertos y 1426 heridos solo en Granada provincia, pues afectó a varias localidades andaluzas. Que se sepa, no hubo daños dentro de la ciudad ni tampoco en el recinto nazarí.

Al día siguiente, el diario granadino describía lo sufrido: «Eran las nueve y diez minutos cuando nos hallábamos en nuestra redacción en agradable plática con unos queridos amigos y súbitamente sentimos un rumor sordo y prolongado que en los primeros instantes atribuimos al rápido movimiento de la máquina de imprimir. Bien pronto comprendimos la realidad por el temblor de los cristales y las oscilaciones de la lámpara del despacho que comenzó a moverse (...). El primer movimiento del terremoto fue de oscilación, siguiendo el de trepidación y durando el fenómeno de catorce a quince segundos. Toda la casa se estremecía de un modo terrible». Los edificios de Granada se vieron afectados, cayeron cornisas y adornos de sus fachadas. A los asistentes del drama *Un banquero,* que se desarrollaba en esos momentos en el teatro, les pilló de lleno, provocando el terror entre el público. Al día siguiente, *El Defensor de Granada* analizaba otros daños y explicaba que dentro de la bóveda de la catedral se había desprendido un sillarejo que no afectaba a la solidez del monumento, también quedaron afectadas las fachadas del Hospital de San Lázaro y del cuartel de la Merced. Ni en ese día, ni en los siguientes el diario presta atención a la Alhambra, por lo que es evidente que el seísmo no la afectó. Eso sí, mientras animaba a la suscripción para recaudar fondos para los damnificados, dedicó unas palabras al resto de la prensa madrileña, que calificó de fría por no dar cuenta de la catástrofe.

Visto así... ¿Qué ocurre con la Alhambra? ¿Por qué no le han afectado los terremotos? ¿Será cosa de hechicería?

La suerte o quizás el gran conocimiento científico del que disponían en al-Ándalus, llevó a construir la fortaleza de la Alhambra sobre un terreno muy estable. Los barrios del Albaicín y el Sacromonte, también sobre colinas, comparten un conglomerado natural, compuesto por un sustrato de piedras unidas por algo parecido a un cemento que las hace muy fuertes. Es lo que se ha dado en llamar «formación Alhambra». A lo largo de los siglos, las aguas de los ríos Darro y Genil ayudaron a erosionar estos materiales.

Pero nos faltan datos; hay que acudir a las fuentes y la experiencia. Deseando saber más pregunto a la profesora de la Universidad de Granada, la doctora María Paz Sáez, que hizo su tesis sobre el *Estudio de elementos arquitectónicos y composición de materiales del Patio de los Leones. Interacciones en sus causas de deterioro,* y la charla resulta tan agradable como instructiva. Le pregunto sobre unas placas de plomo incorporadas en las columnas del Patio de los Leones con el fin de hacerlas más flexibles ante los movimientos sísmicos. ¿Quién las puso ahí? ¿Fueron los árabes o los cristianos? María Paz Sáez me dice que «el uso de la plancha de plomo tiene un origen desconocido, no se usa de forma genérica, aunque tiene una función concreta. Podría ser original pero no hay datos que lo avalen. Tiene una funcionalidad clave, para conseguir la correcta transmisión de las cargas y ha favorecido el adecuado comportamiento ante la ocurrencia de los terremotos. La plancha de plomo es un elemento que admite cierta deformabilidad y permite que las estructuras se adapten, en la medida de lo posible, a los movimientos que provoca un sismo, similar a lo que se produce en las articulaciones del cuerpo humano». María Paz Sáez no cree en la posibilidad de que los alarifes musulmanes supieran de los beneficios del «conglomerado Alhambra», ni que tuvieran, más que otras culturas, nociones especiales de cómo prevenir los terremotos, si bien, es cierto que resulta asombroso que muchos de esos monumentos levantados en épocas tan pretéritas puedan estar aún en pie. Destaca por todo ello la importancia de los estudios de este tipo de estructuras patrimoniales. Quizás, sabiendo cómo se construyó, entendamos ahora muchos de sus misterios.

Como vemos, la Alhambra no está hechizada, cuenta con la ayuda de los medios naturales donde se asienta, pero también de la ciencia de quien la construyó y la sigue restaurando.

EL POLVORÍN QUE CASI DERRUMBA LA COLINA DE LA ALHAMBRA

Muy cerca de la iglesia de San Pedro, situada a las faldas de la colina de la Alhambra bordeando el río Darro, existió en el s. XVI el taller de un polvorista que tuvo la mala suerte de incendiarse y provocar una gran explosión. Tenemos noticia de este hecho gracias a las crónicas de cuantos fueron testigos, también de un documento que dejó el aparejador Joan de la Vega tras ver los daños que produjo como onda expansiva en la Alhambra. «Todo el Cuarto de los Leones padeció notablemente. La explosión sería tan terrible que se rompieron las puertas, cerraduras y cerrojos é hizo saltar las tejas de las cubiertas», dijo en su estudio sobre los incendios y desastres sufridos por el monumento Francisco de Paula Valladar en 1890. En el Patio de los Arrayanes se cayeron varias puertas y se desprendieron sus cerrojos. En el Salón de Comares, las vidrieras quedaron maltrechas, así como las pinturas del Tocador de la Reina. El Cuarto Dorado, situado encima del bosque donde se produjo la explosión, fue el más dañado, sus artesonados se desplomaron y fueron objeto de restauración casi por completo. La onda expansiva llegó hasta el Palacio de Carlos V.

Con todo, Jesús Bermúdez Pareja y María Angustias Moreno Olmedo en su trabajo *Documentos de una catástrofe en la Alhambra* aseguraron lo siguiente: «Una vez más, el episodio del polvorín nos descubrió un poco el velo del misterio en que se envuelve la Alhambra medieval. El daño, impresionante, sin duda, no alteró demasiado la Alhambra de aquel momento y bien administrado por los conservadores, como otros documentos nos lo demuestran, fue un aliciente para realizar consolidaciones necesarias y para la liberación de servidumbres que desvirtuaban la Casa Real».

La explosión del polvorín, que dañó también a la zona baja de la ciudad, a los conventos cercanos y hasta la propia Chancillería, afectaría también al cauce y falda de la montaña, que en esa zona presenta la famosa falla de San Pedro, preocupante hachazo natural en la colina y que durante siglos se pensó que pudo ser su causa. Hoy se sabe que la falla ya estaba abierta y visible antes del s. XVI, lo que sí es cierto es que, según pasan los siglos, esta se abre cada vez más. ¿Llegará a la Alhambra hasta conseguir desplomarla? La respuesta en el apartado siguiente.

EL TAJO DE SAN PEDRO LLEGARÁ A LA ALHAMBRA EN 500-600 AÑOS

Leo en un artículo del periódico *Ideal* publicado el 11 de febrero de 2024 que el Tajo de San Pedro, el que la leyenda dijo que causó la explosión del polvorín, sigue avanzando y que en 500-600 años podría llegar a la Alhambra. El artículo, firmado por Laura Ubago y titulado *La Alhambra establece una zona piloto para ensayar la contención del Tajo de San Pedro,* ofrece algunas curiosidades, como que «El Patronato de la Alhambra y el Generalife convocó una comisión técnica —en pleno confinamiento— para encontrar la fórmula para frenar el tajo: una idea con poco impacto, respetuosa con el terreno y con su valor patrimonial. Después de que geólogos, arquitectos, ingenieros, sismólogos y paisajistas pusiesen en común sus puntos de vista, surgió una solución pionera en el mundo: utilizar bacterias como pegamento del terreno». Resulta inquietante centrar nuestras expectativas sobre el futuro de la Alhambra en unas simples bacterias, pero la ciencia ya no tiene límites. Eso sí, el geólogo del Patronato de la Alhambra y el Generalife, Juan Jiménez Pintor, no parece tener prisa, dice que cuentan con tiempo suficiente, con 500-600 años de margen. Confiaremos en que no procrastinen demasiado.

BOABDIL TIENE LA CALLE MÁS PEQUEÑA, ISABEL LA MÁS GRANDE

La nomenclatura callejera nos ofrece una suculenta información histórica y sociológica. Algunos de sus nombres transmiten un mensaje subliminal, y ejemplo de ello es la calle dedicada al último rey nazarí. El desdichado Boabdil cuenta en Granada con una pequeña calle que sale de la plaza de Bib-Rambla y está tan escondida que nadie repara en ella. Es lo que se mereció el rey que cedió las llaves de la Alhambra, parece decirnos la historia del callejero granadino. La disposición viaria lo refrenda, sobre todo si analizamos el tamaño que tiene la calle Reyes Católicos y la Gran Vía (de Colón), referencias ambas a la conquista cristiana.

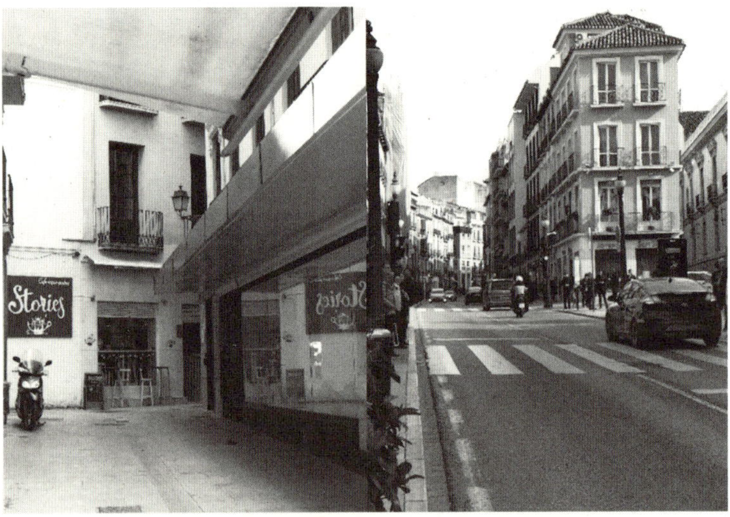

A la izquierda, la calle Boabdil, un callejón feo y sin interés, frente a la amplia calle Reyes Católicos, fruto de la modernidad del s. XIX. Fotos de la autora.

MANUEL GÓMEZ-MORENO GONZÁLEZ: EL HOMBRE QUE LO DIO TODO POR GRANADA

(Extracto del artículo que escribí en 2009 para
la revista *El legado andalusí*, núm. 34)

La ciudad no solo se crea con calles y plazas. Son las personas que la habitan las que le dan la configuración final, con sus cambios y mejoras. Granada es el recuerdo de todas aquellas personas que supieron engrandecerla. Personajes sin nombre o tan antiguos que se pierden en su lejana historia. Otros, sin embargo, de los que conocemos su nombre, los hemos relegado a ese rincón inaceptable del olvido a donde van todos los mediocres, los malditos o los locos.

Manuel Gómez-Moreno González, sin ser nada de esas tres cosas, se ha visto olvidado o tal vez ignorado muchas veces. Si bien el Instituto Gómez-Moreno de la Fundación Rodríguez-Acosta y su familia trabajan arduamente para que su nombre siga recordándose, es inadmisible cómo los Gobiernos, pasados y actuales, no han caído en la cuenta de la importancia que puede tener un solo hombre para una ciudad.

Sirva este artículo para conocer a un hombre que lo dio todo por Granada, fue incansable luchador contra la locura modernista de las demoliciones de monumentos, alentó la restauración fiel de los monumentos árabes y fue testigo de los descubrimientos romanos más antiguos de la ciudad. Fue uno de los inspiradores del Patronato de la Alhambra y el Generalife, del Museo Arqueológico y del Museo de Bellas Artes, así como su primer catalogador y restaurador, y aun cuando no pudo contra instituciones y mentes obtusas, tomó su pincel y plasmó aquellas bellezas a punto de ser destruidas en papeles o en placas callejeras, para que todos, incluidos los que leemos esto, pudiéramos saber que una vez, en algún lugar de Granada, hubo una iglesia o un dintel romano o un puente árabe.

Hasta el momento no existe ninguna biografía, propiamente dicha, de Manuel Gómez-Moreno. Uno de sus más destacados descendientes, José Manuel Gómez-Moreno Calera continuó su testigo hasta hace muy poco y prologó su *Guía de Granada* (1998) excelentemente. Sin embargo, el estudio más preciso sobre su vida se lo debemos actualmente a Javier Moya Morales, quien en la *Obra dispersa e inédita de Gómez-Moreno* ha compilado de manera tan rigurosa como amena todos sus aspectos personales y artísticos.

Manuel Gómez-Moreno nació un 26 de junio de 1834 en Granada, lo llama su familia «el pintor» para diferenciarlo de su hijo, el también llamado Manuel Gómez-Moreno (aunque Martínez), hombre notable en sus muchas parcelas de conocimiento, que llegó a ser catedrático de Arqueología Árabe Medieval.

La pintura sería lo único que les diferenciaría a padre y a hijo en esa extraordinaria capacidad de entrega por el arte.

Manuel fue hombre de familia. Tuvo ocho hijos: Manuel (1870), Concha (1872), Sacramento (1874), Eugenia (1876), Carlos (1879), las gemelas Dolores y María Antonia (1882) y José (1885).

Estudió en la Escuela de Bellas Artes de Granada y en la Escuela Superior de Pintura de Madrid, pero en otros ámbitos disciplinarios fue un autodidacta puro. A base de esfuerzo, meticulosidad y empeño inaudito, consiguió ser el consejero de muchos eruditos de la época. Donde más disfrutaba era entre legajos, compilando, observando. Con una minuciosidad extraordinaria consiguió catalogar fondos artísticos que fueron la base de posteriores museos. No en vano se le considera el padre del Museo Arqueológico de Granada, así como del Museo de Bellas Artes de esta ciudad.

En 1866 empieza su relación directa con la Comisión de Monumentos de Granada. La publicación de un programa de trabajos le da a Manuel la oportunidad de presentar varios de sus hallazgos: la partida de bautismo de Pedro de Mena y la investigación sobre la casa de Alonso Cano y el embovedado de la plaza Nueva. Sería esta Comisión la que le propiciaría la manera de conocer los primeros descubrimientos en Medina Elvira, cuyos hallazgos (lámparas que él mismo restauró, el Plato del Caballo y del Halconero o el Jarro de las liebres…) se plasmaron en un libro imprescindible sobre la arqueología granadina titulado *Medina Elvira*.

La llamada modernidad y la necesidad de dar trabajo a la extensa mano de obra desempleada presionaban al Gobierno para demoler todo lo supuestamente viejo y dar cabida a una ciudad europea. El diseño de cubrición del río Darro primero y el nacimiento de la Gran Vía después, favorecieron la destrucción de iglesias, puertas árabes o lienzos de murallas. Baste decir que en menos de cincuenta años se derribaron la iglesia del Carmen, la iglesia de San Gil, la casa de Diego de Siloé, se ocultó el río Darro y con él algunos restos de la cultura andalusí. Desaparecieron la Puerta de Bib-Rambla y la de Bib Mauror. A todo ello se sumó la inclemencia natural con los desbordamientos del río Darro, que se llevaron por delante el conocido Puente de las Chirimías. Además, se sucedían los incendios, que devastaron la Alcaicería, la Casa de los Miradores y la Alhóndiga Zaida.

La Alhambra fue declarada monumento nacional el 12 de julio de 1870. En aquel mismo año la Comisión de Monumentos acuerda continuar, a propuesta de Gómez-Moreno, las averiguaciones en Sierra Elvira, cerca de Atarfe, donde se encontraron sepulturas y multitud de restos que llaman al origen romano de Granada. Es el momento en que se abren las dos escuelas, la que piensa que la Granada romana, Iliberri, se encuentra en la Vega (los elviristas) y los que defienden que Iliberri se encuentra en lo alto del Albaicín (los alcazabistas).

Manuel Gómez-Moreno lidera la causa alcazabista dando razones suficientes sobre la teoría de que Iliberri estuvo en la antigua alcazaba y no en Atarfe, donde los restos descubiertos apuntan más bien a una romanización tardía. Es curioso pensar que Gómez-Moreno y sus hipótesis han sido confirmadas en la actualidad.

Va a Roma por medio de la Diputación y allí pinta dos cuadros de referencia en al arte granadino: *Salida de la familia de Boabdil de la Alhambra* y *San Juan de Dios salvando del incendio a los enfermos del Hospital Real de Granada.* Es necesario decir que ambos los pinta de memoria y que la familia de Boabdil, con sus babuchas y vestimenta, así como el detallismo de la arquitectura alhambreña, refleja el gran conocimiento que tenía don Manuel del propio monumento.

Cuando vuelve a España imparte clases nocturnas de dibujo gratuitas y en 1885 será vicepresidente del Centro Artístico de Granada, recién inaugurado.

Por esas fechas escribe su *Guía de Granada,* una de las mejores escritas sobre la ciudad, incluso tras el paso del tiempo.

GÓMEZ-MORENO Y LA RESTAURACIÓN DE LA ALHAMBRA

Gómez-Moreno, como buen pintor y granadino, había tenido a lo largo de su vida artística distintos encuentros con el monumento más representativo de la ciudad. La Alhambra ya había sido reconocida monumento nacional, pero seguía en un estado lamentable. El 15 de septiembre de 1890 la Alhambra fue pasto de las llamas. Fue el incendio más importante, de los tres habidos en la Alhambra, que afectaron muy directamente a la Torre de Comares, la Sala de la Barca y la galería de levante próxima al Patio de los Leones. Gómez-Moreno y sus compañeros de la Comisión de Monumentos sabían que era necesaria una restauración urgente del monumento. Por eso, cuando en 1896 el ministro de Gracia y Justicia visita Granada con motivo de la inauguración de la Universidad del Sacromonte, se tocan los hilos suficientes para poner de manifiesto este hecho. No será hasta cinco años después, ya entrado el siglo XX, cuando la Alhambra toma sentido para el Gobierno. En abril de 1904 el rey Alfonso XIII visita Granada, y Gómez-Moreno lo guía por las salas de la Alhambra, señalando la necesidad de sanear su maltrecha estructura. La impresión que causó al monarca el pintor fue evidentemente buena, porque muy pronto todo el mundo daba por hecho que Gómez-Moreno sería nombrado director del monumento. Creada la Comisión Especial de la Alhambra un año después, Gómez-Moreno se muestra cansado y en un principio pretende desentenderse de la presidencia. Pero, finalmente, Manuel se rinde y una de las primeras declaraciones que hace como presidente es la de que en el monumento «debe atenderse en primer término las partes ruinosas y después debe atenderse a la restauración». Esta opinión, tan lógica y coherente, resultó ser una bomba para algunos sectores artísticos que consideraban la Alhambra no como un recinto nazarí, sino como una idea orientalista, si cabe propagandística, expresión de la decadencia que aún se vivía en Granada. Su cargo le costó muchos quebraderos de cabeza.

Posiblemente la conservación y restauración de la Alhambra consumió las últimas fuerzas de Manuel Gómez-Moreno. Aún habría de vivir unos cuantos años más dedicado a las artes, años en que se apoyó deliberadamente en el buen juicio de su hijo Manuel y en la amistad de Antonio Gallego Burín, quien tomaría el testigo de don Manuel.

Un 20 de diciembre de 1918, Manuel Gómez-Moreno González decía adiós a Granada.

Fue pintor, arqueólogo, restaurador, miembro de la Comisión de Monumentos, del Liceo Artístico, la Escuela de Bellas Artes, la Escuela de Artes y Oficios, la Universidad del Sacromonte, presidente del Patronato de la Capilla Real y del Patronato de la Alhambra y el Generalife y, entre otras muchas cosas, el verdadero padre del Museo Arqueológico de Granada. Su arduo trabajo recuperó el nombre de Alonso Cano y Diego de Siloé elaborando biografías de ambos, localizó la ubicación exacta de la Iliberri romana, habló de términos desconocidos en su época como *mudéjar* y *morisco*, y luchó contra la demolición de monumentos en toda la ciudad. Habiendo hecho todo esto, me pregunto: ¿por qué es Gómez-Moreno un entero desconocido para la sociedad de nuestro tiempo? Y nuevamente me viene a la cabeza una de sus portentosas frases. Será lo que él decía: «Miserias de la vida».

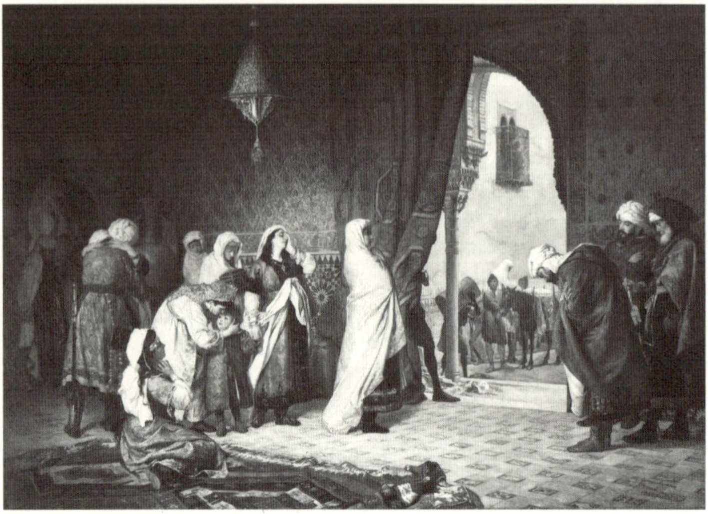

Salida de la familia de Boabdil de la Alhambra.

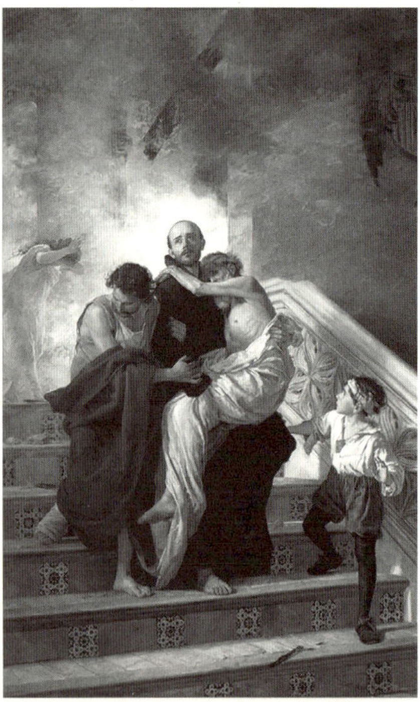

San Juan de Dios salvando a los enfermos del incendio del Hospital Real.

EL DIALECTO GRANADINO DE ÉPOCA ANDALUSÍ

Uno de los mayores misterios que me planteé al llegar a Granada fue intentar comprender la denominación árabe de sus monumentos. Para una persona que no conoce el idioma la terminología puede resultarle algo confusa. En la actualidad todavía permanecen en pie puertas andalusíes a las que conocemos con su nombre castellanizado: Puerta de las Pesas, Puerta de Elvira, Puerta Monaita, que tenían su denominación en árabe *Bab al-Ziyada, Bab Ilbira, Bab al-Unaydar*...Todas comienzan por *Bab*, que significa *puerta*. Sin embargo, algunos de estos restos árabes han llegado hasta nosotros como *Bib*, el más conocido es el de Bib-Rambla, Puerta de la Rambla, que hoy ha dado nombre a la plaza más populosa de la ciudad.

¿Cómo es esto? ¿Por qué unas veces las puertas son *bab* y otras *bib*? La solución es muy sencilla: *Bib* es el dialecto granadino de época andalusí, también en esa época existían los diferentes acentos, y en Andalucía, o sea, al-Ándalus, tenían el suyo propio.

Otras puertas conocidas por su dialecto granadino son la Puerta de Bibataubín, ubicada junto al palacio del mismo nombre o la Puerta del Vino de la Alhambra, *Bib al-Jamra.*

LA LEYENDA DE LA TORRE DE LOS SIETE SUELOS

(Recogida por Francisco de Paula Villa-Real)

Hay muchas versiones de esta leyenda propiciada por el misterio de la Puerta de los Siete Suelos. Ya solo el nombre nos invita a fantasear. De todas he seleccionado la de Villa-Real por ambientarse en época cristiana y salirse del ensueño oriental tan propio del romanticismo.

«Corrían felices para España los más prósperos años del reinado de Felipe II. Era gobernador o alcaide de la Alhambra don Mendo de Alcaraz, casado con doña Mencía de Sanabria, de cuyo enlace tenían siete hijos pequeños».

Don Mendo era de carácter recio, muy celoso de su familia y mucho más de su esposa, a quien mantenía en estrecha vigilancia a pesar de haber demostrado esta su excesivo recato. Este celo lo hubo de extralimitar a la llegada de un invitado, don Hiscio Riaño, muy bien relacionado, pero de costumbres licenciosas. Al poco de llegar al hogar de los Alcaraz intentó seducir a doña Mencía que, una tras otra vez, lo rechazó.

Desorientado ante tanta negativa, don Hiscio decidió marcharse a Madrid, pero no sin antes haber castigado a la huidiza esposa. Urdió un plan de venganza. Invitó a don Mendo a pasear por las alamedas de la Alhambra habiendo contratado previamente a una mujer de las inmediaciones, famosa por sus muchas artimañas. Esta se acercó a don Mendo y le entregó una nota, que acusaba de adulterio a su esposa asegurando que en esos mismos instantes se entregaba a los brazos de su amante.

Muy por el contrario, doña Mencía se hallaba en ese instante ofreciendo su caridad a una pobre familia que vivía en una casucha cercana a la Torre de los Siete Suelos. Allí la encontró el marido, que ciego de celos fue incapaz de reconocer las negativas de la esposa, jurando su fidelidad incuestionable. Don Mendo sacó una daga y la mató allí mismo, arrojando su cuerpo dentro de las ruinas de la famosa torre.

Todavía coleaban en su estómago los nervios del suceso cuando, al llegar a su casa, vio a sus siete hijos y le entraron dudas amargas sobre su paternidad. Loco de ira, llevó a sus hijos a la torre donde ocultó el cuerpo de su esposa asesinada y, uno a uno, dio muerte a sus hijos, los siete, tirando sus cuerpos dentro de la torre.

Volvió a su casa con la daga aún fresca de sangre y solo entonces se dio cuenta de la barbaridad realizada. Quiso huir, montó sobre su caballo y se marchó. Solo le siguió su perro, quizás más por miedo que por fidelidad.

Desde entonces, por los alrededores de la Torre de los Siete Suelos se oye cabalgar a un jinete junto a un terrible mastín, al que conocen como el Lanudo. El jinete huye descabezado, de ahí que así lo llamen, pues locura fue lo que hizo.

Washington Irving recogió esta leyenda en sus *Cuentos de la Alhambra.* Habló de moros y tesoros, y que «al pie de un enorme torreón ruinoso llamado la Torre de los Siete Suelos y señalándome una torre subterránea debajo de los cimientos de la torre, me dijo que allí se ocultaba un monstruo, vestigio o fantasma que, según se decía, habitaba en aquella torre desde el tiempo de los moros, y que guardaba los tesoros de cierto monarca musulmán. Añadiome también que algunas veces salía a medianoche y recorría las alamedas de la Alhambra y las calles de Granada bajo la forma de un caballo descabezado perseguido por seis perros que lanzaban terribles ladridos y aullidos espantosos».

Irving hace alusión a la leyenda del caballo descabezado y el perro Lanudo, que curiosamente entronca con una historia conocida del escritor publicada en 1820, o sea, antes de su estancia en la Alhambra. Las coincidencias de la Leyenda de *Sleepy Hollow* (leyenda del jinete sin cabeza) y la del caballo descabezado son sorprendentes, aunque, sin otro análisis que realizar sobre ellas, solo nos queda añadirla al anecdotario romántico.

LA FONDA DE LOS SIETE SUELOS Y UNA TORRE CON ANECDOTARIO PROPIO

Muchas historias, reales y fantásticas, se asocian a esta imponente torre, similar en tamaño y fecha a la Puerta de la Justicia. La tradición dice que Boabdil salió por ella para encaminarse al destierro y también sabemos que fue una de las más dañadas, a causa de voladuras, cuando las tropas napoleónicas dejaron la ciudad.

El número siete, mágico entre muchas culturas, se asocia a la profundidad de los pisos que presenta, siete, sin embargo, solo posee dos.

Dicho esto, ¿por qué es conocida la Puerta de los Siete Suelos por esta denominación si solo tiene dos pisos interiores? Vuelvo a recurrir a los expertos, en esta ocasión al investigador del CSIC, Antonio Orihuela, quien me dice: «Pienso que el nombre de Siete Suelos viene dado por el baluarte de artillería construido delante de la puerta nazarí en tiempos de los Reyes Católicos. Aunque solo tiene dos plantas de bóvedas bajo la rasante de la puerta, una vez abandonado por quedarse obsoleto como instalación militar, se convertiría en un lugar oscuro de difícil acceso, propicio a que la imaginación popular aumentase el número de niveles hasta llegar a ese número 7, tan mágico y simbólico».

Su entorno natural también propició nuevos apelativos para dicha puerta, como el de llamarle Puerta de los Pozos, en este caso, imagino, inspirado en los muchos pozos o silos que se diseminaban no muy lejos de ella a los que me referiré en el capítulo titulado *Las mazmorras y los túneles misteriosos de la Alhambra*.

Dicha torre tenía situada muy cerca una fonda que se apropió del nombre, es decir, de los Siete Suelos. Algunos románticos la ubicaron enfrente desde 1840, sin embargo, Torres Balbás dejó comentarios en 1927 que parecen indicar lo contrario: «Su interior (el de la torre) da a la parte alta y oriental de la Alhambra llamada del Secano; por fuera queda completamente oculta por el hotel, al cual ha dado nombre. Hoy, pues, impide su acceso una finca de propiedad privada, esperemos que algún día no muy lejano, la expropiación de esta permita abrir y admirar la antigua entrada». Años después tuvo la oportunidad de restaurar esta imponente puerta y darle su aspecto actual, aunque bien es cierto que el propio bosque la oculta, dejándola solo parciamente visible en otoño, con el deshoje de los árboles.

Este entorno, refrescado por el efecto invernadero y la altitud de la colina, era de los más frecuentadas en tiempo de los viajeros románticos. Que además la Fonda de los Siete Suelos fuera una de las más concurridas de la ciudad, ofreció a la historia local muchas y variadas anécdotas.

William George Clark en 1840 decía: «Arriba en la Alhambra hay un hotelito, llamado el Carmen de los Siete Suelos, además de un establecimiento rival (cuyo nombre olvidé) justo enfrente. Cada uno de ellos tiene al lado una especie de ventorrillo, donde te pueden servir al fresco esos placeres para el cuerpo imprescindibles incluso para personas rematadamente románticas, tales como leche recién ordeñada, huevos, chocolate o vino. Así pues, con un libro o un lápiz, uno se puede pasar todo un día en la Alhambra, tranquilo y con bastante comodidad». Había quien hablaba de una de las especialidades de la fonda, que era el pan con tomate, y también hacía alusión a sus parras, que decoraban todo el local.

Aquí fue donde el danés Hans Christian Andersen se enfrió, viendo aterrado cómo un camarero servía las mesas en mangas de camisa en pleno otoño. Pero quizás la anécdota más sabrosa la obtenemos de mano de uno de los más ilustres novelistas del siglo, nada menos que Alejandro Dumas. Llegó el francés con todo su séquito de admiradores junto a su hijo, también llamado Alejandro Dumas, a Granada y se alojó en una casa de pupilos de la calle Silencio. «El Carmen de los Siete Suelos es, en esta cadena interrumpida de asombros y maravillas que conducen a la Alhambra, uno de los más bellos eslabones que conozco —decía—. (...) a pesar de su dulce nombre, no es más que una taberna. ¡Ay!, sí, una simple taberna; pero sentimos tanta gratitud por esta taberna, que tengo que hablarle de ella (escribía en formato epistolar a su amiga) y sé todo lo artista que es usted para no negarme a la tentación de describirla».

Resultó que en las cocinas de dicho carmen encontró Dumas a su dueño con una de sus empleadas, lo que le picó su deseo varonil. Couturier, el guía, que deseaba ser complaciente con el famoso escritor, propuso contratar un baile para después de la visita a la Alhambra y el Generalife. «Un preludio de castañuelas repiqueteantes y de acordes de guitarras nos anunció desde lejos que solo nosotros faltábamos». Las gitanas contratadas para danzar comenzaron el baile, al que se añadió su hermano, con movimientos de claro erotismo, a veces incluso lésbicos e incestuosos, que causaron en los extranjeros una mezcla de excitación y horror. Al terminar el baile, los Dumas y su grupo decidieron acudir a la casa del famoso restaurador Contreras y ver sus maquetas, que se habían convertido en célebres. Las bailarinas fueron invitadas a acudir a dicha casa, un poco después, con el objeto de dibujarlas y fotografiarlas, dado que su pintoresquismo gitano llamaba mucho la atención a los franceses. El grupo, formado por los amigos de Alejandro Dumas y sus invitadas, tuvieron un buen rato de tranquilidad hasta que una de las bailaoras recibió una pedrada en la espalda. Una nube de piedras, provenientes del exterior, provocó el desorden, el anhelo de salvarse y, finalmente, la violencia. Alejandro Dumas hijo recibió también una pedrada en su ojo azul, tal y como se declaró después. La pelea entre los asaltantes (que muy probablemente eran hermanos de las bailarinas) y sus desgraciadas víctimas inspiró en el corpulento Alejandro Dumas una de las descripciones más singulares de su libro de viajes: «¡Ay, señora, usted sabe, como todos los que me conocen, que estoy dotado de cierta fuerza muscular. Este don, tan precioso en las naciones primitivas que tenían monstruos a quienes derribar, es algunas veces una peligrosa facultad en las naciones civilizadas, que deben proceder según dictados de madame Justicia. Me olvidé de que soy la trigésima segunda millonésima parte de un pueblo civilizado. Agarré a aquellos dos hombres (los que le atacaron), el de la lima y el de la silla, por el cuello y apreté. Según parece apreté con cierta fuerza porque al uno se le cayó la lima y al otro la silla». Aquel altercado se denunció y al poco los franceses decidieron dejar Granada. Con todo, Dumas marchó con buen sabor de boca, se llevaba demasiadas experiencias anotadas para hacer de ellas base para sus novelas.

¿TUVO LA ALHAMBRA UNA CREMALLERA?

El día 24 de diciembre de 1907, el periódico *El Defensor de Granada* publicaba: «*Suceso memorable: El domingo, a las diez de la mañana, dio Granada un paso de gigante en el camino de su progreso: la inauguración del tranvía eléctrico de cremallera para subir a la Alhambra*».

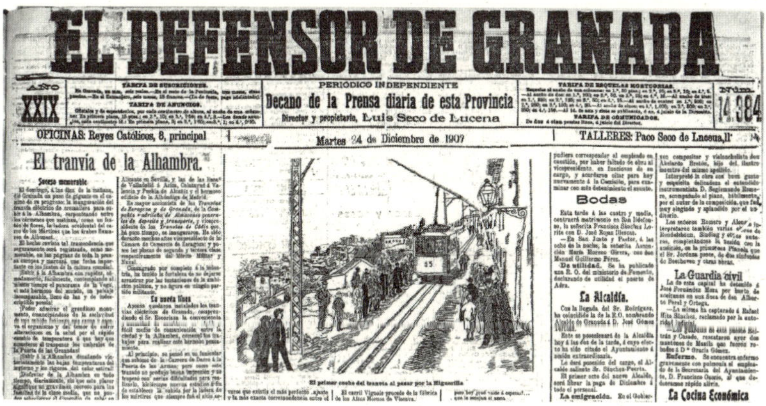
EL DEFENSOR DE GRANADA

AÑO XXIX — PERIÓDICO INDEPENDIENTE — Decano de la Prensa diaria de esta Provincia — Director y propietario, Luis Seco de Lucena — Núm. 14.384

OFICINAS: Reyes Católicos, 8, principal — Martes 24 de Diciembre de 1907 — TALLERES: Paco Seco de Lucena, 11

El tranvía de la Alhambra.

Suceso memorable

Bodas

La Guardia civil

La Cocina Económica

Biblioteca Virtual de Andalucía.

Como era de suponer, el nuevo tranvía se quedó para siempre con el apelativo de «cremallera» debido a que se construyó con un nuevo sistema de adherencia, el de un rail con dientes que era novedoso y a la vez útil.A principios del s. XX se generalizó la necesidad de «conquistar la Alhambra» por medio de los vehículos de tracción mecánica que comenzaban a ponerse de moda. La colina de la Sabika no podía acercarse a la ciudad de Granada, así que era Granada la que debía acercar la Alhambra a sus ciudadanos.

El *Defensor de Granada* consideraba la hazaña como memorable y con un tono entusiasta aclaraba: «¡Poder admirar el grandioso monumento, emancipándose de la esclavitud de una subida fatigosa que cansa y enerva el organismo y del temor de sufrir alteraciones en la salud por el rápido cambio de temperatura a que hay que someterse al traspasar los umbrales de la Puerta de las Granadas!».

La empresa que consiguió «acercar la Alhambra» corrió a cargo del ingeniero Nicolás de Escoriaza, del que el artículo ofrece una pequeña biografía, catapultándolo, poco más o menos, como de héroe nacional. Asociado a la construcción de diferentes tramos de vías ferroviarias de España y de estaciones de ferrocarriles, «ha tenido la fortaleza de no dejarse arrastrar por las tentaciones de la ambición política, y no figura en ningún partido militante», comentaban.

La inauguración fue precedida de años de negociaciones, proponiendo líneas de circulación que no llegaron a término, como la que se iniciaba en la Carrera del Darro y terminaría en la Puerta de las Armas. El circuito que desarrolló el tranvía de Escoriaza, finalmente, arrancaba de la calle de Reyes Católicos, siguiendo las de la Colcha, Pavaneras, Santa Escolástica, Realejo y Molinos, llegando en simple adherencia a las Vistillas de los Ángeles, donde comenzaba la cremallera que subía hasta la Alhambra.

La revista *La Ilustración Española y Americana* habló de él al año siguiente añadiendo unas fotografías muy elocuentes de la empinada cuesta que debía ascender.

A pesar del apoyo periodístico, el tranvía de cremallera no tuvo buena fama, fundamentalmente por la oposición que sufrió desde otros círculos de empresarios emprendedores de la época, como el duque de San Pedro Galatino, que veía su próxima inauguración del Hotel Alhambra Palace en peligro por levantarse en zona de paso.

El duque, poco después, también orquestaría la creación de otro tranvía, pero esta vez con destino en Sierra Nevada.

«La cremallera» que ascendía a la Alhambra tuvo una azarosa vida, con frecuentes averías, hasta que dejó de funcionar en junio de 1944.

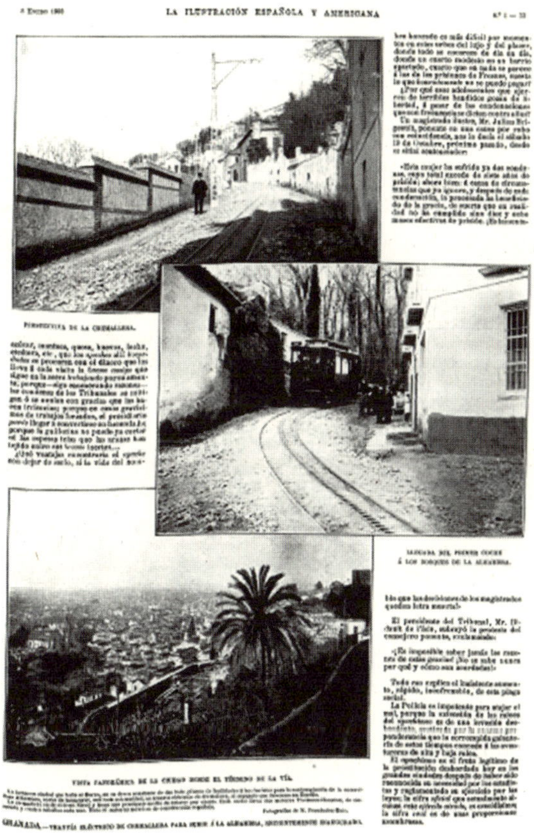
LA ILUSTRACIÓN ESPAÑOLA Y AMERICANA

La Ilustración Española y Americana, 8 de enero de 1908. Hemeroteca Digital. BNE.

LA ALHAMBRA. MONUMENTO NACIONAL

A lo largo de este libro hemos visto cómo la Alhambra sufría la amenaza de la ruina abarcando todo el s. XIX y la desidia y la incomprensión que la rodearon hasta bien entrado el s. XX. Con todo, se debe tener un recuerdo para todas aquellas actuaciones defendidas casi a punto de la fuerza por muchos hombres y algunas mujeres convencidos de que el monumento lo merecía.

Hay que recordar que decir la Alhambra es hablar de una ciudad, de un entorno, que en su origen tenía reglamentación propia, lo que impidió que la Corona y posteriormente el Estado central pudiera intervenir con la ligereza necesaria. Dentro del recinto existían palacios, casas, jardines, huertas... propiedades muy diversas que el Estado debía comprar. En 1870 fue declarada Monumento Nacional, lo que le daba visibilidad, aunque no la protegía. Recordemos que la Puerta de Bib-Rambla o de las Orejas, declarada monumento nacional en 1881, fue demolida tres años después. Si bien la Alhambra tenía algo a su favor, era única en su tiempo y eso facilitó que actuación tras actuación, a pesar de revoluciones y guerras, consiguiera incluirse en la Lista de Patrimonio Mundial de la UNESCO junto al Generalife en 1984. Diez años más tarde se añadiría el barrio del Albaicín, su espejo, pues no se puede entender el Albaicín sin la Alhambra.

LAS PRIMERAS ENTRADAS DE LA ALHAMBRA

Durante todo el s. XIX era patente la ruina a la que se veía abocada la Alhambra. Se restaurara o conservara, según las imposiciones que exigían las dos consabidas corrientes del momento, lo que se necesitaba era dinero. ¿Cómo conseguirlo? Hoy sabemos que un método efectivo es el cobro de entradas, pero en aquella época no lo tenían tan claro, lo cual era lógico, porque el turismo era algo prácticamente inexistente. ¿Cómo fue ese camino hasta la decisión de cobrar por visitar los monumentos españoles y en concreto en el recinto de la Alhambra?

Acudiendo a la tesis *La visita pública en la Alhambra 1909-1989* de la doctora en Historia y Artes, Mª Encarnación Hernández López, encontramos algo curioso y digno de recordar. El 19 de abril de 1907, el entonces conservador mayor de la Alhambra, Gómez Tortosa, viajó a Madrid a entrevistarse con el ministro de Instrucción Pública y Bellas Artes con el fin de pedir una solución para salvar a la Alhambra de su ruina. Por diferentes circunstancias, el conservador Gómez Tortosa no fue recibido por el ministro, sino por el subsecretario, lo que causó indignación en la ciudad de Granada, que siempre se ha visto, históricamente, relegada de toda atención gubernamental. El periódico El *Defensor de Granada*, dirigido por Luis Seco de Lucena, un hombre de armas tomar en esto del periodismo (recordemos que fue el artífice de la recaudación para los damnificados del terremoto de 1884), abrió su periódico con el titular *La Alhambra abandonada,* en cuyo texto se podía leer que si no se llevaban a cabo las medidas necesarias, esto sería una «*desgracia nacional*», ya que el «problema de conservación de la Alhambra es una "mezquina cuestión personal"». El artículo fue tan divulgado, incluso en la prensa madrileña, que llegó a oídos de dos políticos nacionales que, por casualidad, se encontraban en ese momento en Granada. Dice en su tesis la doctora Hernández López: «Como se ha visto, el 23 de abril de 1907, se dieron en Granada dos hechos fundamentales que quizá cambiarían la historia del monumento: la publicación de la noticia sobre la inminente ruina de la Alhambra y el compromiso de dos políticos del partido conservador, en el poder en ese momento, de luchar en favor de su conservación». Gracias a la divulgación de la prensa, con titulares y dibujos que representaban la cruda realidad por la que pasaba la Alhambra, se ponen en marcha una serie de actos, que auguran un avance en las decisiones a tomar. Una de las medidas más sorprendentes es, tras largas deliberaciones, la destitución como arquitecto restaurador de la Alhambra del señor Contreras, acabando con el monopolio de esta familia desde el pasado siglo. Se trataba de mirar hacia adelante y de ver nuevas posibilidades para el monumento. Necesario era el dinero, claro está, pero ¿de dónde sacarlo? Sería la propuesta de un senador una de las más novedosas, la de cobrar una entrada como ya se hacía en el extranjero con objeto de recaudar dinero para el mantenimiento del edificio y compensar las labores del personal a su cargo. Corría el año 1907. Así pues, la autora de la tesis afirma que si antes de esta fecha la entrada a los monumentos era gratuita, con la aprobación de un Real Decreto posterior, de 1908, ya se hacía mención al cobro a los visitantes aludiendo que «las obras se realizarán a cargo de los fondos de entradas. Se normalizará por primera vez la visita pública, lo que favorecerá la conservación preventiva del monumento. Mejorará el orden y la vigilancia en los recorridos frente a la visita masiva y sin control que aumentaba el deterioro del maltrecho monumento. Finalmente señalar que, surgido de las propuestas hechas para la Alhambra, se hizo extensivo a todos los monumentos de la nación…».

¿LA CUESTA DE LOS CHINOS O LA CUESTA DE LOS MUERTOS?

La nomenclatura de las calles de Granada podría ser motivo de estudio por su originalidad. La Alhambra, por estar situada sobre una colina, tiene acceso por cuestas, la actual y principal, la de Gomérez, y la secundaria (aunque principal en su origen), la Cuesta del Rey Chico, llamada así en recuerdo del último rey nazarí, Boabdil.

Otros nombres ha tenido esta cuesta del rey desdichado; fue llamada *de los muertos* por ser el camino habitual hacia el cementerio, y *de los chinos*, no porque por ella hayan pasado orientales, sino por estar asfaltada por cantos desordenados, guijarros que en España han tomado tal nombre.

Difícil averiguar la razón de que los llamemos así, al menos, opiniones hay diversas sobre ello. ¿Será el recuerdo que tuvimos del comercio de la cerámica procedente de China? En Madrid estuvo la Real Fábrica de Porcelana del Buen Retiro, llamada popularmente *La China*. Si fuera así, ¿cómo se les llamaría a los trozos rotos de su cerámica? ¿Chinos? ¿De ahí que nuestro refranero llame a tener «una china en el zapato» a la piedra que se ha introducido en él? Otros prefieren decir que la etimología del término *chino* proviene de la onomatopeya infantil *chin*, sonido producido al golpearse varias piedras. Sea como fuere, la Cuesta de los Chinos nada tiene que ver con orientales, solo con unos guijarros que por el devenir de la modernidad ahora se presentan mucho más accesibles al caminante. Nada comparables a los puntiagudos y resbalones cantos que hacían perder el equilibrio a la bajada años atrás.

En la *Guía del viajero en Granada* de Remigio Salomón (1880) se determinaba que existían 14 cuestas en Granada y a esta en concreto la denominaba *del Muerto*. En *La Ciudad de Granada. Descripción y Guía* de Seco de Lucena, cuatro años después, se menciona el inicio de la cuesta, desde el Puente del Aljibillo: «Hállase en la orilla izquierda del Darro, junto a la alameda de este nombre y en el punto de partida de camino que conduce a la fuente del Avellano y de la cuesta llamada de los Muertos y del Rey Chico». Seco de Lucena también llama indistintamente a dicha cuesta *de los Chinos*. En 1892, Manuel Gómez-Moreno, en su famosa *Guía* la denomina *de los Muertos* y así podríamos estar, consultando guías y guías sin sacar una conclusión clara de cuál era, de esas tres denominaciones, la que sería más apropiada.

Tampoco es fácil de ignorar, dentro del callejero granadino, el Paseo de los Tristes, cercano al inicio de la Cuesta de los Chinos o de los Muertos. Un paseo cuyo nombre oficial es el del Paseo del Padre Manjón, pero al que nadie ocasionalmente recuerda, a pesar de sus muchos logros académicos entre los más desfavorecidos. El Paseo de los Tristes tiene un origen incierto; unos dicen que se llama así porque por allí paseaban los funcionarios vestidos de negro de la Chancillería cercana, otros, porque iban camino de la Cuesta de los Muertos, en dirección al cementerio. Desde luego parece incongruente que el paseo granadino desde donde se disfruta la mejor vista de la Alhambra pueda denominarse «de los Tristes».

PASEAR SOBRE UN MOSAICO DE PIEDRAS

Antes hablaba de los famosos *chinos,* algunos puntiagudos y algo incómodos, puestos sin orden ni concierto y muy diferentes a otros que cubren las bellas calles y plazas de Granada, incluso la ciudadela alhambreña, recreando dibujos de lo más elaborado. Estas composiciones tienen su inspiración en la geometría andalusí y se llama *mosaico granadino.* Las flores, círculos o dibujos geométricos que presentan son de dos colores: el oscuro, que tradicionalmente procedía de la pizarra arrastrada por el río Genil y el claro, de las piedras blancas redondeadas del río Darro. Es una tradición centenaria que ha pasado de padres a hijos y que es totalmente artesanal empleando técnicas de los mosaicos romanos que más tarde fueron inspiración en al-Ándalus. Pasear por Granada y por la Alhambra no es cualquier cosa.

¿CUÁL FUE LA PRIMERA FOTOGRAFÍA DE LA ALHAMBRA?

La Alhambra y la fotografía han venido de la mano, al menos, desde 1840, fecha en la que Théophile Gautier y su amigo Eugene Piot visitaron el monumento y lo fotografiaron con una máquina innovadora para su tiempo. Siguiendo las conclusiones que ha llevado a cabo Javier Piñar Samos en sus estudios realizados sobre la fotografía, nos dice en su libro *Fotografía y fotógrafos en la Granada del s.XIX* que a lo largo de este siglo pasaron por la ciudad diferentes grupos de fotógrafos. Los primeros serían los viajeros que se centrarían fundamentalmente en la Alhambra; los segundos serían los viajeros fotógrafos que cargan dentro de su equipaje con el daguerrotipo o la máquina de fotografiar del momento sin que ninguno sea, especialmente, profesional en la materia. A todos ellos les siguen los fotógrafos conocedores de la técnica y se aprovechan de la moda de los álbumes, láminas o postales que se hacen famosos por todo el mundo. El fotógrafo Jean Laurent fue el más destacado de estos pioneros del recuerdo por imagen. Quizás, siguiendo la estela de los extranjeros, los fotógrafos locales se hacen su hueco en lo relativo a la Alhambra, la calle Real del recinto palaciego se llena de establecimientos fotográficos en donde se invita a pasar, ceden ropajes orientales con turbante y chilabas, y proporcionan al turista la instantánea que les recordará que ellos también fueron, por dos segundos, sultanes o sultanas de la Alhambra.

En la propia ciudad de Granada encontraron también su nicho de mercado otros fotógrafos locales, más dedicados al retrato, aunque también a la fotografía de paisajes, y que ocuparon los locales más altos de la ciudad para poder aprovechar la luz. Es raro no ver una fotografía de finales del s. XIX en donde aparezca un cartel que anuncie que allí se establecía un estudio fotográfico. Muchos pertenecían a familias expertas en la técnica, como los García Ayola, los

Camino, los Garzón, los Torres García, sin olvidarnos de uno, Manuel Torres Molina, que justo nació en la época en que la Alhambra era retratada desde todos sus ángulos.

Dice Piñar Samos en su libro que cuando «Théophile Gautier y Eugene Piot visitaron España en 1840, en calidad de corresponsales de la *Revue des Deux Mondes*, traían consigo uno de los primeros modelos de daguerrotipo, provocando alarmas y suspicacias entre los guardias de la aduana (...). Curiosamente, la afición a la cámara oscura por parte de E. Piot se despertó a raíz de este viaje, siendo el primero en poner en circulación en París una colección de vistas e iniciar así el capítulo de las grandes ediciones fotográficas». De ser así, las fotografías o daguerrotipos realizados por Gautier y Piot debieron ser las primeras que se hicieron a la Alhambra.

En 1846, recordemos que Alejandro Dumas llega a Granada y contacta con el guía francés Couturier, que tiene su propio daguerrotipo, y del que cuenta que «se trata de un viajero incansable que llegado de paso a Granada... se quedó. Hace dos años que vive aquí y no se decide a marcharse». «Couturier fotografió a Dumas —cuenta Piñar Samos— en el Patio de los Leones, a sus acompañantes y a su esclavo senegalés». Las fotografías, sin duda, son ahora mucho más que un mero documento gráfico, los modos y costumbres que de ellas se desprenden arrojan una información valiosísima para el historiador. Dumas junto a su esclavo senegalés trasciende así a una imagen que podría inspirar muchas reflexiones, siendo el escritor mulato y descendiente de una mujer esclava subsahariana.

Siguiendo el análisis de Piñar Samos encontramos otras referencias interesantes en la Alhambra del s. XIX. La escritora Luisa Tenison, que llegó a Granada a mediados del siglo junto a su esposo, el fotógrafo Edward King Tenison, nos ofrece la posibilidad de hablar de las mujeres pioneras en este campo. Siempre arriesgadas, estas viajeras no han tenido el suficiente reconocimiento y atención por parte de los investigadores. Los Tenison publicaron un libro a su marcha titulado *Recuerdos de España* con imágenes de los monumentos y lugares que más les sorprendieron. Eran esposas, claro, aunque fotógrafas, y como tales fueron recordadas más por lo primero que por lo segundo. Lo mismo ocurrió con la de Charles Clifford, que merece un capítulo aparte por el anecdotario que siempre le acompañó.

Por último, cabe señalar al siempre sorprendente Jean Laurent, que sin sus imágenes de Granada y en especial de la Alhambra, no hubiéramos comprendido el devenir del monumento, imágenes tomadas con técnica impecable con el objeto de realizar álbumes que poder divulgar al mundo pero que recogían —no sabemos si con intención— el esplendor y la decadencia de una ciudad. Gracias a sus instantáneas sabemos cómo era la desaparecida torre de la iglesia de San Gil, los cambios que experimentó la plaza Nueva a la que le salían árboles de vez en cuando, que el patio de los Arrayanes estaba apuntalado, o lo triste y ruinoso que estuvo el Palacio de Carlos V.

Al taller fotográfico de Laurent también se recurrió para fotografiar los desastres del terremoto de 1884, impactantes imágenes que contrastan con el pintoresquismo de algunos grupos de gitanos que posaron con el Albaicín y la Alhambra de fondo, dando el toque español en esos álbumes de moda.

CHARLES CLIFFORD, EL FOTÓGRAFO DE LA REINA QUE SUBÍA EN GLOBO

Piñar Samos en el catálogo de la excelente exposición *Luz sobre papel* realizada en 2007, comenta de Charles Clifford que «aunque no fue el primero en registrar el monumento (de la Alhambra) puede considerarse como el gran artífice de lo que habrían de ser las vistas fotográficas más conocidas y normalizadas de Granada y de la Alhambra. El valor de su producción reside tanto en su indiscutible mérito profesional como en haber establecido una particular forma de seleccionar y abordar el hecho monumental y pintoresco —ampliamente explotada por los fotógrafos que le siguieron— y en la difusión internacional que tuvieron sus imágenes merced a la composición de numerosos álbumes y a su prestigiosa clientela europea. La herencia de Clifford —materializada en unas 80 imágenes en torno a la ciudad y su patrimonio— cierra una época fotográfica para la Alhambra que concluye simbólicamente con la visita regia de 1862...», es decir, la visita que la reina Isabel II realizó por Andalucía y terminó, precisamente, en Granada.

Todo esto nos describe parte de lo que fue Clifford para la Alhambra, pero sus antecedentes nos ofrecen la vida de un fotógrafo aventurero, indisciplinado y con grandes dosis de intuición que llegó a ser, principalmente, el fotógrafo oficial de la reina Isabel II. Al acompañarla consiguió formar parte de la historia de este país, pues allí donde la reina iba fotografiaba sus inauguraciones o retrataba sus estados de ánimo dentro de su familia, convirtiéndose en un cronista y fiel reportero de una sociedad cambiante por minutos.

Charles Clifford, fotógrafo galés, vivió en Madrid entre 1850 y 1863, lo que le permitió ser testigo del gran proceso constructivo que regeneró las grandes ciudades españolas. La llegada de Clifford a Madrid ya supuso una conmoción para la pacata sociedad del momento: el fotógrafo llegó nada menos que en globo, en compañía del dueño de este, Arthur Goulston y de su esposa, Jane, que le acompañará en todas sus iniciativas. Los tres habían firmado un contrato con el empresario que gestionaba la plaza de toros de Madrid con el objeto de dar un espectáculo innovador. Y así era, pues se puso de moda realizar hazañas desde los globos aerostáticos, incluso montados a caballo, lo que llevó a la muerte a alguno de esos aguerridos fotógrafos del XIX. Charles, menos arriesgado pero visionario en cuanto a los encuadres paisajísticos, supo de inmediato que fotografiar desde el aire sería algo que, con el tiempo, se podría aprovechar.

En un tiempo en el que el retratado tenía que estar sumamente quieto o incluso disimuladamente atado para que la fotografía no saliera borrosa, Clifford tenía la habilidad de hacerla tan rápido que apenas se daban cuenta los modelos. Estaba claro que este galés tenía algo que no aportaban el resto de fotógrafos.

Su llegada a Madrid coincide con la intención de renovar las calles y plazas de la ciudad y comprende que lo que es susceptible de desaparecer debe ser fotografiado como testimonio del antes y el después. Esta mentalidad cuasicientífica sobrepasa a la de sus colegas, y gracias a ello hoy tenemos varias fotografías *de ese antes y ese después* que sufrió la Puerta del Sol de Madrid en 1857.

Por estas fechas había tomado contacto con Isabel II, recién dado a luz al heredero Alfonso, y lo convierte en su fotógrafo de propaganda. Es el momento de dar a conocer la nueva España que llega, la de los cambios sociales y arquitectónicos. Además de los retratos que mantiene con las casas reales de Inglaterra y España, Clifford se centra en ese *retratismo* arquitectónico de la nueva era. La serie de fotografías sobre la construcción e inauguración del Canal de Isabel II son excepcionales.

Pero llega el momento en que la reina Isabel tiene que demostrar no solo que puede cambiar la imagen de sus ciudades, sino que es capaz de mantener su Corona en el tiempo. Habiendo sido tan criticada por no poder tener hijos o parirlos muertos, el hecho de tener ahora un heredero se presta a dar difusión y sacar de la circunstancia el máximo provecho. Así que comienzan los viajes oficiales por toda España. La reina, incansable, también acepta recorrer Andalucía y cuando llega a Granada en octubre de 1862 ocurrirán algunas anécdotas interesantes para este libro.

Sin centrarnos más que en la Alhambra, pues hacerlo en el resto de la ciudad sería extendernos demasiado, Clifford saca su espíritu orientalista y busca lo pintoresco. Son las fotos de la Alhambra con grupos de gitanos tan divulgadas en el s. XIX, en un intento de dar voz al pueblo y nuestras raíces.

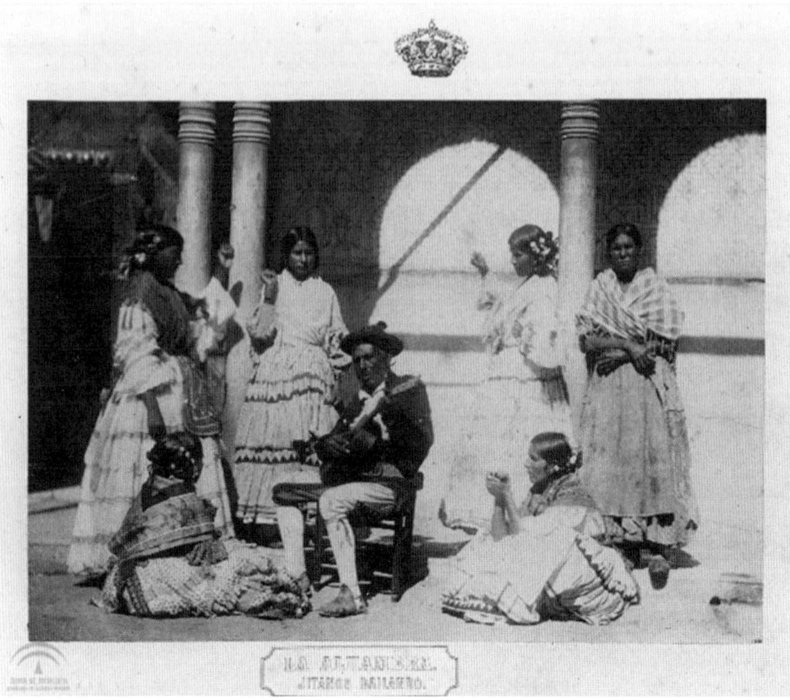

C. Clifford. Recuerdos fotográficos de la visita de SS. MM. y AA. RR. a las provincias de Andalucía y Murcia en septiembre y octubre de 1862. Recursos de Investigación de la Alhambra. Archivo fotográfico. Patronato de la Alhambra y el Generalife.

Cuenta en su libro de viajes Hans Christian Andersen, que coincidió con la visita regia, que pensando en visitar la Alhambra «una vez más para disfrutar de su belleza, tuvimos que esperar también un buen rato; yo y muchos extranjeros. El Patio de los Leones y la Sala de las Dos Hermanas estaban, por orden de su majestad la reina, siendo fotografiadas por un famoso fotógrafo inglés; el hombre se hallaba en plena faena y no se permitía entrar a nadie por temor a que se le molestase. A través de los arcos reconocimos a toda la tribu gitana que antes viera yo subir hacia allí; les habían mandado llamar para animar los retratos con personas vivas. Habían sido agrupados en el patio; un par de los críos más pequeños totalmente desnudos y dos muchachas jovencitas con dalias en el pelo posaban en actitud de bailar; una gitana vieja, infinitamente fea, reclinada contra una esbelta columna de mármol, tocaba una zambomba, una especie de pichero de tocar, mientras que una mujer gorda, pero aún bastante guapa, vestida con falda de volantes y colorines, tocaba la pandereta. En un santiamén estuvo hecha la foto; imposible describirla, quizá algún día la vea, pero esta era, con toda seguridad, la última vez que contemplaba la Alhambra».

De los muchos fotógrafos que pasaron por España con el objetivo de fotografiar el gran monumento, por entonces ya fantaseado con su imagen romántica de cupulillas, cabe destacar los pintores, como Gustave Doré, que tomaron la herramienta de la fotografía como un método complementario a su trabajo. Ahora se sabe de este magnífico pintor que cuando estuvo en Granada tomó fotografías, retratos y paisajes que luego utilizó de base para realizar sus otros grabados que ilustrarían el libro de viajes de su amigo Charles Davillier, a quien acompañó en su visita española. La fotografía ya era la técnica versátil que hoy conocemos.

CHORROJUMO, MODELO FOTOGRÁFICO DE LOS GITANOS GRANADINOS

Decía Alejandro Dumas en su viaje que «es difícil dar una idea de la repulsión que los españoles sienten por los gitanos y que los gitanos sienten por los españoles», con todo, cuando se trataba de una relación comercial ambas partes parecían avenirse a un tratado de paz.

Los grupos más marginales de la ciudad y los de diferentes etnias inspiraban repulsión y curiosidad a partes iguales. La pobreza llegaba a la gran mayoría de la población, pero el Albaicín y el Sacromonte se llevaba la peor parte de una sociedad que se debatía entre la ignorancia, la intolerancia y la caridad cristiana.

Los fotógrafos no hacían más que plasmar la realidad, pero una realidad a medias. Cierto era que retratar la pobreza era un deber para quien se consideraba el adalid del retratismo.

Entre tanto, un punto de inflexión llegó, y fue el de considerar a los gitanos como modelos para los estudios fotográficos. Todos ganaban: ellos un poco de dinero, y los retratistas la fama. De entre todos esos modelos, posadores profesionales frente a la cámara, tomó celebridad un gitano, apodado *el Rey* entre los de su clase, porque realmente debía serlo, se llamaba Chorrojumo.

Se hizo tan famoso que lo pintó hasta Mariano Fortuny.

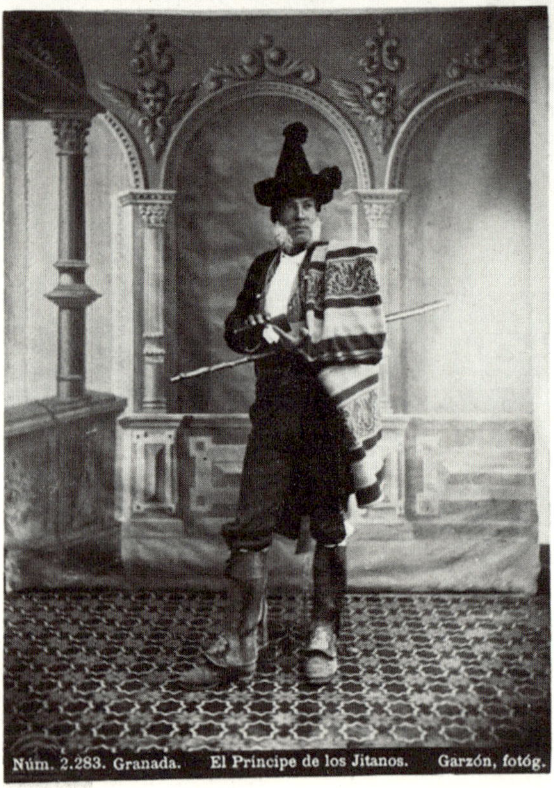

Garzón. El Príncipe de los Gitanos. Recursos de Investigación de la Alhambra. Archivo fotográfico. Patronato de la Alhambra y el Generalife.

El último artículo dedicado a este peculiar personaje, *Mariano Fernández natural de Ítrabo,* lo encontramos en la revista *Alhóndiga,* número 17 del año 2019. Lo firma el investigador Gabriel Medina Vílchez y desvela al tiempo que desmiente algunos puntos interesantes sobre el Rey de los gitanos.

El primero es que no nació en la capital granadina, sino en una localidad de la costa, Ítrabo, de donde arranca el seguimiento de Chorrojumo, que se llamaba realmente Mariano Fernández. La denominación por la que se hizo famoso le venía, posiblemente, por el apodo Chorro e Jumo (Chorro de Humo) que atendía a la creencia de ser herrero, lo que también desmiente Medina Vílchez, afirmando que, al menos, fue chalán, tratante de bestias la mayoría del tiempo.

Tuvo una vida azarosa, como los de la mayoría de su tiempo, dentro y fuera de su familia y cambió de domicilio varias veces a lo largo de su vida, alojándose en la Alhambra durante algún tiempo, en la Torre de los Picos y en la Puerta de Hierro, que sustituyó a la Puerta del Arrabal como entrada a la Alhambra.

No se sabe exactamente cuándo fue «descubierto» por los retratistas o pintores ni por qué le supusieron con mejor planta que a los demás gitanos de su entorno. Lo cierto es que demostró relacionarse muy bien con los intelectuales curiosos que pasaban por la ciudad, incluso hablando con ellos en su idioma con palabras aprendidas y ofreciéndose a otros como mediador de eventos u ofreciéndose como guía. Todo un *relaciones públicas* que se granjeó la corona de ser el Rey de los gitanos según la anécdota que nos cuenta en el artículo referido Gabriel Medina Vílchez:

«La vida de Chorrojumo tuvo un momento de inflexión en diciembre de 1883, ante el príncipe imperial de Alemania, Federico Guillermo. La prensa de la época relataba de este modo ese curioso momento "real". Cuando después del almuerzo salió del hotel el príncipe imperial, hallábase a la puerta, donde le esperaba la comitiva, el tan característico gitano conocido con el apodo de Chorro e Jumo, cuyo traje pintoresco le llamó tanto su atención que, antes de subir al carruaje, se detuvo para contemplarlo.

»El gitano, viéndose objeto de la imperial curiosidad, se descubrió, pero el príncipe, con insinuante ademán, le dijo:

—No, ponte el sombrero.

»Obedeció el gitano, sin poder dominar la risa que le causaba, sin duda alguna, la satisfacción de verse en medio de la regia comitiva un caballero cubierto ante el imperio alemán, mientras el príncipe le contemplaba sonriéndose también al ver su cómica actitud y su risueña expresión.

—¿Y qué eres? —le preguntó al fin el príncipe.

—Yo soy —le respondió aquel mordiéndose los labios—, el rey de los gitanos.

—¡Ah! —exclamó el príncipe riendo—, entonces somos colegas».

¿QUÉ HACÍA UN HOMBRE MUERTO EN EL ALJIBE DE LA ALHAMBRA?

Las curiosidades que nos dan a conocer los investigadores de la historia de Granada, afortunadamente, no cesan. La revista granadina *Alhóndiga* proporciona alguna de estos chismes históricos, que no por estar dirigidos al gran público dejan de ser documentos contrastados. La que nos cuenta esta vez el catedrático de Historia Moderna y de América de la UGR, Francisco Sánchez-Montes, nos ofrece un poco de la crónica negra de la Alhambra. En su artículo del número 17 de 2019, titulado *Un ahogado en el aljibe de la Alhambra*, nos habla de un suceso acaecido el 23 de enero de 1616 cuando María de la Paz, esposa del carnicero de la calle Real salió de casa muy temprano «a vaciar las inmundicias» de su bacín, descubriendo que en el aljibe de la Alhambra había un bulto fuera del agua que correspondía a un cadáver.

Las investigaciones comenzaron de inmediato y tras preguntar a los testigos, a familiares y a amigos, se dio en resolver que el fallecido era Pedro de Godoy, vecino del Albaicín que fue reconocido por una sortija que llevaba en la mano. Aunque se sospechó del posible asesinato, todo apuntó a que el pobre señor, llevado por deudas de juego, se suicidó, posiblemente con belladona. El artículo, mucho mejor narrado y con más detalles de los que aquí he dado, merece la pena leerse, aunque solo sea para recordar que la *melancolía*, que era como se llamaba a la depresión en tiempos pretéritos, nos puede aquejar a todos en cualquier momento y lugar.

El mismo autor, Sánchez-Montes, aporta más información sobre la *Alhambra noir* o crónica negra del monumento en su artículo *La ciudad de la Alhambra en el siglo XVII* (del libro *La vida cotidiana en la Monarquía Hispánica),* centrándose en la presencia de la muerte violenta dentro de la vida diaria de la Alhambra. Además de la que les llegaba por las enfermedades comunes del momento, fueron frecuentes los asesinatos en las zonas oscuras del recinto, los suicidios o ahogamientos en los aljibes.

Uno de los sucesos más trágicos de la Alhambra me lo cuenta Francisco Sánchez-Montes de esta manera: «Hubo un renombrado suceso, el de la muerte de la mujer del marqués de Mondéjar doña Brianda de la Cerda y Sarmiento, quien pierde la vida junto con un sirviente y una doncella de su cámara, pues en el año de 1626, debido al estado ruinoso de la Alhambra: "*La marquesa de Mondexar en San Francisco fue muerta repentinamente por una tapia de un xardín (que) se caío sobre si, no hixo testamento, la cual tapia mató un pajecillo de su excelencia e una muchacha criadica*"».

EN LA ALHAMBRA SE ENTONÓ CANTE JONDO

Los años veinte del siglo pasado congregó en la ciudad de Granada a un variopinto grupo de intelectuales que plantaron cara a la aburrida sociedad de su tiempo. Hasta ahora he hablado de la Alhambra y de muchos de los personajes que por las calles de su ciudad pasearon y vivieron, pero no he nombrado al único que puede competir en popularidad con el palacio nazarí fuera de nuestras fronteras. La Alhambra es universalmente conocida, si bien Federico García Lorca no se queda atrás.

Ahora es el momento de unir a Federico con la Alhambra, y será, aunque podríamos hablar de alguna más, de una iniciativa novedosa en su tiempo. Me refiero al Concurso de Cante Jondo de 1922.

El cante jondo era considerado la música del pueblo, de la gente humilde, incluso de los gitanos. Que unos intelectuales de la talla de García Lorca y Manuel de Falla —el músico más querido de su tiempo— lo reivindicaran removió muchas conciencias. Dice Antonio Gallego Morell en su biografía *Sobre Falla* que el músico llegó «a Granada en el verano de 1919, ya sube en coche de caballos hacia la Alhambra, empapado de una Granada literaria que circula por el mundo; se acerca a Granada con la misma ilusión con la que se venían acercando pintores y escritores a lo largo de los tiempos cuyo fervor se acrecienta entre las varias generaciones románticas que ven en Granada una geografía de fronteras irreales y de una dimensión histórica nada convencional. Y, además, él lo ha buscado en cierta manera: llega a una Granada muy concreta que en el fondo es la de Washington Irving, aunque este no fuese el libro con el que se acerca a la Alhambra Falla, más seducido por desviadas alusiones de letras francesas. Pero el caso es que irrumpe directamente en la Alhambra de la calle Real, del Secano, del Partal, de la Iglesia de Santa María, del Convento de San Francisco. A la hondura religiosa de

Falla le sobrecoge que allí hubiese estado enterrada la reina Isabel. Y Falla se acerca a todos esos rincones de la mano de Ángel Barrios…». Sí, Ángel Barrios, que en casa de su padre, El Polinario, permitió a don Manuel conocer el mundo de las guitarras, del cante flamenco, del cante propio del pueblo andaluz. Se hizo entre ruinas, pues literalmente en ellas estaban al vivir en unos baños islámicos en la calle Real de la Alhambra. La idea de reivindicar el cante jondo parte de todos ellos, de músicos y poetas, de los *rinconcillistas* del Café Alameda y a todos ellos pone voz un joven Federico García Lorca que lanza un grito de auxilio en una conferencia en el Centro Artístico: «¡Señores, el alma musical del pueblo está en gravísimo peligro! ¡El tesoro artístico de toda una raza va camino del olvido!», dijo. Poco después, el propio Falla publica en *El Defensor de Granada* una frase demoledora comparando la defensa del cante jondo con la conservación de la Alhambra: «¿Qué pensarían ustedes de quien se dirigiese al ministro de Instrucción Pública pidiéndole que suprimiera la partida especial configurada en el Presupuesto del Estado para la conservación del Palacio de la Alhambra, por considerar este gasto como algo injustificado y superfluo...? Pues de ese mismo modo calificamos nosotros al que se opone a que el Ayuntamiento de Granada preste su ayuda al renacimiento y conservación del cante puro andaluz».

Estaba claro que Falla no estaba al tanto de los muchos apuros que habían pasado y todavía sufrían los conservadores de la Alhambra para conseguir dinero que sacara al monumento de su ruina, con todo lo destacable en sus palabras es que equiparaba la herencia material de la arquitectura con la inmaterial de la música, ambas igual de importantes para el legado de un pueblo.

El concurso que se llevó a cabo, coincidiendo con las Fiestas del Corpus de 1922, tuvo detractores de inmediato catalogándolo de *concurso de jipíos* y temiendo que terminara siendo una *españolada*. A pesar de las reticencias, el concurso siguió adelante y se celebró en la Plaza de los Aljibes de la Alhambra los días 13 y 14 de junio de 1922. El cartel del certamen lo diseñó Manuel Ángeles Ortiz y Hermenegildo Lanz, de los mejores pintores vanguardistas de Granada y el decorado correspondió a Zuloaga. Las 8500 pesetas recaudadas para el concurso se repartieron en los diversos premios, el primero se dotó de 1000 pesetas y correspondió a Diego Bermúdez Calas, llamado el Tenazas. Como anécdota, un joven de trece años llamado Manuel Ortega Juárez también tuvo galardón y buen recibimiento del público. Algo tendría este muchacho, pues con el tiempo se pondría de nombre artístico Manolo Caracol, que en los años cuarenta inició su colaboración con la cantante Lola Flores.

Dice Gallego Morell en su biografía citada que «El Concurso del Cante Jondo es un hecho que ha venido pesando en la vida cultural de la ciudad. Todavía hay granadina que guarda —esto lo escribió en 1972—, en el fondo de un arca de recuerdos el traje de aquellas noches (...). El concurso del año 1922 es uno de los grandes momentos de ilusiones granadinas en el siglo XX».

Una placa recuerda tan grande acontecimiento en la Plaza de los Aljibes, un hecho que repercutió no solo en la vida social granadina, sino en la cultura flamenca de todo el mundo.

LA ALHAMBRA ESTUVO LLENA DE MUJERES

Llena, como cualquier ciudad. Esto parece obvio, pero no lo es para la propia Historia que nos han hecho estudiar a lo largo de los siglos. La mujer, la mitad de la humanidad, se ha esfumado en los libros de texto, en los ensayos y tratados. Si no hubiéramos existido, ¿cómo habría sido posible la procreación? Y mucho más concretamente: ¿cómo habrían podido subsistir todas aquellas personas que vivían en sociedad sin tener quien cuidara de sus hijos, sin atender las labores domésticas y las haciendas de la familia cuando los hombres faltaban?

Las investigadoras deben en la actualidad tirar de mucha lógica para comprender la historia que no se encuentra en los libros. Para eso hay que hacer como Esther Galera Mendoza, que con su libro *Mujeres en la Alhambra (colección de documentos de los siglos XVI y XVII)* se ha leído testamentos, dotes matrimoniales o contratos a través de los libros de protocolos, además de consultar el archivo de la Alhambra, que es inmenso.

Todo nos viene a decir que en la Alhambra había mujeres, faltaría más, de muy distintas clases sociales y que desempeñaban diferentes profesiones. «La historia de las mujeres que vivieron en la Alhambra durante los siglos XVI y XVII es un reflejo de la sociedad estamental del Antiguo Régimen tal y como se ordenó en las ciudades de los reinos de España durante esos siglos. Es una realidad social compuesta por mujeres que pertenecieron a la élite por razón de su cuna y matrimonio, mujeres que formaron parte de los grupos sociales más desfavorecidos como las esclavas, expósitas o moriscas, mujeres que pertenecieron a la burguesía y que fueron responsables de sus propios negocios e inversiones, mujeres que desempeñaron algún tipo de oficio o tuvieron un empleo modesto aunque remunerado, y mujeres que se desposaron con labradores, jornaleros, obreros, artesanos o artistas y que vivieron dedicadas fundamentalmente al cuidado de la familia». Así, Galera ha encontrado mujeres con nombres propios, como las de más alcurnia, las que pertenecieron a la familia Mendoza y otras vinculadas con el marqués de Mondéjar, amplia familia que estuvo siempre al lado de los reyes desde la llegada de los Católicos. De hecho, el título de marqués de Mondéjar le fue concedido a Íñigo López de Mendoza por su fidelidad, otorgándole la alcaldía a perpetuidad de la Alhambra. Todas las mujeres relacionadas con esta familia tuvieron grandes privilegios. Muchas de ellas eran cultas, se relacionaban con otras de su élite social y solían ocuparse del mecenazgo, lo que les daba la oportunidad de participar en la sociedad. Algunas de ellas, una vez que su marido había muerto, se encargaban de dirigir las obras de su capilla para que reposaran sus restos.

Otras mujeres estaban casadas con funcionarios de la Corona; otras, con abogados u oidores, y acudían al despacho de sus esposos y firmaban documentos, según se desprende de los archivos de la Alhambra.

Algunas viudas continuaban con el negocio de sus maridos, como es el caso «de Mari López, que abasteció de madera a las obras reales, o bien buscando un modo de recibir un salario como *María de las Maderas*, hija del obrero de la Alhambra, Francisco de las Maderas, que alquiló un bagaje a las obras reales para mantenerse tras enviudar», al igual que Mariana de Contreras que dirigió, tras la muerte de su marido, el taller de alfarería de los Tenorio en la Alhambra, en el que ella misma trabajaba.

En el lado opuesto de mujeres de abolengo y de trabajo remunerado estaban las criadas y esclavas. Las criadas debían ser muchas, a tenor de lo que exigía la sociedad, otra cosa serían las esclavas, de las que hay conocimiento tanto en la época andalusí como en la cristiana. En el periodo que estudia Galera son frecuentes las «esclavas moriscas más que las esclavas negras, aunque también hubo algunas como Lucía Ana, esclava de Diego Medina, veedor de la hacienda real. También hubo esclavas ladinas. *Ladina* quiere decir mestiza, aunque este término referido a un esclavo o esclava también significaba que lo era ya por más de un año. En el caso de María de Herrera, esclava ladina blanca, que además se califica como *amulada*, que quiere decir estéril, sin capacidad para procrear». Podríamos estar aquí cubriendo páginas sobre las muchas mujeres que vivieron y sufrieron, trabajaron y encontraron la felicidad en la Alhambra. A fin de cuentas, la Alhambra es un microcosmos dentro de la ciudad, y como tal en él se sucede lo bueno y lo malo de la vida y, por lo tanto, mujeres también hay.

LA CASA DE LAS VIUDAS DE LA ALHAMBRA

Las mujeres trabajaban fuera y dentro de sus casas, así lo han hecho en la mayoría de las culturas y periodos históricos, hecho que ahora se está empezando a reconocer. Lo que estaba más que claro es que su condición social tomaba una dimensión muy distinta cuando el esposo fallecía, lo que era corriente, dado el nivel de vida al que se exponía el varón con guerras y enfermedades a las que combatir. Las mujeres se quedaban viudas, pasaban a ser un *tipo de mujer diferente*, eran más libres pero también más responsables, debatiéndose entre la capacidad de decisión dentro del negocio familiar y permanecer en la sombra si tenía hijo varón al que representar mientras este era menor.

En algunas ciudades se pretendía cuidar de estas viudas que continuaban con el negocio del marido, por eso deseo saber más de esa casa que había en la Alhambra y que llamaban Casa de las Viudas. Acudo de nuevo al catedrático de Historia, Francisco Sánchez-Montes, para ver si me puede ampliar información: «La llamada "Casa de las Viudas" en realidad estaba formada por varias casas ubicadas sobre la calle Real del recinto alhambreño. Su origen se debió al carácter castrense del sitio, pues fue fundación del siglo XVI y dotada por Juan Fernández Matute, quien crea el "patronato de las pobres viudas" para acoger preferentemente a las mujeres viudas de soldados. Su función aún subsiste a inicios del siglo XVII, pues en la década de los 30 allí se refugian 8 mujeres, dedicándose, ente otras labores, a una tenería en la que ellas curtían y trabajaban las pieles. Hubo a su vez otras actividades económicas de mujeres, fue el caso de la utilización de diversas torres, en las que se instalaron telares, llegando a limitarse su uso, puesto que con su traqueteo afectaban la solidez de las murallas. Además, debido a las difíciles condiciones materiales para poder sobrevivir, surge una cierta solidaridad entre mujeres, con el ejemplo de la fundación por Quiteria de Santisteban en 1619 de un patronato de ayuda para las señaladas viudas.

»Los censos son escasos, pero contribuyen a conocer a aquel mundo de las mujeres en la Alhambra del Siglo de Oro. El del año 1630 señala a 19 viudas vecinas de la Alhambra, una de las cuales vive con su hijo de 17 años; otra, para sobrevivir, acoge en casa al tejedor Jacinto de Madrigal; Catalina Sánchez, a su yerno de 24 años, y Catalina de Luz, a Francisco de Cámara con su familia. A ellas se unen tres mujeres solteras, destacando la disponibilidad económica de María de Robles, pues residía en casa propia con su hermana; su familia debía ser "entretenida", cobrando así una paga de viudedad, pues unos años antes se señala a una "Ana de Robles, hija del Capitán Melchor de Robles", quien con "Ana María de la Guerra" recibían una soldada».

Aunque sus nombres no parecen despertarnos mucho interés por no haber pasado a la historia con mayúsculas por hechos heroicos, confirman el hecho de que las mujeres trabajaban y luchaban por su propia subsistencia y la de su familia.

El propio Sánchez-Montes, consultando la documentación que se encuentra en la Alhambra, ha dado con situaciones picarescas en las que también las mujeres se veían involucradas y que no dejan de tener interés para esta guía.

«En 1616 —comenta Sánchez-Montes—, el veedor don Gaspar de León dice estar dispuesto a querellarse contra el alcaide del Cuarto de Comares, de nombre Fernando Contreras, pues junto con una tal María "de las nieves", una esclava liberada, permitían el acceso al recinto palaciego a los visitantes pero previo pago de la visita, sin importarles el deterioro de los palacios. Para mí se trata del primer "turismo", con una serie de connotaciones reflejadas en un documento de enorme interés: "tiene las llaves del *quarto* real de Comares y abre y cierra todas las puertas *del* para mostrar todo lo que *ay* en el dicho *quarto* a todas las personas que quieren entrar, pagándole lo que les pide en precio excesivo y no *dexándole* entrar de otra manera, *enzerrándolos* dentro, quedándose a la parte de fuera para recoger a más gente, de que a ella le vienen y resulta grande aprovechamiento y daño y perjuicio a la *Hazienda* Real, porque como se hallan solas las personas que entran y por la mayor parte son forasteros y gente ordinaria, ensucian y maltratan el dicho cuarto y paredes labradas a lo mosaico, que son muy costosas y borran las pinturas y arrancan *aldavas* y cerraduras, como se ha visto y se ve cada día" [A. Alh. L 310].

»Como solución, don Gaspar proponía que las llaves pasaran al portero y la limpieza a un barrendero para que cuidasen de Comares. Sin embargo, Contreras replica y justifica a María "de las nieves", diciendo que ella es quien mantiene limpio el sitio, allí tiene un aposento, y argumenta su mejor cuidado pues "era más propio de las mujeres el barrer, que no de los hombres».

LAS MAZMORRAS Y LOS TÚNELES MISTERIOSOS DE LA ALHAMBRA

Las salas esplendorosas del palacio nazarí son el lado opuesto a otras que, por estar ocultas, no merecen la atención de los visitantes y, a veces, tampoco de los investigadores. Decía Torres Balbás en su artículo *Las mazmorras de la Alhambra* que «esta Alhambra subterránea, en la que penaron millares de cautivos cristianos, merece ser conocida». Se refería a las mazmorras que la Alhambra tenía, aunque para ser realistas sus túneles horadados también se dedicaron a menesteres menos crueles.

La fabricación de silos era frecuente, bien para mantenimiento de cereal o incluso para ocultar pertenencias, en los momentos de invasión. Mazmorras destinadas a guardar cautivos había en todas las ciudades y fortalezas musulmanas de España. Las crónicas revelan que a la llegada de los Reyes

Católicos fueron liberados unos cuantos cautivos, la mayoría no habían tenido valedores que pudieran haber dado rescate, de ahí que permanecieran en confinamiento.

En algunos grabados del s. XVI se presienten unas bocas circulares que debieron ser mazmorras situadas cerca del Campo de los Mártires (llamado así precisamente por eso, y antes, Corral de los Cautivos), hasta las torres Bermejas, por delante de la Puerta de los Siete Suelos.

Cuenta Torres Balbás que «cerca de estos silos había torres para su vigilancia, y un autor del siglo XVI alude a la existencia de unos portales en el mismo lugar en los que tenían los moros gran cantidad de grillos, esposas y cadenas para aherrojar a los cautivos».

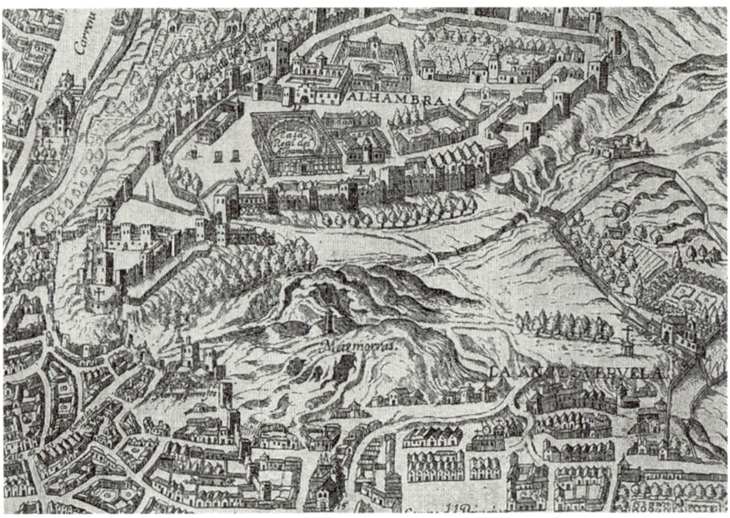

Detalle de la plataforma de Vico de 1613 en donde se ve la palabra «Mazmorras» justo debajo de la Alhambra.

De cómo debía ser la vida dentro de las mazmorras nos da una idea el artículo de Leopoldo Torres Balbás ya citado, y si tuviéramos tiempo para enumerar los comentarios de los antiguos cronistas y viajeros como Jerónimo Münzer, J. Antolínez de Burgos o Bermúdez de Pedraza, se nos pondrían, sin ninguna duda, los pelos de punta. Tampoco se quedaron cortos los cristianos, que, al tomar el dominio de Granada, dieron la vuelta a la tortilla encarcelando a sus contrarios. En el s. XVI, la Torre de las Cabezas de la Alhambra (de la cual se ha contado aquí una de sus muchas leyendas) fue llamada de origen Torre de las Prisiones o de la Cárcel y según la investigadora Cristina Viñes, las estancias subterráneas se dedicaron a prisión para presos comunes y las superiores a vivienda.

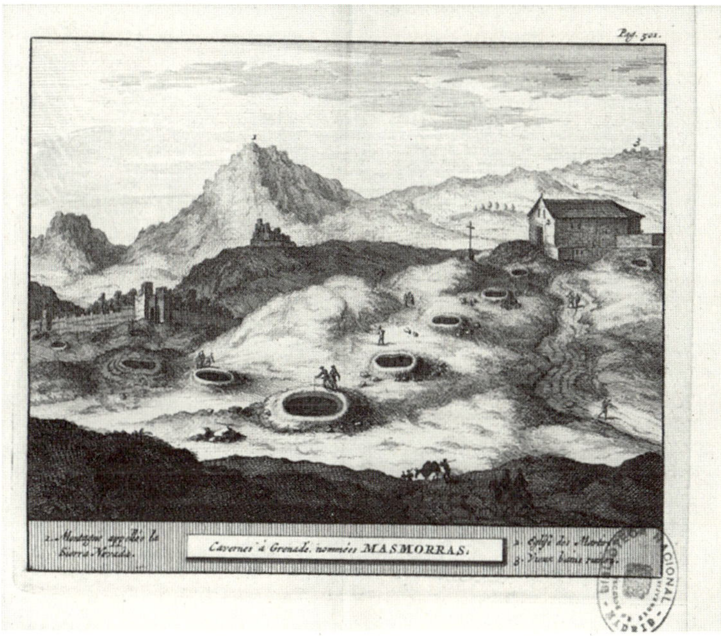

Agujeros que corresponden a las mazmorras, según grabado incluido en Les delices de l'Espagne & du Portugal de Juan Álvarez de Colmenar en 1707. Biblioteca Digital Hispánica.

José Ignacio Barrera Maturana en su artículo *Grafitos de presos de los siglos XVIII-XIX en la Torre del Homenaje de la Alhambra* revela interesantes detalles sobre el palacio más bello del mundo, que por imperativos de la historia, tuvo que dedicar una parte de su espacio para prisión. Durante los s. XVII y XVIII la Alhambra «alojaría presos condenados por delitos políticos y mandados sólo por expresa Real Orden. La Alhambra no era una cárcel según los modelos clásicos, por lo que los presos allí recluidos, generalmente militares y políticos, no tenían que convivir con presos comunes». Algunos disfrutarían de ciertas comodidades, como la de verse con sus esposas, y parece que pudieron ocupar zonas (hoy de las más destacadas) para su encerramiento. Se trataría, por ejemplo, de la Torre del Peinador de la Reina, la Torre del Homenaje o las propias habitaciones de Carlos V, todas ellas ofrecidas a marqueses y condes, como era previsible.

Una vez que los franceses dejan Granada, todos los que conspiraron o los apoyaron vieron sus huesos en la cárcel que era la Alhambra, se habitaron zonas de la alcazaba para darles cobijo y, según pasó el tiempo, se les conmutó la pena a cambio de trabajos forzados, como era participar en la restauración del propio monumento. En 1866 llegaron a acoger incluso a presos de la cárcel de la capital que estaba masificada. La Torre del Homenaje, dividida en cinco pisos, fue en un principio domicilio del primer rey nazarí, Muhammad I, y posteriormente de los alcaides de la Alhambra. En sus pisos inferiores tuvo sus mazmorras, pero con el paso de los siglos fue dedicada a prisión. «Cada piso se repartía en cuatro habitaciones con capacidad para siete encierros, descontando las habitaciones destinadas a la guardia. Ya en el siglo XIX, y ante el aumento del número de presos en la Alhambra, es posible que se dividieran los aposentos, ya que las fuentes escritas nos informan de que podían contener hasta doce presos», asegura Barrera Maturana.

El transcurrir de la vida entre esas paredes debió ser de muy diferente índole teniendo en cuenta la posición social del preso, pero la investigación de Barrera Maturana arroja luz sobre nuestra curiosidad, porque los presos cuando se aburren pintan sobre las paredes y es de ahí de donde han sacado información más que curiosa.

La primera es que se han encontrado grafitos comunes a los de los demás presos, rayas verticales que contarían los días, semanas y meses allí recluidos. Calendarios como los que vemos hacer a los maleantes de las películas. Las incisiones sobre la pared también recrean cruces, y de ellas se destacan nombres que pudieran ser de los propios presos. También cuadrados que invitan a pensar en posible base de juegos para entretener las muchas horas ociosas. Al menos un rostro y objetos que muchos de los allí retenidos debieron imaginar tener en las manos para poder salir de allí, como cuchillos. Pero de entre todos, los que más expectación plantean son los dibujos de barcos, de diferentes tipos, perfilados con gran detalle. ¿Quiénes los pintarían? ¿Serían marinos apresados que, conociendo su oficio, se distraían recreando los veleros que les trajeron a tan triste destino? ¿O simplemente representan los deseos de libertad de aquellos desgraciados cautivos?

Otro misterio más en las paredes de la Alhambra.

DESIDIA, DESORGANIZACIÓN Y OLVIDO DE LA ALHAMBRA EN EL S. XVII

Los presos o cautivos a los que citaba en el capítulo anterior me dan pie para hablar de la vida cotidiana en el s. XVII según las investigaciones que ha llevado a cabo el catedrático Francisco Sánchez-Montes. Con sus propias palabras recogidas en el artículo *La ciudad de la Alhambra en el siglo XVII*, que forma parte del libro *La vida cotidiana en la Monarquía Hispánica*, «el siglo XVII resulta ser el más desconocido y peor tratado» de la historia de la Alhambra, debido a algunas circunstancias que coincidieron, como que durante un tiempo, tras la muerte del segundo marqués de Mondéjar, que supuso la desaparición de la poderosa familia Mendoza en el monumento alhambreño, tomó sus riendas el polémico duque de Lerma, que, como era previsible, dado su afán de corruptela, entregó la fortaleza a su hijo, el duque de Uceda.

La guarnición de la Alhambra empieza a sufrir un declive desastroso, y no me refiero a la ruina del monumento en sí, sino a la organización de todos los ciudadanos que dentro de su recinto vivían. La documentación a la que pueden acceder los investigadores actuales es además limitada, porque un siglo antes, el corrupto teniente de alcalde, Miguel Ponce de León, en «un tiempo de desgobierno», provocó la pérdida de un buen número de documentos, datados entre 1492 y finales del s. XVI, vendiéndolos a los especieros de la ciudad. Parece ser que estos aprovechaban los viejos papeles para hacer con ellos «carterillas» de especias.

La situación pareció mejorar cuando el hijo del duque de Lerma, el duque de Uceda, encontró la muerte y volvieron a la Alhambra los Mondéjar, que encauzaron el asunto.

El desorden que, por aquellos años, sufría la guarnición de la Alhambra y el resto de su recinto privado de casas humildes y palacios es descrito por Sánchez-Montes con acierto casi novelesco. «De tal desgobierno —nos cuenta— da buena muestra la propia organización de la seguridad del recinto, que resultaba muy deficiente pues, pese a las normas, en la práctica, los arcabuceros asignados a la guardia señalan en 1602 no saber cómo funcionan las cosas, desconociendo turnos y a quién le correspondía». La picaresca, siempre tan española, se unía al desconcierto, pues los turnos «se vendían» con el fin de conseguir dinero extra.

Los hombres de la guarnición tampoco eran un dechado de virtudes, algunos contaban 69 o 70 años y otros estaban heridos o les faltaban los dientes, lo que podría indicar que su salud estaba más bien mermada.

Como curiosidad, hay que decir que la guarnición no se componía enteramente de granadinos, sino que procedían de diversas partes de Andalucía y de otros pueblos, tan lejanos como el palentino de Cubillas de Cerrato. También aparecen nombres de mujeres; algunas recibían sueldo en el destacamento, lo que es lógico porque dentro de la ciudadela de la Alhambra transcurría la vida como en cualquier otra parte, con ambos sexos y familias procreantes.

La vida cotidiana de estas personas también ha sido motivo de estudio por parte de Sánchez-Montes. La tropa se ocupaba de labores diarias, algunos fueron jardineros, acequieros o barrenderos, así como hortelanos de los huertos que les proporcionaban alimentos. Como se ha dicho en otro momento en este libro, la Alhambra contaba con talleres textiles y algunos pudieron colaborar en estos.

Fuera del trabajo ordinario y cotidiano, también tenían sus momentos de ocio. ¿Cómo se divertía la tropa destinada en el área castrense de la Alhambra? «La vida cotidiana de la tropa se plasma en la utilización del popular *Juego de Bolos* que existía en el foso de la Alcazaba. Unido a otro que al parecer existió en la trasera del Cuarto de los Leones, que gozaba de gran popularidad entre los soldados. Por el contrario, otras distracciones eran prohibidas, como fue el caso de la requisitoria, que prohibió el juego de naipes y dados».

La vida transcurría como en cualquier otra ciudad, afectándole también las desgracias ajenas. Tal es el caso de la muerte del rey Felipe III, que implicó un «ritual marcado por las salvas de artillería, el toque de la campana de la Vela y el cierre de la Puerta de la Justicia por nueve días…». En tal ocasión la tropa debió llevar distintivo de duelo, que consistía en una especie de toquilla sobre el sombrero llamada «humo» y la espada con forro negro.

Pero lo que trastocó excepcionalmente la relajada vida de estos alhambreños fue la visita del rey Felipe IV, en 1624, acontecimiento que tiene capítulo aparte por todo lo que implicó. Ya se sabe que cuando tenemos invitados lo primero que hacemos es adecentar la casa y, en este caso, la Alhambra también sufrió cambios, algunos buenos y otros no tanto, aunque necesarios, porque si no, literalmente, la carroza del rey no entraba.

LA ALHAMBRA SE ENSANCHA Y SE AMOLDA

El 3 de abril de 1624 llega, por fin, el rey Felipe IV a Granada. Dice el cronista Henríquez de la Jorquera que entró por «el puente del Genil y Puerta del Rastro, a la cual pusieron Puerta Real», nombre que le quedó tras este acontecimiento. El rey «fue a posar», como él dejó dicho, a la Casa Real de la Alhambra y, para conocer los cambios que sufrió el monumento debido a las necesidades de acoger a su amplia corte, pregunto al profesor Sánchez-Montes, que además es el autor de *El viaje de Felipe IV a Andalucía en 1624*.

«La estancia de Felipe IV acompañado por su numeroso séquito en la Alhambra fue muy breve —me explica—, llegó el miércoles día 3 de abril y partió de Granada el 10 de ese mes, residiendo en la ciudad en la Semana Santa del año 1624. En el recinto palaciego se alojaron los principales de aquella corte itinerante, el propio monarca con el omnipresente conde-duque de Olivares, o bien Carlos, hermano del rey. El Concejo y Chancillería de Granada fueron informados previamente de la llegada y se hizo necesario actuar en un conjunto alhambreño en decadencia para lograr una cierta habitabilidad. En especial en el cuerpo central de la residencia regia (la llamada Casa Real Vieja), con el fin de mostrar una imagen positiva al monarca, como también en ciertas casas y viviendas existentes intramuros del recinto. El encargado de dirigir las obras fue el corregidor García Bravo de Acuña, realizándolas el maestro mayor Francisco de Potes y el pintor Sebastián Ortiz. En el Archivo del Patronato de la Alhambra y el Generalife existe documentación que habla de las actuaciones en las conocidas habitaciones de Carlos V, nunca utilizadas por el emperador y nombradas "de Washington Irving". Así, en 1624 en los días de 23 de febrero y 23 de marzo se citan "Obras en las casas reales de la Alhambra con motivo de la venida del Rey Felipe IV", junto con, de modo posterior, otras "Obras ejecutadas en Granada por la venida de Felipe IV".

»Las intervenciones principales fueron las del Peinador de la Reina, con el "arreglo de las dos puertas que están en los extremos del corredor por do[nde] se entra la estufa", colocándose también cristales y repintando algunas piezas del artesanado. También se acometió una segunda reforma del Mexuar para convertirlo en dormitorio.

»La Puerta del Carril, como era entonces llamada, era un pequeño paso que hubo de ser ampliado, para lo cual se actuó en las casas de Mateo de Buenrostro y Hernando de Palacios, cercanas a la Iglesia de Santa María y de propiedad real, en las cuales fue necesario destruir parte de su obra para así posibilitar la entrada de la carroza real, con, además, el fin de que este artefacto pudiese girar en el interior del recinto para así poder también salir. Desde entonces se la conoció con el nombre de Puerta de los Carros».

Reflexiono sobre el hecho de cómo se reflejan en las ciudades, en sus calles y monumentos, los acontecimientos que en ellas se producen. Por eso vuelvo a preguntarle al profesor Sánchez-Montes: «¿Podemos apreciar, hoy en día, la adaptación que sufrió la ciudad con la visita del monarca, Felipe IV?». Y contesta: «Un elemento hoy vivo es el Pilar de Carlos V, objeto de múltiples intervenciones, que en aquella ocasión se salva de su posible destrucción. De hecho, con el paso por Granada de Felipe IV se reestablece la Casa de Mondéjar en el gobierno de la Alhambra tras la usurpación de su poder por el duque de Uceda. El rey dota el recinto a don Íñigo López de Mendoza, quinto marqués de Mondéjar y séptimo conde de Tendilla, quien, al recuperar la alcaidía de la fortaleza, rescata a dicho pilar, que fuera la obra en el siglo XVI del italiano Nicolao da Corte sobre traza de Pedro Machuca y ubicado en el acceso a la Puerta de la Justicia, para ser restaurado con motivo de la visita de 1624 por el conocido escultor e imaginero Alonso de Mena.

También don Íñigo se va a preocupar de modo particular por la configuración del bosque, con el ornato de la olmeda de acceso, la cual ya se asemeja en mucho a la hoy existente, y también la colocación en ella de cruces a imitación del modelo sacromontano que por entonces se fabricaba, entre otras, una singular en alabastro. Por último, la citada "nueva Puerta de los Carros" quedó configurada como un acceso primordial al recinto por permitir el paso directo a su interior sin el tránsito por la enrevesada Puerta de la Justicia».

Interesante paseo el que podemos dar buscando las claves que, aunque dispersas, nos dejó aquella visita real, una de las menos conocidas.

¿TIENE LA ALHAMBRA UNA PUERTA CON OREJAS?

La pregunta no es baladí y los granadinos saben la razón. Para los de fuera puede sonarles muy extraño que una puerta se llame «*de las Orejas*» pero es, precisamente, este topónimo tan extravagante el principal de sus misterios que, unido a la mala vida que tuvo como monumento, nos exige razones para nombrarla en este libro.

La Puerta de las Orejas tuvo, sin embargo, muchos nombres. Hoy se la conoce, por lo general, como de Bib-Rambla porque estuvo situada en una de las esquinas de la plaza. Se la ha citado como arco, como puerta, como Arco de las Orejas, Puerta de los Pesos… y ya, con denominación cristiana, como de Bibarrambla. Todos sus nombres tienen una razón de peso: de Bibarrambla, por asociarse a la zona (de la Rambla) cercana al río que pasaba paralelo a la plaza; de las Orejas y de los Pesos, por alguna de las funciones (de control, de defensa o de exhibición) que asignaban en el mundo islámico a las puertas para cumplimiento de sus leyes internas.

Dice Ángel Rodríguez Aguilera en *La Puerta de Bibarrambla de Granada y el flanco occidental de la muralla de la madina hasta Bibalmazán*, el trabajo más extenso realizado sobre este monumento hasta la fecha, que «la función comercial y fiscal de las puertas era una de las más importantes permitiendo controlar y gravar todos los productos que entraban para ser vendidos en los mercados urbanos, lo cual suponía una importante fuente de ingresos primero para el estado nazarí y luego para el cabildo de la ciudad (…). El valor estratégico de este acceso a la ciudad hizo que en fechas muy tempranas, en 1500, se instalase en ella un peso de harina», que controlaría no solo la harina, también otras mercancías y velaría porque los comerciantes fueran honestos en sus mediciones y ventas. Esto podría haber dado origen a que la puerta tuviera, en algún momento, el sobrenombre de *los Pesos* y de la misma forma *de las Orejas*, atendiendo a la explicación tradicional que dio Manuel Gómez-Moreno González en su famosa *Guía de Granada*:

«Llamada también de las manos y de los cuchillos por acostumbrarse a exponer en ella los miembros cortados a los malhechores por ciertos delitos y las armas cogidas por la justicia».

Según Rodríguez Aguilera, «la pena de orejas formaba parte de uno de los castigos corporales más comunes a lo largo de la Edad Media y Moderna, consistente en la perforación, corte o mutilación para su exposición pública de forma ejemplarizante», penas que se aplicaban a los comerciantes si se les descubría defraudando el peso de sus productos. En lo alto del Albaicín, en la llamada Puerta de las Pesas, se aprecian todavía esas pesas defectuosas motivo de escarnio público en su propia fachada.

Así que, viéndolo así, el nombre *de las Orejas* ha quedado plenamente justificado.

Explicado este misterio, pasemos al siguiente, pues esta puerta está llena de incógnitas. ¿Cuándo se construyó esta preciosa puerta andalusí? La duda persigue, de nuevo, la respuesta, pues hasta la fecha se tuvo a bien aceptar la opinión de Gómez-Moreno, que dijo claramente que era del s. XIV, y así se ha venido confirmando al comparar su semejanza con la de la Justicia de la Alhambra cuya datación está contrastada.

Sin embargo, si esto es así, ¿cómo es posible que se haga referencia a ella en documentos anteriores al s. XIV? Muy probablemente fue citada en las memorias de Abd Allah, último rey zirí, y en otros documentos del s. XII, sin que haya un acuerdo sobre el tema, dado que no se la nombra como hoy la conocemos. Esto ha provocado que las opiniones de los investigadores se dividan; unos afirman que es anterior al s. XIV y otros que no. Existe una tercera opinión, que es la de Basilio Pavón Maldonado, que apunta a la posibilidad de que la Puerta de Bib-Rambla sea de factura almorávide, del siglo XII, si bien reconstruida en el s. XIV, lo que zanjaría la polémica si no fuera porque siembra la duda de que dicha puerta, en los documentos antiguos, fue confundida con otra cercana, situada en la actual plaza de la Trinidad, llamada *Bab al-Masda*.

Sea como fuere, la Puerta de Bib-Rambla o de las Orejas, continúa en pie, aunque no gracias a su suerte, porque sufrió un desproporcionado linchamiento que le llevó a ser la diana de todos los odios de la ciudad.

LA MALDICIÓN DE TENER OREJAS

Caminando por el bosque de la Alhambra nos topamos con una maravillosa puerta árabe: según subimos por la calle Gomérez, queda a la izquierda. Emerge con su arco solitario, como fantasía hecha piedra, entre castaños y hojas de acanto. Es la puerta de Bib-Rambla o de las Orejas.

La larga agonía de once años que le llevó a este paraje es digna de contar. El s. XIX fue la centuria de los cambios urbanísticos, del saneamiento e higienismo; se buscaban las vías amplias, las plazas espectaculares, los bulevares, las viviendas de pisos altos… todo lo que, en conjunto, era comprender una ciudad moderna. Teniendo esto como meta, poco importaba la herencia patrimonial. A cambio de una calle Mayor, bien se podía perder un poco de nuestro pasado y daba igual si era islámico o cristiano, nadie recordaría después de eliminado que allí estuvo un monumento.

La lista de edificios y puertas árabes que desaparecieron en este periodo fue tan grande que Torres Balbás dijo que «con lo derribado en Granada desde los primeros años del siglo XIX hasta el día, podría formarse una nueva ciudad».

La Puerta de Bibalmazán, la de San Jerónimo o Puerta del Molino, la Puerta del Sol, la Puerta de la Alhacaba, la Puerta del Pescado, la de Bibataubín... fueron alguna de ellas y, si antes no se intentó derribar la de Bib-Rambla, fue por pura casualidad. Hasta 1859 no se le pone el ojo encima, justo cuando «comenzó a arruinarse por dos motivos: por las obras de demolición de los restos de muralla urbana que aún existía en Bibarrambla y por las ampliaciones de tiendas colindantes a costa de la integridad de la fábrica de la puerta, obras ilegales que habían socavado en buena medida los cimientos», según comenta Rodríguez Aguilera en el libro anteriormente citado. La imagen que debemos tener de la puerta es la de estar encajada entre las casas, de manera que dependía de ellas casi tanto como ellas de la propia puerta. Casas y Puerta de Bib-Rambla se sostenían mutuamente y claro está, si una casa desaparecía, como fue el caso más adelante, la puerta se tambaleaba.

El primer intento de demolición fue por ese motivo, el de pretender derribar una de las casas colindantes, en 1873. La Comisión Provincial de Monumentos estuvo rápida y habló con la Real Academia de Bellas Artes, pero tal medida no surtió mucho efecto, pues el 1 de mayo comenzó la demolición de las casas vecinas y todos esperaban que después fuera la puerta.

Para entender la situación conviene recordar que muchos de los monumentos de Granada eran de carácter *aprovechable*, es decir, que sobre ellos algunos ciudadanos construían sus viviendas o sus almacenes. Era el caso de la parte superior de la puerta de Bib-Rambla, que, según noticia publicada en *El independiente* de aquellos días, confirmaba que «un particular ha comprado la habitación que pisa sobre el arco de las orejas y la casa que hace esquina a la calle Montería, y se dice que derribando el arco, se construirá un gran edificio, dando frente a dicha calle». La situación estaba clara, no se trataba solo de una simple ojeriza la que despertaba la puerta, sino que se convertía en impedimento para las ansias de especulación urbanísticas de algunos sujetos.

El Ayuntamiento jugó sus cartas a través del teniente de alcalde, señor Camacho, que presentó un informe donde se aseguraba que la puerta no reunía las condiciones esenciales ni por estructura ni por belleza para que se conservara. Determinaba que amenazaba ruina, lo que no parecía desacertado si no fuera porque el informe venía firmado por un perito que nadie conocía.

Rodríguez Aguilera recalca en su libro que el alcalde Camacho mostró un gran interés en hacer desaparecer la puerta incidiendo sobre el hecho de que «el principal interesado en la demolición era Antonio Camacho, propietario de las casas que pisaban sobre el arco. ¿Acaso había alguna relación de parentesco entre ambos? Por las notas de Manuel Gómez-Moreno, conservadas en el Instituto Gómez Moreno de la Fundación Rodríguez-Acosta, parece que sí…».

La Comisión de Monumentos no perdió el tiempo en solicitar retrasos en la demolición y nuevamente se consiguió paralizarla, aunque las casas derribadas de su entorno la dejaron muy malherida. Ya no se trataba solo de demostrar que la puerta tenía un valor patrimonial incuestionable, sino de conseguir el dinero para restaurarla, lo que, para muchos, en esa España cicatera podía ser aún más complicado. A todo este ir y venir de cartas, solicitudes y protestas, se unían las alegaciones interpuestas por el propietario de las casas que iban a derribarse y cuya demolición fue paralizada para no dañar el monumento.

Un tira y afloja difícil de resolver que tuvo un final de lo más desolador. En palabras de Gómez-Moreno: «El Comité decretó el derribo, empezándose con una precipitación extraordinaria a altas horas de la noche y a la luz de hachas embreadas». Una demolición con nocturnidad y alevosía que terminó siendo el ejemplo más bochornoso ejercido contra un monumento en la ciudad de Granada.

La Comisión Provincial de Monumentos no pudo hacer más que dimitir en bloque.

LA SEGUNDA VIDA DE LA PUERTA DE BIB-RAMBLA

Pero ¿qué ocurrió nada más demolerse la Puerta de las Orejas? ¿Qué ocurrió con sus restos? ¿Dónde quedaron y qué se hizo con ellos?

Nuevamente tengo que remitirme al libro ya citado de Ángel Rodríguez Aguilera, *La Puerta de Bibarrambla de Granada y el flanco occidental de la muralla de la madina hasta Bibalmazán,* que nos revela cosas desconocidas hasta el momento. Sabemos que el arco fue demolido una aciaga noche de septiembre de 1884, tras una persecución grotesca por parte del Ayuntamiento, acusándola incluso de propagar el brote de cólera que sufrió la ciudad. La puerta no pudo contra la tacañería de ideas del s. XIX, que ignoró el valor de una puerta árabe incluso después de haber sido declarada monumento nacional.

Al día siguiente de desaparecer ya se reorganizaban las calles y se ensanchaban no solo los espacios aledaños a la plaza de Bib-Rambla, también las ansias de poder de algunos funcionarios públicos.

La Comisión de Monumentos solicitó poner una placa en el lugar donde estuvo la puerta para recordarla y que todo cuanto pudiera salvarse se llevara al Museo Provincial, que no fue mucho: una inscripción gótica y el cuadro de la virgen donado por los Reyes Católicos que estuvo en su fachada.

En palabras de Rodríguez Aguilera, la documentación obtenida hasta la fecha «pone de manifiesto la falta de sensibilidad y de protección efectiva porque los elementos de madera, puertas y quicios, podemos imaginar que de época nazarí —piezas de mayor valor artístico— fueron vendidos como leña, y todo lo que resultó de la demolición, especialmente de los arcos interiores y que no se pudo vender —salvo los ladrillos— fueron utilizados como relleno en las obras de embovedado del Darro», que por lo visto era lo más habitual en cuanto un monumento se desplomaba, tal fue el caso del Pilar de las Ninfas de plaza Nueva.

La piedra parecía ser más valiosa que el monumento en sí. La dimisión de los miembros de la Comisión de Monumentos, que se solicitó en bloque, no fue aceptada y continuaron con la lucha incluso después de la demolición.

Manuel Gómez-Moreno González y Manuel de Góngora pusieron mucho empeño en que la puerta se restaurara, pero tuvieron que pasar muchos años, casi medio siglo, para que tal idea se hiciera efectiva.

Fue gracias al hijo de Manuel Gómez-Moreno González, llamado Manuel Gómez-Moreno Martínez y que en 1933 era director general de Bellas Artes. Continuador de las avanzadas ideas arqueológicas del padre, Gómez-Moreno Martínez escribió al entonces restaurador de la Alhambra, Leopoldo Torres Balbás, proponiéndole la reconstrucción del arco en un sitio diferente a la ubicación original. La idea cuajó de inmediato y con un presupuesto inicial de diez mil pesetas, se inició el proyecto, que *a priori* iba a realizarse en la zona del secano de la Alhambra.

Se desconoce la razón del cambio de ubicación, si bien es cierto que Torres Balbás puso interés en reorganizar y sanear el bosque de la Alhambra creando un jardín arqueológico. La idea actualmente no es novedosa, otros entornos ajardinados han llevado a cabo la anastilosis o reconstrucción de un monumento pieza a pieza, como el caso del Parque Huerta de Guadián de la ciudad de Palencia, donde ahora encontramos una iglesia del s. XII proveniente de un pueblo anegado por un pantano, o el mismo Parque del Retiro de Madrid, en el que también se puede apreciar lo que queda de una iglesia románica procedente de Ávila.

Desde 1933, dice Rodríguez Aguilera, «el monumento reconstruido quedó en una posición excéntrica y periférica en el paseo de subida a la Alhambra a modo de ruina romántica, y en 1981 el arquitecto de la Alhambra, Francisco Prieto-Moreno Pardo, redactó un proyecto para trasladarla de nuevo, en esta ocasión, a la entrada de las instalaciones del Museo Nacional de Arte Hispano-musulmán que se estaba construyendo en la explanada delante de la entrada del Generalife».

Por fortuna, la puerta sigue donde la plantó Torres Balbás y aunque se han escuchado en la actualidad ideas extravagantes alentando a llevarla a la zona donde estuvo en siglos pasados, parece que finalmente ha encontrado su sitio. Ojalá que la dejen tranquila unos cuantos siglos más.

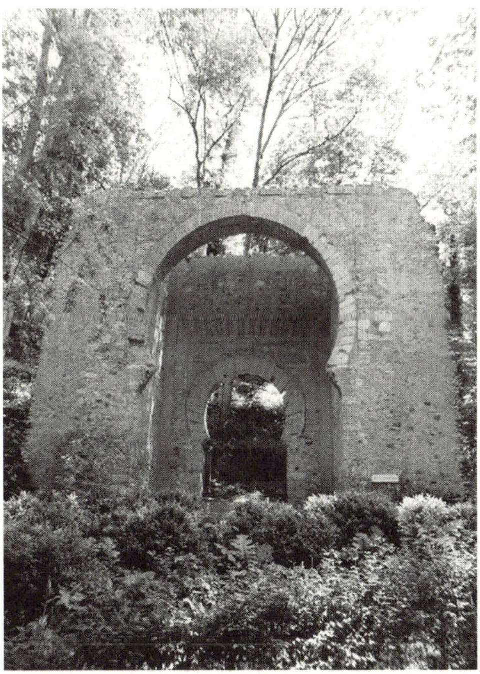

Foto de la autora.

LA MUSICALIDAD DE LA ALHAMBRA

En cuanto atravesamos la Puerta de las Granadas y nos adentramos en el bosque de la Alhambra nos asaltan sensaciones muy diversas. Los sonidos de la naturaleza nos dan la bienvenida. El canto del mirlo, el rumor de las acequias laterales por las que discurre el agua y su borbotear en las fuentes. La Alhambra tiene su propio sonido y es lógico que pregunte a Reynaldo Fernández Manzano por la relación que une al palacio nazarí con la música, ya que es músico y musicólogo, además de haber sido director del Patronato de la Alhambra y el Generalife entre 2015-2019.

«Hemos realizado varios encuentros de especialistas sobre la música en la Alhambra y personalmente he realizado varios artículos sobre el tema. El reino nazarí de Granada recogió el legado cultural de al-Ándalus y también sus creaciones musicales: muwassahas, zéjeles y nubas. Se creó la institución de "Alcaide de juglaras y juglares". Fiestas como la del mawlid (nacimiento del Profeta) cuentan cómo Ibn al-Jatib componía poesía y música, y las fuentes hablan del famoso horologio que daba las horas de la noche ofreciendo un poema.

De la etapa morisca tenemos muchas referencias de las zambras, como la música y bailes de esta comunidad. En el Renacimiento y Barroco serán frecuentes las alusiones al "moro de granada" y a las zambras moriscas en las obras teatrales y musicales. El romanticismo y nacionalismo crearán lo que se ha llamado "Alhambrismo musical" de obras inspiradas en el monumento y sus leyendas a nivel internacional: Alhaor, los Abencerrajes y otros personajes conformaron una fuente de rica inspiración. La Alhambra estará muy presente en la Edad de Plata y en las vanguardias del siglo XX, Manuel de Falla, Ángel Barrios, Albéniz, Turina, Debussy… El Concurso de Cante Jondo de 1922 en la Plaza de los Aljibes, por solo citar algunos ejemplos. A finales del siglo XIX y principios del XX tenemos los conciertos sinfónicos en el Palacio de Carlos V y, desde 1952, el Festival Internacional de Música y Danza de Granada. La Alhambra ha continuado siendo fuente de inspiración de obras contemporáneas, como las que realizaron una serie de prestigiosas compositoras españolas en 2018, obras de danza y de otros autores».

¿POR DÓNDE ENTRÓ EL PIANO DE FALLA?

El músico Manuel de Falla nació en Cádiz, pero como muchos de los que han pasado por esta tierra alhambreña, se convirtió en granadino. Llegó a la ciudad en 1919 y se instaló en una pequeña casa de la calle Real de la Alhambra, 43, que se llamaba Carmen de Santa Engracia, hoy desaparecida, propiedad del padre de su colega Ángel Barrios, al que apodaban *el Polinario*. Los momentos de amistad e inspiración musical no son suficientes para don Manuel que, con precaria salud, se resiente de los fríos de la Alhambra y solicita a sus amigos que le busquen otra casa, encontrándola un poco más alejada pero dentro del recinto alhambreño. La calle Antequeruela, callejoncillo que no despierta más atención al caminante que el saberse con el privilegio de haber alojado a la familia Falla, se encuentra muy próximo del imponente Alhambra Palace, un vecino que en nada gustaba al músico, por lo que se sabe.

La puerta azul que da entrada a la casa de los dos hermanos, Manuel y Carmen, parece sacada de un cuento de los hermanos Grimm. Allí se instaló en 1922 (otros dicen que un año antes) y nada más atravesar su jardín, al adentrarnos en su reducido recibidor y subir sus estrechas escaleras, respiramos el espíritu de Manuel de Falla, pero también presentimos las sombras de todos aquellos que con él estuvieron, como Federico García Lorca, con el que pasaba tardes componiendo y hablando de música. En ese carmen, llamado del

Ave María, aspiramos toda la personalidad de don Manuel, con las pesitas que usaba para fortalecer los músculos de sus muñecas, las muchas medicinas que le ayudaban a sobrellevar el día, sus gafas, sus sombreros, sus baúles y su crucifijo. Sus estancias son reducidas, sus escaleras estrechas, y al final llegas a una sala donde un piano acapara el espacio, un Pleyel adquirido en 1924, que sustituyó al anterior que no le proporcionaba el sonido deseado. Miras el entorno, tan reducido, tan recoleto, y te preguntas: ¿por dónde entraría aquel piano? Y los guías de la casa museo, siempre dispuestos a contar curiosidades, te dicen que por la ventana. Ah, la ventana, por la que don Manuel miraba y veía parte de la sierra y por donde se introducía el sonido del organillero que tanto le desviaba cuando intentaba componer.

Me imagino a don Manuel, con su portentosa cabeza calva y su astuta mirada, acariciando las teclas de su Pleyel y dejándose mecer por el ronroneo de su gato Confucio. ¿El primer Confucio o el segundo? Parece que tuvo hasta tres gatos y todos con el mismo nombre para no equivocarse cuando tuviera que llamarlos.

Cuando llegó la guerra, las persecuciones, los dedos señaladores, los arrestos... Falla defendió a sus amigos, pero no le bastó a la España de aquel tiempo tener un valedor tan internacional, a un genio de la música. Le impulsó a marcharse al exilio y terminó en Argentina. Su casa de la Antequeruela se quedó vacía, pero repartidos sus enseres entre sus amigos cercanos, lo que permitió, junto a los bocetos que realizó el pintor Hermenegildo Lanz para recordar la ubicación original de cada uno, que pasado el tiempo, en 1968, gracias al alcalde Manuel Sola Rodríguez y al concejal Manuel Orozco Díaz se lograra recomponer esta joya casa museo, tras la compra por parte del Ayuntamiento. A ella volvieron todos sus muebles y objetos en custodia hasta entonces en las familias de sus mejores y más fieles amigos.

El carmen de la Antequeruela está ahora más vivo que nunca. ¿Será, el visitante, capaz de ignorarlo ahora que sabe lo que puede encontrar en su interior? Quizás todavía se puedan oír los maullidos de los tres Confucios que deambularían por los jardines al son de los acordes de *El amor brujo.*

UN CALLEJÓN DE LO MÁS TERRORÍFICO

Saliendo del Hotel Alhambra Palace nos encontramos con una calle a mano izquierda llamada callejón del Niño del Royo (o del Rollo), que va desde la calle Antequeruela hasta adentrarse en la colina del Mauror, donde se encuentran unas torres, tan desconocidas como curiosas, que son las Torres Bermejas.

El entorno es, como poco, digno de conocerse. Lo primero, si atendemos a la nomenclatura de la calle (callejón del Niño del Royo), hace alusión a los royos o picotas donde se escarnecía públicamente a los reos que cumplían una pena, podían allí encontrar la muerte, o colgarse del royo los miembros descuartizados del malandrín, que iban envueltos en trapos, lo que, según dice la tradición, hacían simular niños recién nacidos, de ahí el nombre de Niño del Royo.

El callejón parece invitarnos a introducirnos en él, siempre silencioso y poco transitado, que desemboca en una pequeña explanada con tres torres de color rojizo, bermejo para ser exactos, que hoy no pueden visitarse, pero quedan ahí como testimonio de lo que fueron. ¿Qué hacen y para qué servían estas Torres Bermejas? Por su situación, privilegiada en cuanto a su relación visual con la alcazaba, la vega de Granada y la ciudad, está claro que tuvieron un origen defensivo, posiblemente de torres vigías. Las partes más antiguas de las torres datan de los siglos VIII o principios del IX y, según Luis Seco de Lucena, estas edificaciones junto a la Puerta de Hizn Román en el Albaicín podrían ser las más antiguas de Granada. La tradición ha asociado a las Torres Bermejas con la comunidad judía y el comienzo de la Garnata Al-Yahud, de donde procedería el nombre de la ciudad. En época de los árabes cumplieron también otras funciones, como la de corral de cautivos, al tener cercanos algunos silos que ejercían de mazmorras. Hay quien cree que fue la primera edificación que tomaron los cristianos a la conquista de la ciudad, pasando a ser, durante largo periodo, un lugar fundamentalmente defensivo, para lo cual incluso emprenden obras de restauración y mejora, momento en que le añaden el adarve. Las vicisitudes por las que pasan las torres son largas de contar hasta que, tras desmantelar el pequeño cuartel militar que en ellas había, se destina a hogar de soldados jubilados, con sus propias familias. En 1877, como ya se ha dicho, se convierten en prisión militar, acogiendo a los presos provenientes de la alcazaba de la Alhambra[2].

¿QUÉ HACE LA TORRE DEL ORO Y LAS MURALLAS DE ÁVILA EN LA ALHAMBRA?

El 1 de enero de 1910 se inaugura en Granada el hotel más moderno de España y el primer edificio con estructura de hierro de Andalucía diseñada por el arquitecto Mr. Lowet y la dirección de Modesto Cendoya. Lo hacía de la mano del rey Alfonso XIII porque este tenía amistad con la persona que lo hizo posible, el duque de San Pedro de Galatino, un auténtico visionario en la Granada de su tiempo.

¿Dónde se encuentra el Hotel Alhambra Palace? Justo al lado de ese royo tan macabro del que hablaba antes, en lo alto de la colina y desde donde, majestuosamente, surca el horizonte de la ciudad. Claro que algunos lo mirarán desde un lado y otros desde el contrario, y no verán un hotel, verán

2 Mientras se gestaba esta guía las Torres Bermejas fueron rehabilitadas y abierto su acceso al público. Su visita es ahora imprescindible para entender la historia de la Alhambra.

las murallas de Ávila o la Torre del Oro, según se coloquen, porque el edificio (como guiño de su arquitecto) simula ambas cosas en su estructura.

Cuenta Manuel Titos Martínez en su artículo *El duque de San Pedro de Galatino promotor del Hotel Alhambra Palace (1857-1936)* perteneciente al libro *Historia del Hotel Alhambra Palace*, publicado por el aniversario de sus 108 años de vida, que «la fabricación del azúcar, la electricidad, las comunicaciones y el turismo son los ámbitos donde empresarialmente se movió Julio Quesada (duque de San Pedro de Galatino)», madrileño pero que siempre estuvo unido a Granada, familiar y sentimentalmente. Se erigió sobre un terreno llamado popularmente *Peña Partida*, debido a que los Reyes Católicos tuvieron que «sajar» o «romper» la colina para la entrada de los cañones a la Alhambra y en donde, además, se han encontrado silos y mazmorras en abundancia. Quesada se empeñó en que el hotel fuera único en la ciudad y lo consiguió a golpe de dinero, pues la empresa costó cerca de dos millones de pesetas, algo extraordinario para su tiempo. El hotel, en cuyo interior habilitaron un pequeño teatro, dio cobijo a Federico García Lorca y Manuel de Falla en la inauguración de su Concurso de Cante Jondo, además de a músicos, como Andrés Segovia, y más recientemente propició el encuentro entre Orson Wells y Charlton Heston, quien rodaba en España la película *El Cid* (eso, al menos, es lo que cuenta el periodista Andrés Cárdenas, explicando que ambos pretendían realizar una película sobre Federico García Lorca). Su coronación como hotel moderno quedó un poco desmerecida por la inauguración del Hotel Ritz de Madrid, diez meses después, pero aunque muchos piensen que el madrileño fue el más moderno de su tiempo, el Hotel Alhambra Palace sigue siendo un referente y un símbolo granadino, aunque tenga algo de sevillano y abulense.

30 — N.º II LA ILUSTRACIÓN ESPAÑOLA Y AMERICANA 15 ENERO 1910

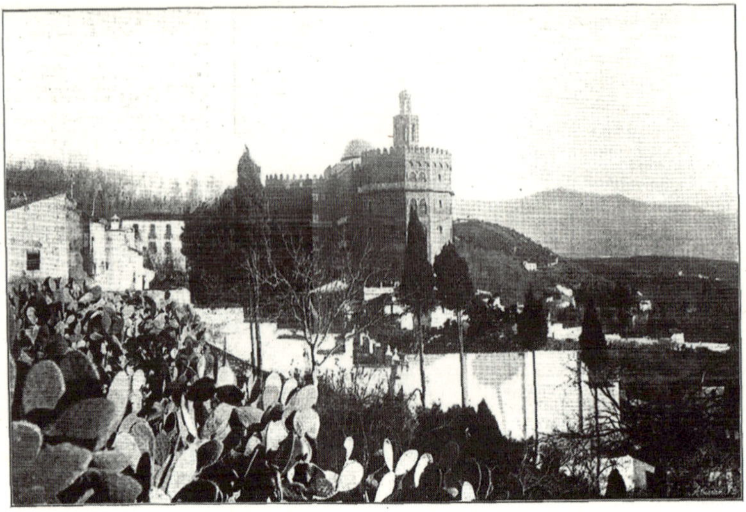

GRANADA.—HOTEL «PALACE ALHAMBRA», SITUADO EN UNA LADERA DEL CERRO DE LA ALHAMBRA Y RECIENTEMENTE INAUGURADO.

La Ilustración española y americana, 15 de enero de 1910. Hemeroteca Digital Hispánica. BNE

LOS TESOROS QUE GUARDA LA ALHAMBRA

Decían los viajeros del s. XVI que la Alhambra tenía tanta riqueza que sus constructores cubrían los suelos, en vez de las paredes, de mármol. Nuestra vista persigue las maravillas del arte nazarí en sus techos y azulejos, pero ¿qué hay de las otras maravillas que no se perciben a simple vista dentro del monumento? ¿Qué guardan los museos del Patronato de la Alhambra y el Generalife? ¿Cuál, podríamos decir, que es la mayor joya que atesoran los museos alhambreños?

Para responder a esta pregunta acudo de nuevo a Reynaldo Fernández por haber asumido la dirección del Patronato de la Alhambra y el Generalife en años anteriores:

«El Museo de la Alhambra y el Archivo son don joyas con importantes fondos. El Museo conserva una amplia variedad de fondos, monedas, tejidos, joyas, cerámica, azulejos, esculturas, elementos constructivos y un largo etc. La pieza más famosa es el Jarrón de las Gacelas».

Imprescindible, por tanto, visitar los museos alhambreños.

LA DECONSTRUCCIÓN DE LA ALHAMBRA

Hemos hecho un rápido recorrido por las vicisitudes que sufrió la Alhambra en el siglo XIX, con la llegada de las dos escuelas de restauradores y conservadores, la alteración de imagen que sufrió con un propósito romántico que, finalmente, cuestionó las teorías científicas de Leopoldo Torres Balbás. Desde que él abandonara la Alhambra a consecuencia de la inminente Guerra Civil y su proceso de depuración, el monumento ha ido avanzando de forma desigual y quizás en este amplio periodo, que abarcaría desde el final de la guerra hasta la actualidad, los avances en la restauración del monumento (que los hubo, y muchos) no se han prestado a muchas interpretaciones. Hoy se habla de un término que nos plantea curiosidad: la deconstrucción.

Por eso yo me pregunto: ¿qué ocurre ahora con la Alhambra? ¿En qué punto se encuentra?

Vuelvo a preguntar al conservador del Patrimonio Histórico y Arqueológico del recinto, Jesús Bermúdez, para que me conteste a esta pregunta: ¿qué es exactamente ese proceso de deconstrucción que hoy es la base de la conservación del monumento?

«A grandes rasgos, y de una manera divulgativa, la deconstrucción que se lleva a cabo desde hace ya bastante tiempo en la Alhambra consiste en una vuelta atrás, o mejor, en una mirada detallada a los materiales originales de una fábrica que precisa una intervención puntual. Así, por ejemplo, se sustituye por tapiales de cal, agua y arena el "cemento portland", que ha dañado durante más de un siglo estructuras murarias restauradas en medio mundo, al favorecer la humedad por capilaridad con sus dañinas consecuencias. Es decir, cada vez más se "deja hablar" al objeto degradado, investigando su materialidad originaria y aplicando lo que llamamos *restauración preventiva, integrada y sostenible*».

¿Llegará el día en que la Alhambra se reconozca a sí misma, desprovista de todo ese «maquillaje» restaurador al que ha sido sometida? Los turistas que acudan a verla quizás no lo adviertan, pero sus muros y estructura estarán cada vez más preparados para que siga cumpliendo muchos siglos.

PERLAS Y PERLITAS DE LOS VIAJEROS ROMÁNTICOS

Imposible sería citar a todos los viajeros que desde el s. XVI llegaron a Granada y repararon en la belleza de la Alhambra. La mayoría se reafirma en la confusa impresión que causa la ciudad palatina, rodeada de murallas como fortaleza, pero solo de aspecto, pues una vez atravesados sus muros, se advierte una gran fragilidad. Los materiales que se usaron para levantarla destacaban más por su belleza que por su robustez, de ahí que Andrés Navagero recalcara más de una vez, como queda dicho, que «los mármoles no están en los muros, sino en los suelos».

Este viajero de XVI no pudo hablar del Palacio de Carlos V, porque entonces estaba sin construir, si bien se fijó especialmente en todo lo relacionado con el agua, en cuyos patios «llega de tal manera, que, cerrando ciertos canales, el que está en el prado, sin saber cómo, ve crecer el agua bajo sus pies, de suerte que se moja todo y después se retira sin trabajo y sin que se vea a nadie», peculiaridades que Navagero considera «juegos y burlas», como las que se producen en la escalera del agua.

Unos años antes, el alemán Jerónimo Münzer llega a Granada y parece inspirar a Navagero en sus obsesiones por los jardines, los altos mirtos o arrayanes y el agua que fluye por todas partes. La naturaleza parece llamar la atención de los primeros viajeros y es en su *Viaje por España y Portugal* donde nos deja un dato curioso, el de los animales salvajes que campaban por el bosque de la Alhambra, tales como jabalíes y osos. La caza se volvió tan indiscriminada que el propio Rey Católico, Fernando, tuvo que prohibirla para proteger a los venados, puercos y otros animales de alimento común.

Casi un siglo después, otro alemán, Diego Cuelbis, seguía fijándose en los mármoles maravillosos de la Alhambra, aunque también en otro tipo de curiosidades, como los ropajes de las mujeres, «que eran muy extraños, pues no llevan más que una sábana blanca que les llegaba hasta el suelo y cubre, en la calle, la mitad de su cara, no viéndose de ellas más que uno solo ojo».

Afortunadamente, el XIX sería el siglo de los libros de viajes y, con ellos, la gran explosión de opiniones, valoraciones y comentarios sobre el recinto palaciego. Algunas ya se han dejado caer por aquí, recordemos alguna más, que completarán la visión que tuvieron sobre nosotros, los españoles, aquellos extranjeros curiosos que pasaron por nuestra tierra.

La Alhambra acapara la atención de todos ellos, tanto que Eugène Poitou en 1869 afirma que «he hablado largo y tendido de la Alhambra y aún no he dicho nada de Granada. Y es porque, francamente, no hay nada en Granada aparte de la Alhambra. A pesar de lo que haya dicho el señor Théophile Gautier, que hace de ella una descripción algo fantástica, la ciudad es fea, sucia y sin personalidad».

Las expectativas no siempre se cumplen, William George Clark en 1849 siente una gran decepción en su primera visita a la Alhambra, y no es por verla con aspecto ruinoso, sino porque sus reflexiones se vieron desfiguradas «por el continuo parloteo de mi guía». Sentía que no estaba viendo la Alhambra, sino «haciendo la Alhambra».

La primera impresión de Josephine de Brickmann (1849-1850) tampoco fue muy halagüeña, dice que fue penosa, porque el patio de los Leones «había permanecido en mi memoria como yo lo había visto en el tiempo de su esplendor y la infiel memoria me lo representaba mucho más grande de lo que era». La trampa que ofrecían los grabados del monumento decepcionó por entonces a más de uno.

Ella misma también denunció el aspecto ruinoso del Palacio de Carlos V, con sus columnas y bajorrelieves en mármol. Lo considera perfecto, pero aun así se pregunta: «¿Por qué es necesario que estos lugares estén tan mal cuidados, que los imbéciles y los niños se diviertan en degradar a pedradas esas cosas valiosas?».

Leonard Lewis pudo comprobarlo en 1892, cuando en su visita nocturna «sentía caer al suelo un trozo de escayola, evidencia palpable de la agonía de estas ilustres salas», lo que no era nada nuevo, ya que medio siglo antes, Richard Ford reconocía que la Alhambra se encontraba en un «estado decaído y abatido, esqueleto de lo que era cuando estaba vivificada por un alma viva, y ahora (es) tumba, no hogar del moro. Es posible que decepcione a los que, más amigos del presente y de un cigarro puro que del pasado y de lo abstracto, lleguen a ella acalorados por la cuesta y estén pensando en volver a un helado, una comida y una siesta. Y las tonterías de los anuarios han fomentado una idea excesivamente exagerada de un lugar que, desde los sueños mismos de la juventud ha ido tomando forma en la fantasía como un tejido de hadas. Pocos castillos en el aire de la ilusión podrán enfrentarse con la prueba prosaica de la realidad, y mucho menos en España. Pero para comprender la Alhambra es preciso vivir en ella, y contemplarla en la semioscuridad del atardecer, que tan bello es en el sur, y cuando los destrozos son menos evidentes que vistos a plena luz del día».

Las ruinas no pueden competir con la belleza, o quizás sean las propias ruinas lo que ennoblece y embellece.

A Edmundo de Amicis en 1872 le importaba muy poco su deterioro, se adentró en los palacios con el firme propósito de disfrutarlos: «... me acerqué a una pared, fijé los ojos en la extremidad de un arabesco, y probé si lograría seguir sus vueltas y revueltas en las paredes. Es imposible, los ojos se pierden, la imaginación se turba, y todos los arabescos parecen moverse y confundirse desde el pavimento a la bóveda para arrancaros el hilo de su red inextricable (...). La pared parece tejida como el paño, crespa como el bordado, calada como el encaje, no se puede mirar de cerca, ni fijar en la memoria su dibujo, sería como contar las hormigas en un hormiguero».

Ejercicio, sin duda, inspirador y que no dejaremos de imitar en nuestra próxima visita. Lo mismo que se merece observar por nuestra parte en el Patio de los Leones que «... es un bosque de columnas, confusión de arcos y adornos, elegancia indefinible, delicadeza inimitable, riqueza prodigiosa. Un no sé qué de aéreo, transparente y ondulante como un gran pabellón de encaje. Apariencias de edificio que fuera a disolverse con un soplo, variedad de luces y perspectivas, oscuridad misteriosa, desorden caprichoso de cosas pequeñas, majestad de palacio, alegría de quiosco, gracia amorosa, extravagancia, delicia, fantasía de mujer apasionada, sueño de ángel, una locura, una cosa sin nombre».

Pero no habrá que perder el norte si atendemos a las palabras de Alejandro Dumas: «Desgraciadamente, con todo y dar las impresiones de haber sido edificada por genios, la Alhambra fue edificada por hombres. Las obras maestras de los hombres son perecederas como ellos y el polvo de los monumentos debe mezclarse un día al de aquellos que los erigieron. Pues bien; no está lejos el tiempo en que la Alhambra no será más que polvo. Ese milagro de la creación humana, ese sueño petrificado por la varilla de un encantador y que se llama el Patio de los Leones, cruje, se raja, amenaza derrumbarse y se habría derrumbado ya sin los apoyos con que se le sostiene. Rece por el Patio de los Leones, señora, rece para que el Señor lo mantenga de pie o rece, por lo menos, para que si se cae no lo vuelvan a levantar. Prefiero un cadáver a una momia».

Expresiones todas ellas que justifican lo complicado de entender la Alhambra, un lugar en donde todo se contrapone y se excluye al tiempo que se fusiona.

«En la Alhambra hay una pequeña posada, llamada el Carmen de los Siete Suelos, además de otro establecimiento rival (cuyo nombre he olvidado) justo enfrente —dice William George Clark—. Cada uno tiene, al lado, una especie de jardín de té, donde pueden servirle, al fresco, algunos de esos hijos del confort, indispensables incluso para las personas de aspecto más romántico: leche fresca, huevos, chocolate y vino. De este modo, y con un lápiz o un libro, puede uno pasarse todo un día en la Alhambra con gran tranquilidad y comodidad, además de bastante provecho. La observación encuentra extraños contrastes. Arriba, en las copas de los árboles, cantan libres los pájaros en todo su esplendor (un pájaro cantor es algo raro en España); debajo, un grupo de convictos (nada raro en España) trabaja haciendo sonar sus cadenas. Tome el camino a la izquierda, y encontrará un soldado español haciendo guardia bajo un arco moruno, con una imagen de la Virgen María bajo una sentencia del Corán. Páselo y se encontrará delante del macizo e inacabado Palacio de Carlos V, con su estúpido y extravagante trazado (un círculo dentro de un cuadrado, como una figura de Euricles) y su invariable repetición de ornamentos. Una pequeña puerta lateral le conduce al Patio de los Arrayanes y a un mundo nuevo. Ha pisado la alfombra mágica de Hassán, que a través del espacio le transportó a Oriente…».

Esa impresión también la sienten alguna de las viajeras que llegan a la ciudad y que fueron reunidas por Antonia López-Burgos en su libro *Viajeras en la Alhambra*. En total, se trataría de diecinueve mujeres que llegaron a Granada entre los años 1840-1937 y dejaron por escrito sus recuerdos más variados. Lady Louisa Tenison (1850-53) ve las Torres «del Candil, de las Cautivas y de los Picos, cuyos muros y ventanas (están) profusamente calados con una gruesa capa de polvo, y cubiertas con horribles estampitas de santos y mártires, presentan un contraste bastante triste entre su destino presenta y pasado».

Mrs. Romer (1842), es más optimista, hace mención a un hotel recién abierto (¿el de los Siete Suelos?) que al llegar a su puerta «más le pareció puerta de una granja. Aunque no pedíamos mucho, solo cuatro dormitorios grandes y dos para servicio, no nos fue fácil conseguir alojamiento. La posada había sido abierta hacía tan poco tiempo que no tenía ni lo más elemental, careciendo del más mínimo mobiliario. Las ventanas se encontraban desprovistas de cristales, aunque el reciente blanqueado de las paredes y de los suelos de barro nos parecieron de lo más acogedor después de dos días de terrible experiencia en las ventas españolas y, aunque no teníamos más que unos colchones en el suelo, un par de sillas desvencijadas y una mesita, preferíamos eso a lo que habíamos oído en referencia a las viejas posadas granadinas en cuanto a la suciedad y a las pulgas, y otros bichos de naturaleza parecida».

Y con elocuencia resume en pocas palabras el verdadero propósito del viajero granadino, por mucho que la ciudad fuera fea, los monumentos ruinosos y el clima más frío de lo esperado: «¡Estábamos en la Alhambra! ¿Quién se podía quejar de tener un poco de frío o de hambre ante tal placentera realidad?».

LO MÁS CURIOSO DE LA ALHAMBRA

Como broche final a este trabajo, fusión entre la guía turística y el reportaje periodístico, resumo alguna de las impresiones que he podido rescatar de los expertos a los que he consultado. Por muy cercana o conocida que se nos suponga la Alhambra, es símbolo de mil cosas. Historiadores, arqueólogos, arquitectos, arabistas… cada uno la ve de muy diversas maneras sin que hayan conseguido desvelar todos sus muchos misterios. Les pregunto qué les inspira la Alhambra y qué pretenden encontrar estudiándola.

Antonio Orihuela, profesor de Investigación de la Escuela de Estudios Árabes (CSIC) confiesa que «cuando estudio la Alhambra no me planteo conocer lo extraño o curioso, sino profundizar en el conocimiento científico con los datos aportados por el análisis con metodología arqueológica, tanto de los restos bajo tierra como de los edificios conservados, por los documentos de archivo o por nuevos manuscritos que puedan aparecen en bibliotecas particulares de países árabes. Para mí lo más deseado sería poder conocer bien la estructura urbana de la Alhambra de fines del siglo XIV».

Para María Teresa Hontoria Puentes, directora de GranadaSingular, «la Alhambra no es solo un monumento. No es un castillo, ni un palacio, ni una fortaleza. Es todo eso y mucho más... Es una ciudad entera, con sus complejidades, sus ciudadanos, sus calles, sus comercios. Una ciudad palatina hecha por y para los sultanes nazaríes. Una dinastía que fue excelsa, una dinastía que consiguió mantener el islam en la península cuando todo el mundo conocido era cristiano. A la Alhambra hay que dedicarle tiempo y comprender su magnitud. La Alhambra fue la capital del reino de Granada. Un reino que está en nuestra bandera de España y que fue creado en el siglo XIII. A mis viajeros les resulta asombroso cuando comprenden su importancia histórica y su valor artístico».

Reynaldo Fernández, que fue director del Patronato de la Alhambra y el Generalife entre 2015-2019, tiene muchas anécdotas que contar: «La Alhambra tiene, de forma continua, la visita de personajes de gran relevancia a nivel internacional a quienes atendía de forma personal. Recuerdo con especial cariño la visita que realizó José (Pepe) Múgica y su interesante conversación. También la visita de Bono, el carismático líder del grupo de U2. El papa le había regalado un pequeño olivo, símbolo de la paz, y le dijo que lo plantara en el lugar del mundo que quisiera. La hija de Bono es una enamorada de la Alhambra, por lo que decidieron que el mejor sitio era plantarlo en algún lugar de los jardines del monumento. Le aconsejé que lo hiciera en la Alamedilla, espacio aledaño a los baños islámicos de la mezquita y ocupado en parte por el antiguo jardín de la casa de la familia Barrios, de Antonio Barrios, el "Polinario" y Ángel Barrios, donde se reunían con Manuel de Falla y Federico García Lorca, entre otros artistas e intelectuales. La idea les encantó y Bono recitó emocionado un poema de Lorca».

A otros expertos les planteo preguntas como: ¿qué es lo más extraño o curioso que te has encontrado estudiando o trabajando para la Alhambra? Y además de lo ya expuesto a lo largo de estas páginas resalto algunas contestaciones reseñables, como la del profesor Francisco Sánchez-Montes en relación a «Lady Anne Fanshawe, mujer del que sería embajador de Carlos II de Inglaterra en la corte de Felipe IV, que se convirtió en el raro ejemplo de la mujer visitante que escribe sobre la Alhambra; con su marido llegó huyendo "de la espada y la peste", y la profunda impresión que le causa la Alhambra y Granada le hicieron ensalzar la belleza de la ciudad y su principal monumento, viendo en la Alhambra pasadizos de moros y tesoros, adelantándose así en el año de 1650 a los posteriores y afamados cuentos de W. Irving».

Jesús Bermúdez, conservador del Patrimonio Histórico y Arqueológico, reconoce que «es muy difícil responder. Tras dedicarle casi cuarenta años de ejercicio profesional, realmente para mí tengo que confesar que la Alhambra me ha sorprendido de manera permanente. Es un caleidoscopio de múltiples variables, muchas de ellas, aún por descubrir. Últimamente me gusta citar al historiador británico Robert G. Irwin (2011): la Alhambra es "un soleado mar de misterios..."».

Buena frase para terminar esta guía que expresa mi pasión por la Alhambra y que desde ahora será *mi soleado mar de misterios.*

MIS AGRADECIMIENTOS

En este libro tan atípico es necesario dejar un sincero apartado dedicado a los agradecimientos.

Este pequeño libro no hubiera cumplido su misión sin que me asesoraran y contestaran a mis dudas diversos profesionales de la historia, la arqueología, la conservación del patrimonio o la arquitectura. A todos les doy las gracias y hago pública mi más sincera admiración.

Antonio Malpica, María Paz Sáez, Antonio Orihuela, María Teresa Hontoria, Reynaldo Fernández, Jesús Bermúdez y Francisco Sánchez-Montes, que fueron sumamente amables al contestarme a las preguntas que acudían a mi mente según iba redactando el texto. Un agradecimiento especial a este último, que tuvo la paciencia de leer el texto y aconsejarme.

También quiero tener un recuerdo para mi editora, María Borràs, que tuvo interés en hablar de esta guía tan particular a Manuel Pimentel, editor de Almuzara.

Deseo, igualmente, hacer una mención especial al gran trabajo que realizan de forma continuada desde el Patronato de la Alhambra y el Generalife, un universo lleno de riqueza cultural. Desde su gran archivo y biblioteca, restauradores, gabinete de prensa… hasta sus jardineros y vigilantes, que nos permiten acercarnos a un patrimonio sin comparación en ninguna parte del mundo.

A los demás investigadores, incorporados al haber sido citados por sus artículos y trabajos publicados, les agradezco personalmente la maravillosa aportación a la historia de

Granada como humilde granadina nacida en Madrid. Todos ellos son una fuente de inspiración para mis novelas, y ahora, también, para mis futuros ensayos, siendo este (espero) el primero de muchos.